KB197337

디지털 사회보장론 ^{2판}

이용교 저

SOCIAL SECURITY

학지사

💡 머리말

사회보장론은 사회복지학에서 중요성이 커지고 있는 과목이다. 「사회보장기본법」에 따르면 사회보장은 사회보험, 공공부조, 사회서비스로 구성된다. 한국사회복지교육협의회가 만든 사회복지학 교과목 지침서에 따르면 사회보장론은 사회보험, 공공부조를 중심으로 구성되어 있다. 사회서비스는 아동복지, 노인복지, 장애인복지 등 개별 과목에서 다루기에 사회보장론은 주로 사회보험과 공공부조를 다룬다.

사회보장론의 교과목 개요는 다음과 같다. "사회보장의 개념과 유형, 변화과정, 복지국가에서의 사회보장의 위치 등에 대해 알아본다. 그리고 선진국과 한국의 다양한 사회보장제도의 내용들을 파악하고, 사회보장제도가 국가경제, 고용구조 및 가족구조에 미치는 영향에 대해 알아본다. 나아가 한국의 경제·사회 구조의 변화에 따른 사회보장의 전망에 대해서 알아본다." 요컨대, 사회보장론은 사회보장에 대한 이론, 사회보험과 공공부조의 소개 및 그 전망과 과제를 다룬다.

필자는 38년간 사회복지학을 가르치면서 사회보장론 강의에서 변화를 시도하였다. 많은 책이 사회보장의 역사와 이론, 외국 사회보장제도를 다룬 후에 한국 사회보험과 공공부조를 간략히 기술하였다. 사회복지사가 사회보장론을 학습하는 이유는 시민이 사회보험과 공공부조를 잘 활용하도록 알려 주고, 사각지대에 빠지기 쉬운 사람을 상담하고 보호하기 위해서이다.

그런데 기존 책들은 사회보장제도의 역사, 외국과 한국 제도의 공통점과 차이점 등을 상세히 비교하고, 한국 사회보장을 간략히 소개할 뿐, 막상 시민이 사회보장을 활용하는 방법을 알려 주지 않는다. 이는 사회보장론을 집필한 초기 학자들이 법학, 경제학, 사회학 등의 배경을 가진 것과 무관하지 않다. 이러한 학자들은 사회보장제도에 대해 관심을 갖고, 시민이 일상생활에서 사회보장을 어떻게 활용할 것인지를 다소 소홀히 취급하였다.

필자는 사회복지사가 사회보장론을 공부하는 이유를 모든 시민이「헌법」에 규정된 '인간다운 생활을 할 권리'를 누릴 수 있도록 돕기 위해서라고 본다. 한국의 사회보장제도가 외국과 어떻게 다른지를 알기보다는 한국의 주요 사회보장제도의 적용대상, 급여, 재원조달, 전달체계를 알고, 사회보장을 활용하는 것이 더 중요하다. 특히 복지급여에는 어떤 것이 있고, 시민이 어떻게 신청하여 받을 수 있는지를 아는 것이 핵심이다.

필자는 이 책을 집필할 때 사회복지학 교과목 지침서를 따르면서 사회보장제도를 자세히 소개하는 데 강조점을 두었다. 대학교 교육과정이 15주로 이루어져 있기에 이에 맞추어 사회보장의 정의와 원칙, 사회보장의 구조와 역사, 국민연금 등 5대 사회보험과 공무원연금, 국민기초생활보장, 긴급복지지원, 사회수당 등을 다룬다. 기존 책들은 공무원연금 등을 제외시킨 경우도 있지만, 이 책은 이를 포함하면서 사회수당까지 다루었다. 덧붙여 사회보장과 사회복지사의 역할, 사회보장의 전망과 과제를 제시하였기 때문에 '사회보장과 사회복지사의 역할'을 다룬 최초의 교재라고 할 수 있다.

이 책은 시민이 사회보장을 어떻게 활용할지를 다루면서 사회복지사가 시민이 사회보장제도를 잘 활용할 수 있도록 지원하는 데 역점을 두었다. 시민의 눈높이에서 한국 사회보장제도를 보고 이를 잘 활용하여 일생 동안 안정된 삶을 유지하도록 돕는 것이 사회보장론의 존재 이유이기 때문이다. 독자를 위해 각 장의 말미에 단원 정리와 용어 정리를 제시하였고, 책 말미에 참고할 문헌과 영화, 웹 사이트를 정리하였다.

이 책이 나오기까지 여러 사람이 땀을 흘렸다. 원고를 쓰는 동안에 아내 안경순은 사회복지학을 가르치는 입장에서 쉽게 쓰도록 조언하였다. 서울연구원의 이승재 연구원은 초안을 꼼꼼히 다듬었고, 이다울은 커피를 특송하여 면학 분위기를 만들었다. 따라서 이 책은 온 가족이 함께 만든 작품이다. 2020년 9월에 초판이 발간되고 2025년에 제2판을 발간하게 된 것은 학지사와 독자 여러분 덕분이다.

이 책을 읽은 독자들이 자신과 가족의 소득과 건강을 보장받을 뿐만 아니라 배워서 남 주는 사람, 행복한 세상을 열어 가는 사람이 되기를 기원한다.

2025년 2월

이용교

💡 차례

제1장

사회보장의 정의와 원칙

1. 사회보장의 정의

사회보장(社會保障)이란 낱말은 독일어의 Soziale Sicherheit와 영어의 Social Security를 한글로 표기한 것이다. 오늘날 사회보장은 널리 쓰이는 낱말이지만, 사용되기 시작된 것은 1920년대 이후 유럽이었고, 1935년 미국의 「사회보장법(the Federal Act of Social Security)」에 의해서 보편화되었다.

사회보장의 어원을 보면 Social과 Security의 합성어이다. Social은 '사회적, 사교적인'이란 뜻이 있고, Security의 어원은 라틴어의 se(=without, 해방)＋cure(=care, 근심 또는 괴로워하는 것)에서 비롯된 것으로 '불안을 없게 한다'라는 뜻이며, 사회보장은 '사회적 불안을 없게 한다'라는 의미를 갖는다.

사회보장이 사회적 불안을 없게 한다는 것은 소극적인 관점이고, 사회적 불안을 예방하고 사회문제를 적극적으로 해결하여 삶의 질을 높이는 사회정책이라는 적극적 관점이 있다. 흔히 사회보장은 질병이나 분만, 실업, 폐질, 직업상의 상해, 노령과 사망에 의한 소득의 상실이나 감소 등으로 인해 경제적 궁핍에서 유래하는 근심이나 불안을 제거함으로써 사회 평화를 도모한다.

사회보장은 전 세계적으로 널리 사용되고 있지만, 그 정의는 통일되어 있지 않다. 사회적 위험에 대한 사회적 대책이라는 점에서는 같지만, 어떤 점을 강조하느냐는 나라와 학자마다 조금씩 다르다.

'사회보장'이란 낱말을 가장 먼저 공식적으로 사용한 사람은 미국의 Roosevelt 대통령이다. 그는 1934년 6월 8일에 의회에서 자신이 제안한 뉴딜정책을 설명하면서 이 낱말을 사용하였다. 사회보장이라는 낱말은 처음에는 하나의 정치적 목표로 쓰는 표어였고, 독자적인 사회정책의 성격을 가지지 못한 '경제보장의 일부'로서 파악되었다. 1929년 미국에서 발생된 대공황으로 인한 가난과 공포에 대한 집단적 책임을 강조한 것이다.

유럽에서는 사회보장이라는 용어가 제2차 세계대전을 전후하여 사용되기 시작하였다. 그 이전에는 사회보험(sozialversicherung)이나 국민보험(national insurance)이 일반적이었다. 사회보장이란 낱말은 제2차 세계대전을 거치면서 파시즘 정권과 전쟁을 치르는 연합국의 정치적 프로그램으로 '공포와 궁핍으로부터 자유(freedom from fear and wants)'로 정형화되었다. 사회보장이란 용어는 1941년 대서양헌장에서 사용되었고, 1945년 유엔헌장(UN Charter), 1948년의 세계인권선언(The Declaration of Human Rights), 1950년의 인권과 기본적 자유의 보호를 위한 유럽헌장에서 보다 명확하게 정의되었다.

사회보장이라는 다소 정치적인 용어가 구체적인 사회복지제도로 정착될 수 있었던 것은 Beveridge와 국제노동기구(International Labor Organization: ILO)의 덕택이다. 영국의 Beveridge는 1942년 베버리지 보고서(Beveridge Report)라고 불리는 '사회보험과 관련 서비스에 관한 각부 위원회 보고서'인 『사회보험과 관련 서비스(Social Insurance and Allied Services)』에서 사회보장을 "실업·질병 혹은 재해에 의해서 수입이 중단된 경우의 대처, 노령에 의한 퇴직이나 본인 이외의 사망에 의한 부양 상실의 대비, 그리고 출생·사망·결혼 등과 관련된 특별한 지출을 감당하기 위한 소득보장"이라고 정의하였다. Beveridge는 빈곤과 결부시켜 사회보장은 5대 악의 하나인 "궁핍의 퇴치"라고 말하며, 이는 국민소득의 재분배로 실현할 수 있고, 이를 통한 일정 소득의 보장은 결국 국민생활의 최저보장을 의미한다고 보았다. 또한 Beveridge는 사회보장은 다음 세 가지 전제를 충족시켜야 한다고 강조하였다. 첫째가 아동수당의 지급이다. 아동수당은 15세까지 지급하고, 아동이 학생일 때는 16세까지 지급한다. 둘째가 포괄적 의료·재활서비스이다. 셋째가 고용의 유지이다.

오늘날 사회보장은 소득보장과 의료보장이 양 축이라고 인식되고 있는데, Beveridge는 주로 최저수준의 소득보장을 강조하였다. 그도 소득보장만으로는 부족하고, 아동수당, 포괄적 의료·재활서비스, 고용의 유지(완전고용)가 뒷받침될 때 사회보장이 된다고 보았다는 점에서 오늘날 사회보장의 정의와 맥락을 같이한다.

사회보장을 이론적으로 정립한 학자가 Beveridge라면, 사회보장이 구체적인 프로그램 혹은 제도로서 발전되는 데는 국제노동기구의 역할이 매우 컸다. 국제노동기구는 대서양헌장의 정신과 베버리지 계획을 사회보험과 공공부조라는 틀 속에 일관성과 조화를 유지하면서 구체화하였다. 특히 1952년 제35회 국제노동기구 총회에서 채택된 제102호 조약인 「사회보장의 최저기준에 관한 조약(Minimum Standards of Social Security)」을 통해 세계 여러 나라의 사회보장제도를 표준화시켰다.

국제노동기구가 1942년에 발표한 『사회보장에의 접근(Approaches to Social Security)』이라는 보고서에 의하면, "사회보장은 사회구성원이 부딪히는 일정한 위험에 대해서 사회가 적절한 조직을 통해 부여하는 보장"이라고 정의하였다. 사회보장은 전체 국민을 대상으로 하고, 최저생활이 보장되어야 하며, 모든 위험과 사고에 대하여 보호받고, 공공기관을 통하여 보호나 보장이 이루어져야 함을 그 구성요소로 하였다.

한편, 국제노동기구가 1984년에 발간한 『사회보장입문(Introduction to Social Security)』이란 책에 따르면, "사회보장이란 질병, 분만, 산업재해, 실업, 고령, 폐질(장애), 사망 등에 의한 소득의 중단 또는 감소가 미치는 경제적 · 사회적 불안을 공적 대책을 통해 대처하기 위해서 사회가 그 구성원에게 제공하는 보호(protection)"를 뜻한다.

한국의 「사회보장기본법」은 제3조 제1호에서 "'사회보장'이란 출산, 양육, 실업, 노령, 장애, 질병, 빈곤 및 사망 등의 사회적 위험으로부터 모든 국민을 보호하고 국민 삶의 질을 향상시키는 데 필요한 소득 · 서비스를 보장하는 사회보험, 공공부조, 사회서비스를 말한다."라고 규정한다.

사회보장의 정의는 나라와 학자마다 조금씩 다르지만, 출산, 양육, 실업, 노령, 장애, 질병, 빈곤과 사망 등으로 인한 궁핍의 퇴치나 전 국민의 최저생활의 보장과 같은 소극적 관점에서 점차 모든 국민을 사회적 위험으로부터 보호하고 빈곤을 해소할 뿐만 아니라 국민생활의 질을 향상시키기 위한 사회보험, 공공부조, 사회서비스를 포괄하는 것으로 확장되었다.

* 법제처 http://www.moleg.go.kr

2. 사회보장의 구성요소

사회보장 정의의 차이는 사회보장의 구성요소에서도 드러난다. 사회보장은 제도로 표현되기에 무엇을 사회보장으로 보는가는 그 구체적인 제도의 범주로 보다 확실해진다.

국제노동기구는 사회보장을 각종 급여부문을 중심으로 사회보험(social insurance), 사회(공공)부조(social assistance), 일반조세로 재원조달이 되는 급여(benefits financed by general revenue), 가족급여(family benefits), 적립기금(provident funds), 사용자 제공급여제도, 그리고 사회보장 전반에 대한 보조와 보완제도 등으로 대별한다.

미국 보건인력부(Bureau of Health Workforce)의 사회보장청(Social Security Administration)이 발간한 『세계의 사회보장(Social Security Programs throughout the World)』에서는 사회보장제도를 다섯 가지 유형의 제도로 구분한다. 즉, 연금보험(old age, disability, and survivors), 건강보험(sickness and maternity), 산업재해보상보험(work injury), 실업(고용)보험(unemployment), 가족수당(family allowances) 등이다.

* USA(미국 사회보장청) https://www.usa.gov

국제노동기구와 미국 사회보장청의 기준에 비춰 볼 때 한국의 사회보장은 노령, 질병, 산업재해, 실업, 일상생활을 혼자서 수행하기 어려운 노인의 요양 등 사회적 위험에 대처하기 위하여 5대 사회보험을 제도화시켰고, 국민기초생활보장과 긴급복지지원 등을 통하여 공공부조를 확충하였기에 세계적인 사회보장에 부응하고 있다. 다만, 국제노동기구에서 사회보장의 중요한 제도로 인식하는 가족급여를 아직 충분히 제도화시키지 못하였다. 한편, 미국 사회보장청은 한국의 건강 보험은 질병이 발생할 경우 소득상실을 현금으로 보전하는 상병급여 (sickness benefits)를 갖추지 않았다고 하여 '건강보험'으로 인정하지 않고 있다. 한국의 사회보장제도가 국제적인 기준에 부응하기 위해서는 가족수당을 보다 체계적으로 제도화시키고 건강보험에 상병급여를 도입해야 할 것이다.

국제노동기구와 미국 사회보장청의 기준 등에서 사회보장의 핵심적인 제도는 사회보험과 공공부조이다. 양자는 어떤 점에서 같고 어떤 점에서 다른지, 그리고 사회보험과 사보험의 공통점과 차이점은 무엇인지 살펴보면 다음과 같다.

1) 사회보험과 공공부조

사회보험과 공공부조는 국민을 위한 사회복지제도라는 점에서는 같다. 사회보험은 주로 노동자, 자영인과 같이 노동능력이 있고 일하는 사람이 장차 사회적 위험에 대비하여 빈곤을 예방하려는 방빈정책이라면, 공공부조는 노인, 중증장애인 등과 같이 노동능력이 없거나 있더라고 노동능력이 약해서 가난한 사람을 위한 구빈정책이라는 점에서 차이가 있다.

「사회보장기본법」 제3조 제2호에서는 "'사회보험'이란 국민에게 발생하는 사회적 위험을 보험의 방식으로 대처함으로써 국민의 건강과 소득을 보장하는 제도를 말한다."라고 규정되어 있다. 세계적으로 가장 보편적인 사회보험은 연금보험, 건강보험, 산업재해보상보험, 고용(실업)보험 등 4대 보험이며, 1995년에 독일과 2000년에 일본에서 장기요양보험(일본은 개호보험)이라는 제5의 보험이 도입되었다.

사회보험은 보험의 원리를 이용하여 국민이 특정한 사회적 사고로 말미암아 빈곤에 빠지는 것을 예방하려는 제도이기에 다음과 같은 특징이 있다. Rejda(1999: 원석조, 2002에서 재인용)는 사회보험의 특징을 다음과 같이 지적하였다.

① 사회적 위험(사망, 노령, 장애, 질병 등)으로부터 사람들을 보호하기 위해 강제적 가입 방식에 의해 운용되는 프로그램이다.
② 모든 가입자에게 최저한의 기초생계를 유지할 수 있을 정도의 소득을 보장해 주는 제도이다.
③ 개인적 형평성보다는 저소득층, 대가족, 노령층이 더 유리하도록 배려한다.
④ 일반적으로 급여수준의 결정은 개인적인 생활수준이나 기여 정도보다는 현재의 욕구에 따라 결정된다.
⑤ 사회보험 수급권은 수급자와 보험자 간의 계약에 의해 규정된 권리이므로, 자산조사(means test)를 수반하지 않고 권리로서 수급권을 보장받는다.
⑥ 사전에 규정된 욕구에 따라 급여가 제공된다. 예를 들어, 연금은 모든 노인에게 자동적으로 지급되는 게 아니라 관련 규정에 의거, 65세 정년퇴직자에게만 지급한다.
⑦ 사회보험 재정은 피용자와 자영업자, 그리고 피용자를 고용하는 고용주가 책임진다.
⑧ 급여는 법으로 규정된다.
⑨ 사회보험은 국가 또는 공공단체가 보험자이지만, 그 대상은 피용자인 공무원만이 아닌 정부 개입이 필요한 사회문제의 해결을 위해 운용된다.

⑩ 민간보험은 재정의 완전 적립을 요구하지만, 사회보험은 경우에 따라서 수지 불균형이 일어날 수도 있다.

한편, 사회보험이 대상으로 하는 사회적 사고는 크게 빈곤, 노령·장애·사망, 질병·사고, 실업, 저임금 등이 있는데, 그 사고가 단기적인 위험인지 혹은 장기적인 위험인지에 따라서 나누어 볼 수 있다. 단기적인 사고는 질병, 분만, 실업 등이다. 비록 실업이 장기간 이어지더라도 사회보험이 적용되는 실업은 단기간만 해당된다. 장기적인 사고는 장애, 노령, 사망 등이다. 비록 사망은 순간적인 일이지만 주된 소득자의 사망으로 인하여 소득을 상실한 유족이 오랫동안 유족급여를 받기에 장기적 사고로 간주된다. 이 점에서 산업재해보상보험이 다루는 산업재해는 단기간에 치료될 수 있는 사고도 있지만, 그 사고로 인하여 장애가 지속되거나 사망하여 유족이 있는 경우에는 장기간 사고로 이어질 수 있다는 양면성이 있다.

한국 사회보험의 보험료는 대부분 노동자와 자영업자가 일부를 부담하고, 나머지 일부는 고용주와 국가가 부담하는데, 산업재해보상보험만은 고용주가 전액 부담한다.

「사회보장기본법」 제3조 제3호에서는 "'공공부조(公共扶助)'란 국가와 지방자치단체의 책임하에 생활유지능력이 없거나 생활이 어려운 국민의 최저생활을 보장하고 자립을 지원하는 제도를 말한다."라고 규정되어 있다. 공공부조는 국가부조라고도 하며, 공적인 책임 아래 빈민에 대한 최저생활을 보장하는 제도이다. 공공부조의 특징은 다음과 같다(조원탁 외, 2012: 36-37).

① 사회보험과 달리 본인의 갹출이나 자기부담을 필요로 하지 않는다.

② 개인이나 가족이 현재의 자산이나 소득으로 최저한의 생활을 유지할 수 없다는 것이 자산조사 등의 객관적 방법을 통해 증명된 경우에 한하여 급여가 주어진다.

③ 적용조건은 사회보험이 강제가입임에 비해 공공부조는 본인의 신청이나 사회복지전담 공무원의 대리신청에 의해 이루어진다.

④ 급여수준은 사회보험이 임금에 비례하거나 균일액임에 비해서 공공부조는 최저생활비가 지급된다.

⑤ 급여기간은 사회보험이 대체적으로 한정되어 있으나 공공부조는 빈곤한 생활을 하고 있는 이상 무제한적으로 이루어진다.

⑥ 사회보험의 중요한 기능이 빈곤의 원인이나 사회적 사고에 대한 예방적 대처라면, 공공부조는 빈곤한 생활이 현실적으로 나타났을 때에만 그 기능을 발휘하게 되므로 구빈적·사후 치료적인 기능을 한다.

⑦ 공공부조 대상자는 수급권을 인정받기 위해서 자산조사와 같은 방법을 통해 빈민임을 입증해야 하기에 사회적인 낙인이나 수치심, 혐오감 등을 갖게 될 우려가 있다.

한국의 공공부조는 「국민기초생활 보장법」에 의한 기초생활보장제도와 「의료급여법」에 의한 의료급여가 있고, 「긴급복지지원법」에 의한 긴급복지지원, 「재해구호법」에 의한 재해구호도 공공부조의 연장선에 있다.

사회보험은 국가와 사회가 책임을 지고 국민생활을 위협하는 여러 가지 생활의 위험이나 경제적 불안정으로부터 국민 개개인을 제도적으로 보호하려는 제도이다. 전통사회에서 대표적인 사회복지가 빈민을 구제하는 구빈사업이었다면, 산업화 이후 현대 사회에서 핵심적인 사회복지는 사회적 위험으로부터 시민을 구하려는 사회보험이다. 19세기 말 독일에서 시작되어 이후 전 세계에 광범위하게 확산된 사회보험은 공공부조(구빈사업)와 여러 가지 점에서 비교가 된다.

첫째, 공공부조가 65세 이상 노쇠자나 18세 미만의 요보호 아동을 비롯하여 가난한 사람의 생계를 보호하는 구빈제도라면, 사회보험은 18세 이상 65세 미만의 노동능력이 있는 사람의 사회적 위험을 보험방식으로 극복할 수 있게 하는 방빈제도이다.

둘째, 공공부조가 단지 가난하기에 급여를 받는다면, 사회보험은 철저히 보험료를 낸 것을 조건으로 하여 받는다. 공공부조는 소득과 재산 혹은 부양의무자의 유무 등을 확인하여 생계급여 등을 제공하고, 사회보험은 피보험자나 그 가족에게 사전에 정해진 급여조건을 충족시킬 때만 보험급여를 제공한다. 공공부조는 살아가는 데 필요한 최소한의 급여를 제공하고, 사회보험은 최적의 수준을 지향한다는 점에서도 차이가 난다.

셋째, 공공부조는 자산조사에 근거해서 국가와 지방자치단체가 세금으로 제공하기에 정부의 예산 형편에 따라서 급여수준이 달라지기도 하고, 생존권 보호 차원에서 선별적으로 지급된다. 사회보험은 보험료를 납부한 것을 조건으로 제공되어 법적인 권리가 형성된다. 일부 가난한 시민을 대상으로 하는 공공부조와 달리 사회보험은 사업장 노동자뿐만 아니라 농어민과 도시자영자를 포함한 전체 국민을 적용대상으로 본다.

2) 사회보험과 사보험

사회보험과 사보험은 보험의 원리를 활용하여 사회적 사고에 대응

한다는 점에서 같다. 보험이 성립되기 위해서는 다음과 같은 조건에 맞아야 한다(조원탁 외, 2012: 32).

① 위험(사고) 발생이 규칙적이어야 한다. 사고가 어떤 일정 비율로 누군가에게 발생한다는 것을 통계의 축적으로부터 경험적으로 인지되어야 한다.

② 위험에 대비하여 공동의 기금을 조성하여야 한다. 보험자는 위험이 발생한 경우 이 공동의 기금으로 급여를 해야 하며, 공동의 급여를 만들기 위해서는 보험집단의 각 구성원이 일정액을 갹출해야 한다.

③ 보험기금으로부터 수지가 균등해야 한다. 위험률의 측정이 정확하게 이루어지면 보험료의 갹출과 보험기금으로부터의 급여가 균형을 이루게 된다.

이 세 가지 조건은 잘 지켜지기 어렵고, 특히 사회보험에서는 잘 지켜지지 않는다. 위험 발생의 규칙성은 천재지변에 의한 사고에서는 지켜지기 어렵다. 예컨대, 한국 사회에서 1년에 교통사고로 인한 사망자가 5천 명가량이라면 이는 위험(사고) 발생이 규칙적인 것이다. 하지만 연간 25만 명이 사망하는 것을 전제로 하여 생명보험을 설계한 상황에서 전쟁으로 1년에 250만 명이 사망한다면 위험 발생이 규칙적이라고 보기 어려운 일이다. 전쟁이 발생한 경우에는 위험 발생이 높아질 뿐만 아니라 화폐가치의 하락으로 위험에 대비한 공동의 기금도 운용하기 어렵다. 따라서 사회보험은 예측 가능한 사회에서 유용한 제도이고, 화폐가치가 지속적으로 크게 하락하는 사회에서는 유용한 제도가 아니다.

보험기금의 수지 균등 기준은 사보험에서 강조되는데, 기금의 수입과 지출이 균등하거나 수입이 지출보다 약간 많을 때 지속 가능한 보험이다. 하지만 많은 나라에서 사회보험은 수지가 균등하지 못하고, 선대가 좀 더 많은 혜택을 받고 후대에게 더 큰 짐을 지우는 경향이 있다.

사회보험과 사보험은 보험이라는 점에서는 같지만 사보험은 영리를 목적으로 운영하는 보험이고, 사회보험은 공익을 목적으로 한다는 점에서 차이가 있다. Rejda가 말한 사회보험에 비교하여 사보험이 가진 특징은 다음과 같다(원석조, 2002에서 재인용).

① 사회보험은 강제가입을 원칙으로 하고 있지만, 사보험은 자발적인 가입을 통해 특정 개인의 욕구를 충족시킨다.

② 급여수준은 개인 의사와 지불능력에 따라, 즉 기여 정도에 비례하여 정해진다.

③ 사회보험은 사회적 적절성을 강조하여 결국 복지요소(welfare element)에 초점을 두나, 사보험은 개인적 적절성을 강조하여 결국 보험요소(insurance element)에 초점을 둔다.

④ 사회보험 급여를 제공하는 근거는 법에 명시되어 있으나, 사보험의 급여 제공 근거는 계약에 있다.

⑤ 사회보험은 정부가 독점하고 있으나, 사보험은 시장경쟁에 맡겨져 있다.

⑥ 사보험은 사회보험에 비해 비용을 예측하기가 쉽다(예: 실업보험에서 대량실업 등을 예측하기란 쉽지 않다).

⑦ 사회보험은 비용을 완전하게 준비할 필요가 없으나, 사보험은 비용을 완전하게 준비해야 한다. 사회보험은 강제성과 영속성을 전

제로 하기에 비용을 완전하게 준비하지 않아도 된다.

⑧ 사회보험 방식은 목적과 결과를 둘러싸고 여러 가지 이견이 있을 수 있으나, 사보험은 목적과 결과가 비교적 단순하다.

⑨ 사회보험은 중앙정부의 통제하에 투자되지만, 사보험은 사적 경로를 통한 투자가 이루어진다.

⑩ 사회보험은 조세제도를 통해 인플레이션에 대응할 수 있으나, 사보험은 인플레이션에 약하다.

3. 사회보장의 원칙

1) Beveridge의 사회보험 6대 원칙

사회보장을 이론적으로 뒷받침해 준 영국의 Beveridge는 1942년 『사회보험과 관련 서비스』에서 사회보험 6대 기본원칙을 제시하였다. 그는 사회적 사고를 당한 모든 국민은 균일한 생계급여를 받고, 이에 필요한 비용에 똑같이 기여하는 원칙을 강조하였다. 똑같이 내고 똑같이 받는 구조가 아닌, 똑같은 생계급여를 받기 위해서 필요한 만큼을 똑같이 내자는 안을 제안하였다. 그는 사회보험을 통일시켜 관리하고, 급여수준은 생활수준을 반영한 적정한 수준이어야 하며, 피보험자의 범위와 욕구는 포괄적이고, 적용대상의 속성의 차이에 맞게 계층화해야 한다는 점을 강조하였다. 기존 사회보험의 문제점을 극복하면서 보다 이상적인 사회보험을 구상한 것이다. 그가 제안한 사회보험의 기본원칙은 다음과 같다(조원탁 외, 2012: 43-44에서 재인용).

① 균일한 생계급여(flat-rate of subsistence benefit)의 원칙: 종전의 소득이 많고 적음에 관계없이 모든 국민에 대해서 필요한 소득을 국민적 최저수준으로 동일하게 지급하여야 한다는 것이다. 이 원칙은 소득상실 이전의 생활수준을 유지시켜 주기 위한 것이 아니라 최저한의 생활을 유지시키는 것에 목표를 두고 있다.

② 균일한 기여(flat-rate of contribution)의 원칙: 균일한 생계급여의 원칙과 동일한 원리로서, 동일한 생계급여를 받기 위해서는 동일한 기여를 해야 한다는 것이다. 즉, 소득의 많고 적음을 막론하고 동일한 기여를 하고 동일한 급여를 받는다는 것이다.

③ 행정책임의 통일화(unification of administration responsibility) 원칙: 당시 영국에서는 소득보장과 관련된 정부부처가 7개나 있어 이들이 각각 독립적인 소득보장을 실시하고 있었을 뿐 아니라 재원조달 방식도 통일되어 있지 않았다. 그 결과, 서비스의 중복 및 혼란 현상이 야기되었으며, 일부 대상자는 서비스 대상에서 제외되는 현상을 빚기도 하였다. 따라서 경비 절감과 부처 및 제도 간의 상호 모순을 없애기 위해 운영기관을 통일해야 한다는 것이다.

④ 급여수준의 적정화(adequacy of benefits) 원칙: 급여수준은 국민들이 최저한의 생활을 하는 데 충분한 금액과 기간이 보장되어야 한다는 것이다.

⑤ 적용범위의 포괄성(comprehensiveness) 원칙: 사회보험의 대상으로서 타당하다고 인정되는 일반적이고 규칙적인 위험에 관해서는 피보험자의 범위와 욕구의 범위가 모두 포함되어야 한다는 것이다.

⑥ 적용대상의 계층화(classification) 원칙: 사회보험의 대상자는 모든 국민을 대상으로 하지만, 피고용인, 고용주나 상인, 가정주부, 비

취업자, 아동, 고령자 등 6개 계층으로 분류하여 보험을 조정해야
한다는 것이다.

  * 베버리지 보고서 http://www.fordham.edu/halsall/mod/1942beveridge.html

　Beveridge가 사회보험 6대 원칙을 정한 것은 영국의 사회보장 발달
과 밀접한 관련이 있다. Beveridge는 균일한 생계급여와 균일한 기여
를 강조하였는데, 이는 국민의 부담능력에 따른 기여와 기존 생활수준
에 상응하는 급여의 원칙과 크게 대조된다. 대부분의 사보험은 부담능
력에 맞추어서 기여하고 생활수준에 상응하는 급여를 원칙으로 한다.
예컨대, 작은 차를 타는 사람은 자동차보험에서 보험료를 적게 내고
보험사고를 당할 때 급여도 적게 받지만, 고급차를 타는 사람은 보험
료를 많이 내고 급여도 많이 받는다.

　하지만 Beveridge는 사회보험은 모든 국민이 최저생활을 할 수 있는
수준만큼의 최저급여를 정하고, 그 급여를 줄 수 있을 만큼만 기여할
것을 강조하였다. 이처럼 균일한 급여와 균일한 기여를 강조한 것은
영국이 1601년 「구빈법」 이래로 가난한 사람들에게 자산조사를 통해
서 공공부조를 하는 과정에서 낙인감을 주기에 사회보험은 낙인감이
없이 누구나 누릴 수 있는 복지제도가 되어야 한다는 점을 강조하려는
것이었다.

　아울러 급여수준의 적정화 원칙과 적용범위의 포괄성 원칙은 균일
한 생계급여의 원칙을 보완하는 원칙이고, 행정책임의 통일화 원칙은
영국의 기존 사회보험이 여러 개의 제도로 분산된 것을 통일시키기 위
해서 제안되었다. 적용대상의 계층화 원칙은 현실적으로 모든 국민은
하나의 집단이 아니라 피고용인, 고용주나 상인, 가정주부, 비취업자,
아동, 고령자 등으로 나뉘고, 이들은 욕구와 자원이 다르기에 범주화

해서 처우하려는 것이었다.

그런데 Beveridge의 사회보험 6대 원칙은 시간이 지남에 따라서 지켜지기 어려웠다. 가장 큰 문제는 균일한 생계급여와 급여수준의 적정화를 조화시키기 어려웠다. 국민의 생활수준이 높아지면서 그에 맞는 생계급여를 주기 위해서는 생계급여의 수준을 높일 수밖에 없는데, 이렇게 되면 소득이 낮은 국민은 균일한 기여의 원칙에 맞는 부담을 하기 어렵다. 따라서 급여수준의 적정화를 위해서는 균일한 생계급여와 균일한 기여의 원칙을 보완해야 하였다. 영국에서는 모든 국민이 똑같이 받고 똑같이 내는 기초연금에 부담능력에 따라서 기여하고 그에 비례하여 급여를 받는 '소득비례연금'을 추가하였다. Beveridge의 원칙을 존중하면서도 사회 변화에 맞게 수정한 것이다.

이러한 변화에도 불구하고 Beveridge가 주창한 사회보험 6대 원칙은 제2차 세계대전 후 세계 여러 나라가 사회보험을 설계할 때 중요한 기준으로 채택되었다. 최저생활을 할 수 있도록 똑같이 받고 똑같이 내며 행정을 통일하고 급여수준을 적정하게 하며 적용범위를 포괄하면서도 적용대상을 범주화하여 관리운영하자는 제안은 사회보험의 이상적 기준이었다.

2) 국제노동기구의 사회보장 원칙

사회보장의 확장과 보급을 위한 국제노동기구의 노력은 제2차 세계대전을 전후하여 활발하게 전개되었다. 그 대표적인 것은 1952년 제35회 총회에서 채택된 제102호 조약으로서 「사회보장의 최저기준에 관한 조약」이다. 이 조약은 사회보장에 있어서 중요한 세 가지 원칙을 결의하였다. 그것은 사회보장에 있어서 대상의 보편성, 비용부담의 공평성, 급여수준의 적절성이다(조원탁 외, 2012: 45-46).

* ILO(국제노동기구) http://www.ilo.org

(1) 대상의 보편성 원칙

사회보장이 사회보험을 중심으로 각국에서 처음 창설되었을 때는 노동자 계층을 그 대상으로 하였으나, 제2차 세계대전을 계기로 하여 전 국민을 대상으로 하는 제도로 변화되었다. 대상의 보편성 원칙이란 각계각층을 망라하여 포괄적으로 모든 국민을 대상으로 한다는 원칙을 말한다. 이러한 대상의 보편성 원칙은 개발도상국의 경우, 제도 도입부터 모든 국민을 대상으로 하는 것은 어렵지만 장기적인 기본목표 아래 점진적으로 확대되어야 함을 지적하고 있다.

(2) 비용부담의 공평성 원칙

사회보장의 재정에 관한 기본원칙은 3개 항으로 규정되어 있다.

① 사회보장비용은 공동 부담을 원칙으로 하되, 그 재원은 보험료 또는 세금으로 충당하며, 자산이 적은 자에게 과중한 부담이 되지 않도록 하고, 피보험자의 경제적 상태를 고려하여 결정해야 한다.
② 보험료에 대한 피고용자의 부담 한계는 피보험자 계층의 직접 보호를 위해서 지급되는 전체 재원의 50%를 초과해서는 안 된다. 그 나머지는 사용자 부담, 특별세 수입, 일반재정으로부터의 보조금, 자본수입 등으로 충당되어야 한다.
③ 국가는 보험급여의 정당한 지급에 대한 일반적 책임을 가져야 하며, 이를 위하여 재정의 수지 균등 원칙이 지켜져야 한다. 그리고 재정적 균형에 관하여 필요한 보험수리적 연구 및 계산을 정기적

으로 강구하여야 한다.

(3) 급여수준의 적절성 원칙

급여수준의 적절성 원칙은 보험의 급여수준과 급여방법에 관한 원칙을 말한다.

① **가족의 부양수준 원칙**: 보험급여의 총액과 수익자의 자력을 합한 것이 최저생활이 되도록 하려는 원칙이다.
② **균일급여의 원칙**: 보험급여는 어떤 수급자에게나 동액의 급여를 지급한다는 원칙이다. 이것은 최저기준선까지는 누구에게나 동일하게 확보시켜 주어야 하며, 대상자의 직종이나 숙련, 미숙련 등을 구분하지 않는다.
③ **비례급여의 원칙**: 급여수준은 각 개인이 사회적으로 영위하는 생활의 정도가 모두 다르기에 그것에 상응하는 정도의 급여수준이 되어야 한다.

국제노동기구가 정한 「사회보장의 최저기준에 관한 조약」은 세계 각국의 사회보장제도에 강력한 영향력을 미쳤다. 이는 조약이기에 회원국은 대상의 보편성, 비용부담의 공평성, 급여수준의 적절성을 법적으로 이행해야 하기 때문이다.

국제노동기구의 사회보장기준은 보편성, 공평성, 적절성 등 평범한 낱말이지만 그 내용을 살펴보면 대단히 정치적인 용어이다. 대상의 보편성은 사회보장의 대상을 일부 노동자에게 한정시키지 말고 전체 노동자와 자영인 그리고 그 가족을 포함한 전체 국민으로 확대해야 한다는 뜻이다. 전체 국민은 노동자와 그 가족이 대부분이기에 대상의 보편성은 노동자와 그 가족을 위한 사회보장을 주장한 것이다. 부담의 공평성은 보험료의 부담을 노동자만 해서는 안 되고 고용주와 국가 등이 공평하게 분담하는 것인데, "노동자가 재원의 50%를 초과해서는 안 된다."라는 구절로 노동자의 이익을 반영하였다. 급여수준의 적절성은 최저생활을 할 수 있는 수준까지 적절하게 지급해야 한다는 점을 강조한 것이다. 이처럼 국제노동기구는 「사회보장의 최저기준에 관한 조약」을 통해서 세계 여러 나라가 반드시 최저기준을 지키도록 하고, 그 이상의 수준을 보장하는 것은 각국의 상황에 맡겼다. 복지 선진국들은 대체로 국제노동기구의 최저기준에 관한 조약 이상의 수준으로 보험급여를 주고 있다.

 단원 정리

    사회보장이란 낱말은 독일어의 Soziale Sicherheit와 영어의 Social Security를 한글로 표기한 것이다. 오늘날 사회보장은 널리 쓰이는 낱말이지만, 사용되기 시작된 것은 1920년대 이후 유럽이었고, 1935년 미국의 「사회보장법」에 의해서 보편화되었다.

    사회보장이 구체적인 사회복지제도로 정착될 수 있었던 것은 Beveridge와 국제노동기구의 덕택이다. Beveridge는 1942년 베버리지 보고서라고 불리는 『사회보험과 관련 서비스』에서 사회보장을 "실업 · 질병 혹은 재해에 의해서 수입이 중단된 경우의 대처, 노령에 의한 퇴직이나 본인 이외의 사망에 의한 부양 상실의 대비, 그리고 출생 · 사망 · 결혼 등과 관련된 특별한 지출을 감당하기 위한 소득보장"이라고 정의하고 있다.

    사회보장이 구체적인 프로그램 혹은 제도로서 발전되는 데는 국제노동기구의 역할이 매우 컸다. 국제노동기구는 1952년 제35회 총회에서 채택된 제102호 조약인 「사회보장의 최저기준에 관한 조약」을 통해서 세계 여러 나라의 사회보장제도를 표준화시켰다.

한국의 「사회보장기본법」은 제3조 제1호에서 "'사회보장'이란 출산, 양육, 실업, 노령, 장애, 질병, 빈곤 및 사망 등의 사회적 위험으로부터 모든 국민을 보호하고 국민 삶의 질을 향상시키는 데 필요한 소득·서비스를 보장하는 사회보험, 공공부조, 사회서비스를 말한다."라고 규정되어 있다.

사회보장은 제도로 표현되기에 무엇을 사회보장으로 보는가는 그 구체적인 제도의 범주로 보다 확실해진다. 국제노동기구는 사회보장을 각종 급여부문을 중심으로 사회보험, 사회(공공)부조, 일반조세로 재원조달이 되는 급여, 가족급여, 적립기금, 사용자 제공급여제도, 그리고 사회보장 전반에 대한 보조와 보완제도 등으로 대별하고 있다. 미국 사회보장청이 발간하는 『세계의 사회보장』에서는 사회보장제도를 연금보험, 건강보험, 산업재해보상보험, 실업(고용)보험, 가족수당 등 다섯 가지 유형의 제도로 구분하고 있다.

한국의 「사회보장기본법」은 사회보장에 사회보험, 공공부조, 사회서비스를 포함시키고 있다. 사회보장은 노령, 질병, 산업재해, 실업, 일상생활을 혼자서 수행하기 어려운 노인 등 사회적 위험에 대처하기 위하여 5대 사회보험을 제도화시켰고, 국민기초생활보장제도와 의료급여, 긴급복지 지원 등을 통하여 공공부조를 확충하고 있기에 세계적인 사회보장에 부응하고 있다. 다만, 가족급여를 아직 체계적으로 제도화시키지 못하였고, 건강보험에 상병급여를 포괄하지 못하였다.

사회보험과 공공부조는 국민을 위한 사회복지제도이다. 사회보험은 주로 노동자, 자영인과 같이 노동능력이 있고 일하는 사람이 장차 사회적 위험에 대비하여 빈곤을 예방하려는 방빈정책이라면, 공공부조는 노인, 중증장애인 등과 같이 노동능력이 없거나 있더라고 노동능력이 약해서

가난한 사람을 위한 구빈정책이라는 점에서 차이가 있다. 또한 사회보험
과 사보험은 보험의 원리를 활용하여 사회적 사고에 대응한다는 점에서
는 같지만, 사회보험은 공익을 추구하는 강제보험이고, 사보험은 영리를
추구하는 임의보험이라는 점에서 차이가 있다.

　사회보장을 이론적으로 뒷받침해 준 Beveridge는 1942년 『사회보험과
관련 서비스』에서 사회보험 6대 기본원칙을 제시하였다. 그는 사회적 사
고를 당한 모든 국민은 균일한 생계급여를 받고, 이에 필요한 비용에 똑같
이 기여하는 원칙을 강조하였다. 사회보험을 통일시켜 관리하고, 급여수
준은 생활수준을 반영한 적정한 수준이어야 하며, 피보험자의 범위와 욕
구는 포괄적이고, 적용대상의 속성의 차이에 맞게 계층화해야 한다는 점
을 강조하였다. 그는 기존 사회보험의 문제점을 극복하면서 보다 이상적
인 사회보험을 구상한 것이다.

　사회보장의 확장과 보급을 위한 국제노동기구의 노력은 제2차 세계대
전을 전후하여 활발하게 전개되었다. 1952년에 국제노동기구 총회에서
채택된 「사회보장의 최저기준에 관한 조약」은 사회보장에 있어서 중요한
세 가지 원칙을 대상의 보편성, 비용부담의 공평성, 급여수준의 적절성이
라고 밝혔다.

용어 정리

- **사회보장**: 「사회보장기본법」상 '사회보장'이란 출산, 양육, 실업, 노령, 장애, 질병, 빈곤 및 사망 등의 사회적 위험으로부터 모든 국민을 보호하고 국민 삶의 질을 향상시키는 데 필요한 소득·서비스를 보장하는 사회보험, 공공부조, 사회서비스를 말한다.

- **사회보험**: 「사회보장기본법」상 '사회보험'이란 국민에게 발생하는 사회적 위험을 보험의 방식으로 대처함으로써 국민의 건강과 소득을 보장하는 제도를 말한다. 일반적으로 사회보험은 국가와 사회가 책임을 지고 국민생활을 위협하는 노령, 질병, 산재보험, 실업, 일상생활을 혼자서 수행하기 어려운 노인의 요양 등 사회적 사고를 보험적 방식으로 해결하려는 복지제도이다.

- **공공부조**: 「사회보장기본법」상 '공공부조'란 국가와 지방자치단체의 책임하에 생활유지능력이 없거나 생활이 어려운 국민의 최저생활을 보장하고 자립을 지원하는 제도를 말한다.

- **Beveridge의 사회보험 6대 원칙**: 영국의 Beveridge는 1942년 『사회보험과 관련 서비스』라는 보고서에서 사회보험 6대 기본원칙을 제시하였다. 즉, 균일한 생계급여의 원칙, 균일한 기여의 원칙, 행정책임의 통일화 원칙, 급여수준의 적정화 원칙, 적용범위의 포괄성 원칙, 적용대상의 계층화 원칙이다.

- **국제노동기구의 사회보장 원칙**: 국제노동기구는 1952년 제35회 총회에서 제102호 조약으로서 「사회보장의 최저기준에 관한 조약」을 채택하였다. 이 조약은 사회보장에 있어서 중요한 세 가지 원칙을 대상의 보편성, 비용부담의 공평성, 급여수준의 적절성이라고 밝혔다.

제 2 장

사회보장의 구조와 역사

1. 사회보장의 법적 정의

사회보장의 법적 정의는 나라와 시기마다 다를 수 있다. 한국에서 법적 정의는 1963년 11월 5일에 제정된 「사회보장에 관한 법률」에서 처음으로 찾아볼 수 있었다. 이 법의 제2조에서는 "'사회보장'이라 함은 사회보험에 의한 제급여와 무상으로 행하는 공적부조를 말한다."라고 규정하였다.

1995년 12월 30일에 제정되고 6개월 후에 시행된 「사회보장기본법」은 이전 법을 폐지하고 만들어졌다. 이 법은 제3조 제1호에서 "'사회보장'이라 함은 질병·장애·노령·실업·사망 등의 사회적 위험으로부터 모든 국민을 보호하고 빈곤을 해소하며 국민생활의 질을 향상시키기 위하여 제공되는 사회보험·공공부조·사회복지서비스 및 관련 복지제도를 말한다."라고 규정하였다. 이 법은 기존 법의 공적부조를 공공부조로 바꾸고, 사회복지서비스 및 관련 복지제도를 추가시켰다.

「사회보장기본법」은 2012년 1월 26일에 전부 개정되고 1년 후 시행되었다. 개정법 제3조 제1호는 "'사회보장'이란 출산, 양육, 실업, 노령, 장애, 질병, 빈곤 및 사망 등의 사회적 위험으로부터 모든 국민을 보호하고 국민 삶의 질을 향상시키는 데 필요한 소득·서비스를 보장하는 사회보험, 공공부조, 사회서비스를 말한다."라고 규정한다. 새 법은 사회적 위험의 요인에 출산, 양육을 포함시켰고, 기존 사회복지서비스와 관련 복지제도를 통합시켜 사회서비스로 정의하였다(법 제3조 제2~5호).

2. '사회보험'이란 국민에게 발생하는 사회적 위험을 보험의 방식으로 대처함으로써 국민의 건강과 소득을 보장하는 제도를 말한다.
3. '공공부조'란 국가와 지방자치단체의 책임하에 생활유지능력이 없거나 생활이 어려운 국민의 최저생활을 보장하고 자립을 지원하는 제도를 말한다.
4. '사회서비스'란 국가·지방자치단체 및 민간부문의 도움이 필요한 모든 국민에게 복지, 보건의료, 교육, 고용, 주거, 문화, 환경 등의 분야에서 인간다운 생활을 보장하고 상담, 재활, 돌봄, 정보의 제공, 관련 시설의 이용, 역량 개발, 사회참여 지원 등을 통하여 국민의 삶의 질이 향상되도록 지원하는 제도를 말한다.
5. '평생사회안전망'이란 생애주기에 걸쳐 보편적으로 충족되어야 하는 기본욕구와 특정한 사회위험에 의하여 발생하는 특수욕구를 동시에 고려하여 소득·서비스를 보장하는 맞춤형 사회보장제도를 말한다.

따라서 이 책에서 사회보장의 정의는 「사회보장기본법」에 따라 사회보험, 공공부조, 사회서비스를 중심으로 기술한다. 또한 아동수당, 기초연금, 장애인연금 등 사회수당의 비중이 커지고 있기에 이를 포함하여 다룬다.

2. 사회보장제도의 구조

사회보장제도는 사회보험, 공공부조, 사회서비스이고, 여기에 사회수당을 포함시킬 수 있다. 사회보장제도가 기능하기 위해서는 누군가에게 복지급여를 제공하고 필요한 재원을 조달하는 등 관리운영이 필요하다. 여기에서는 사회보장의 적용대상, 재원, 급여, 관리운영의 원리에 대해 간략히 기술한다.

1) 적용대상

사회보장의 적용대상은 원칙적으로 모든 국민이지만 실제로는 제도에 따라 달라진다. 「헌법」 제34조 제1항은 "모든 국민은 인간다운 생활을 할 권리를 가진다.", 제2항은 "국가는 사회보장·사회복지의 증진에 노력할 의무를 진다."라고 규정되어 있다. 따라서 모든 국민은 국가가 실시하는 사회보장으로 '인간다운 생활을 할 권리'를 누릴 수 있어야 한다. 특히 국가는 여자의 복지와 권익의 향상을 위하여 노력하여야 하고(제3항), 노인과 청소년의 복지향상을 위한 정책을 실시할 의무를 진다(제4항). 또한 신체장애자 및 질병·노령 기타의 사유로 생활능력이 없는 국민은 법률이 정하는 바에 의하여 국가의 보호를 받고(제5항), 재해를 예방하고 그 위험으로부터 국민을 보호하기 위하여 노력하여야 한다(제6항). 「헌법」상 국가는 복지욕구가 크거나 부담능력이 약한 국민에 대해 적극적인 지원을 해야 한다.

사회보장은 모든 국민에게 보편적으로 적용되지만 현실적인 요인에 의해 선별적인 경우가 많다. 모든 국민에게 혹은 해당 인구에게 사회복지가 보편적으로 적용되는 것을 보편주의, 빈민이나 저소득층 등 특정 인구집단에게 선별적으로 적용되는 경우를 선별주의라 한다. 흔히 사회보험과 사회수당은 보편주의를, 공공부조와 사회서비스는 선별주의를 지향하지만, 개별 사회보장제도는 보편주의와 선별주의가 혼합되어 있는 경우가 많다.

사회보장의 적용대상을 선정할 때 보편주의와 선별주의의 장점과 단점을 논쟁하는 경우가 있다. 「헌법」은 "모든 국민은 인간다운 생활을 할 권리를 가진다."라고 보편주의를 지향하지만, 국가는 여자, 노인과 청소년, 신체장애자, 질병·노령 기타의 사유로 생활능력이 없는 사람 등을 우선 보호해야 한다. 흔히 공공부조는 모든 국민에게 똑같이 주는 것이 아니라 가구 소득과 재산이 적은 빈곤층과 같이 사회적 욕구가 강하고 시장에서 구매력이 떨어진 사람에게 주어진다. 사회보험의 급여는 보험료를 낸 사람이 받을 수 있다. 보편주의와 선별주의의 장단점을 논쟁하기보다 특정 복지제도의 적용대상을 선정할 때 「헌법」에 부합되도록 운용해야 한다.

사회보험 중 적용대상이 가장 많은 건강보험은 의료급여 수급자를 제외한 모든 국민이 적용을 받기에 보편주의를 지향한다. 그런데 건강보험은 초기에 일정 규모 이상 사업장에서 일하는 노동자와 그 가족에게 적용되었고 점차 1인 이상 사업장까지 확대되었으며, 농어민, 도시자영자에게 확대 적용되었다.

사회보험의 적용대상은 보험료의 부담능력이 있고 보험료를 계산하기 쉬운 인구집단부터 시작되어 점차 전 국민으로 확대되었다. 국민연금도 노동자가 먼저 적용받고 그다음은 농어민, 도시자영자로 확대되었지만 학생, 취업준비자, 주부 등은 아직 당연적용 대상이 아니다. 고용보험, 산업재해보상보험은 1인 이상 고용사업장에서 일하는 노동자가 당연적용 대상이고, 자영업자는 임의적용 대상이며, 농어민, 도시자영자는 아직 적용대상이 아니다.

사회보험은 보험료 부담능력이 있는 사람에게 우선 적용하지만, 공공부조는 스스로 살아가기 어려운 사람에게 우선 적용한다. 국가와 지방자치단체는 '가구 소득인정액이 기준 중위소득의 50% 이하'일 때 수급자 선정기준으로 보는데, 소득인정액은 소득평가액에 재산의 소득환산액을 더한 금액이다. 기초생활보장 수급자는 가구 소득인정액에 부양의무자의 부양비를 합친 금액이 기준 중위소득의 32% 이하일 때 생계급여 수급자, 32%를 넘고 40% 이하일 때 의료급여 수급자로 선정될 수 있다. 생계급여와 의료급여 수급자는 해당 가구의 소득과 재산뿐만 아니라 부양의무자의 부양능력까지 고려하여 선정된다.

사회서비스의 수급자는 아동복지는 18세 미만, 노인복지는 65세 이상, 장애인복지는 등록장애인이다. 특정 인구집단을 위한 복지서비스는 종류가 다양한데, 권익 보호서비스는 다수에게 적용되지만 금품 제공은 일부에게만 적용된다. 즉, 학대 피해 아동이 아동보호전문기관의 보호를 받을 때에는 자산조사를 받지 않지만, 고등학생이 교육비 지원을 받으려면 가구 소득인정액이 일정 수준 이하일 때만 가능하다.

사회수당 중 아동수당은 8세 미만인 자, 기초연금은 65세 이상 중 소득 하위 70%인 자, 장애인연금은 등록된 중증장애인이고 소득 하위 70%인 경우만 받을 수 있다. 아동수당은 가구의 소득인정액 기준이 없지만, 기초연금, 장애인연금은 소득 하위 70%인 사람만 받을 수 있다.

사회보장의 적용대상은 변화한다. 사회보험은 제도가 성숙되면서 적용대상이 확장된다. 예컨대, 건강보험의 적용대상은 노동자에서 농어민, 도시자영자로 확대되었다. 또한 아동수당은 도입과정에서 소득과 재산에 상관없이 모두 지급, 하위 80%에게 지급, 하위 50%에게 지급하는 방안이 논의되었다. 모든 아동에게 지급하자고 공약한 대통령 후보가 당선되고, 하위 80%에게 주자는 정당과 협의하여 하위 90%에게 주었다. 제도 시행 후 상위 10%를 골라내는 비용이 많이 들어 해당 연령층의 모든 아동에게 지급하는 것으로 바뀌었다. 이처럼 사회보장의 적용대상의 선정은 보편주의와 선별주의가 혼합되어 있는 경우가 많다.

2) 재원

사회보장의 재원을 마련할 때 중요한 원칙은 지속 가능성과 수지 균형이다. 사회보장제도가 지속 가능하도록 수입과 지출의 균형을 유지해야 한다. 사회보장의 재원은 크게 세금, 사회보험료, 본인부담금이다. 공공부조는 세금으로 조달되고, 5대 사회보험은 사회보험료를 근간으로 하여 조세로 보완되며, 사회서비스는 세금으로 조달되고 일부는 본인부담금으로 충당되며, 사회수당은 세금으로 조달된다. 세금과 사회보험료 중 무엇으로 충당할지, 사회보험료와 조세를 함께 사용할지, 본인부담금의 비중을 어느 정도 할지에 대한 정해진 기준은 없다. 많은 나라가 공공부조와 사회수당은 세금으로 조달하고, 사회보험은 사회보험료가 근간이면서 조세로 보충하는 방식을 선택한다.

사회보장의 재원이 세금, 사회보험료 중 어느 것을 근간으로 할지는 나라마다 다르다. 예컨대, 영국, 뉴질랜드, 호주 등은 국민건강서비스(National Health Service)를 주로 세금으로 운영하는데, 한국은 건강보험으로 운영한다. 영국인은 병원을 이용할 때 개인 부담이 거의 없지만, 한국인은 건강보험의 보장율(2022년에 65.7%)이 경제협력개발기구(Organization for Economic Cooperation and Development: OECD)의 평균(2022년에 76.3%)보다 낮아 진료비의 상당한 비율을 본인이 부담해야 한다.

제도를 설계할 때 재원을 세금 혹은 사회보험료로 하는 방안은 논쟁 거리이지만, 한번 결정된 재원은 바뀌기 어렵다. 우리나라 사회보장제도는 세금 혹은 사회보험료를 근간으로 하고, 부족한 것을 세금이나 본인부담금으로 보충하는 경우가 많다. 세금은 재분배를 통해 불평등을 줄일 수 있다는 주장도 있지만 근거가 미약하다. 세금 중에는 부자가 많이 내는 것도 있지만 가난한 사람이 상대적으로 많이 내는 것도 있기 때문이다.

세금은 크게 직접세와 간접세, 국세와 지방세, 일반세와 목적세 등으로 구분된다. 세금을 부담하는 사람과 내는 사람이 같으면 직접세이고, 물건이나 서비스 가격에 포함되어 소비자가 부담한 세금을 모아서 판매자가 내는 것은 간접세이다. 우리나라의 경우 근로소득세, 재산세 등은 직접세이고, 부가가치세, 담뱃세 등은 간접세이다. 국가가 세금을 징수하면 국세이고, 지방자치단체가 세금을 징수하면 지방세이다. 한국은 국세의 비중이 크고 지방세의 비중이 작아 국가는 지방자치단체의 재정자립도 등을 감안하여 국세의 일부를 지방양여금 등으로 제공한다.

사회보장 재정의 재원이 세금인 경우에 국세의 비중이 크고 지방자치단체가 일부를 분담한다. 국세와 지방세의 분담을 어떻게 할 것인지는 제도마다 다르다. 기초생활보장제도는 국세와 지방세의 비율이 8:2(시·도 1, 시·군·구 1)이지만, 재정자립도가 낮고 수급자의 비율이 높은 지역은 9:1(시·도 0.7, 시·군·구 0.3)이다. 사회서비스예산은 주로 지방양여금으로 충당되고, 일부 사업은 국비로 충당된다. 어떤 것을 국가가 부담하고 어떤 것을 지방자치단체가 부담하는지에 대한 원칙은 없다. 일부 학자들은 기초생활보장제도와 같이 전 국민에게 적용되는 것은 국가예산으로 충당하고, 경로당 운영과 같이 해당 주민의 욕구를 반영한 사업은 지방비로 충당하자고 하지만, 제도 도입 시 결정된 경우가 많다. 지방정부의 자율성을 높이기 위해 국세의 일부를 지방세로 바꾸자는 주장도 있지만, 어떤 세금이든지 사람과 기업이 많은 수도권과 대도시에서 많이 걷히기에 지방세의 비중이 커지면 지역 간 격차도 커질 수 있다.

어떤 세금을 국세로 할지 혹은 지방세로 할지는 법령으로 결정된다. 실례로 담뱃세는 담배를 소비할 때 과세하는 세금으로 일종의 소비세이다. 본디 국세였으나 1989년 지방재정을 확충한다는 취지에 따라 지방세로 이양되었다. 담뱃세는 담뱃값에 일정한 세율을 곱하는 종가세가 아니라 물량에 비례해 과세하는 종량세(당초 담뱃값은 2,500원인데 세금을 2,000원 붙여서 4,500원에 판매)이다.

사회보장에 필요한 예산을 일반세나 목적세, 직접세나 간접세로 조성하는 것 중 어느 것이 더 좋은지에 대한 논쟁도 있다. 한국은 공공부조, 사회수당 등에 필요한 예산은 일반세로 조성하고, 일부 나라에서 시행하는 '사회보장세'와 같은 목적세는 없다.

대표적인 간접세는 부가가치세인데, 1977년 7월부터 종래의 간접적인 영업세·물품세·직물류세·유흥음식세 등 복잡한 세목을 통합하여 일반소비세인 부가가치세 체제로 통합하였다. 부가가치세는 제조업·도매업·소매업자 등 각 거래단계마다 과세하는 다단계 거래세이며, 특별소비세와는 달리 모든 재화나 용역에 대하여 모든 거래단계에서 과세하므로 일반소비세이고, 조세의 부담은 최종소비자에게 전가되므로 간접세이다. 부가가치세 세율은 현재 단일 비례세율로서 세율이 10%이다. 부가가치세는 국세로 출발하였지만 현재 세금의 일부를 지방자치단체의 자주재원 확보를 위해 부가가치세액의 21%를 지방소비세로 전환하였다. 지방소비세는 2010년 5%로 신설된 후 2014년 11%, 2019년 15%, 2020년 21%이고, 지방정부는 25%까지 요구하고 있다. 부가가치세는 국세이지만, 그 세금의 21%는 지방정부의 재원으로 사용되기에 지방세가 혼용되어 있다.

일부 학자들은 사회보장의 재원을 직접세로 조성하는 것이 간접세보다 더 공정하다고 주장하지만, 증명된 것은 아니다. 대표적인 직접세 중 갑종 근로소득세는 소득은 있지만 세금을 내지 않는 면세자가 적지 않고, 법인세는 법인의 투자를 활성화시키기 위해 면제해 주는 비율이 높기에 소득에 비례해서 세금이 부과되지는 않는다. 간접세 중 부가가치세는 소비에 세금이 붙기에 가난한 사람도 소비할 때마다 세금을 내지만 일반적으로 부자가 더 많이 소비하므로 공평하다는 주장도 있다.

결국 사회보장의 재원으로 직접세와 간접세, 국세와 지방세, 일반세와 목적세 등에 대한 논쟁은 요란하지만, 한국은 '사회보장세'가 없고 다양한 세금을 모아서 사회보장에 쓰기에 논쟁의 실익이 별로 없다. 국민이 낸 세금의 일부는 사회복지예산, 교육예산, 국방예산 등으로 쓰이기에 어떤 방식으로 사회보장예산을 조달하는 것이 더 좋다고 말하기 어렵다. 2024년 국가예산의 약 37%를 복지(보건복지고용)예산으로 쓰고, 복지예산이 국방예산의 4배가 넘는 상황에서 제대로 조달할 수 있길 기대할 뿐이다. 코로나19 사태로 추경을 편성하여 전 국민에게 재난지원금을 지급하는 등 많은 예산을 집행하였기에 세금만으로 부족하여 국채를 발행하였다. 국채는 현재 필요한 예산을 미래 세대의 짐으로 넘기는 것이다.

사회보험은 사회보험료로 조달하는 것을 원칙으로 하고 급여를 이용할 때 본인이 일부 부담하며 부족한 것을 세금으로 보충한다. 사회보험료를 누가 얼마만큼 부담할 것인가는 제도마다 다르다. 산업재해보상보험은 사용자가 전액을 부담한다. 산재보험료율은 해당 업종에서 최근 3년간 보험급여로 받은 것을 계산하여 정하기에 받은 만큼 낸다고 볼 수 있다. 건강보험의 경우 1인 이상 고용사업장은 노동자와 사용자가 반씩 부담한다. 농어민은 전체의 60% 내외를 내고 나머지는 국가가 세금으로 지원하며, 도시자영자는 소득과 재산에 근거하여 보험료를 낸다. 건강보험료는 요율이 균일하여 소득이 높으면 비례해서 많은 액수를 낸다. 국민연금은 건강보험과 유사한 방식으로 보험료를 내지만, 월평균소득의 한도액(2024년에 590만 원)을 규정하여 고소득자의 보험료가 상대적으로 적다. 고용보험의 경우 실업급여에 대한 것은 노동자와 사용자가 반씩 부담하고, 고용안정사업·직업능력개발사업은 사용자가 전액 부담한다. 노인장기요양보험은 건강보험료에 일정한 비율을 곱해 내고, 추가로 국가는 매년 예산의 범위 안에서 해당 연도 장기요양보험료 예상수입액의 20%를 건강보험공단에 지원하도록 되어 있다.

　이처럼 사회보험은 급여를 받는 노동자, 농어민, 도시자영자가 소득(과 재산)에 따라 보험료를 낸다. 노동자를 고용한 사용자도 일부 부담하며, 농어민 등을 위해 국가가 세금으로 지원한다. 특히 공무원연금, 군인연금 등의 결손예상액(2023년 8조 원 내외)을 매년 국가가 예산으로 지원한다. 사회보험의 재정은 당사자와 사용자가 낸 사회보험료를 기초로 하지만, 국가가 세금으로 지원하는 액수도 적지 않다. 건강보험, 노인장기요양보험 등의 급여를 받을 때에는 당사자의 본인부담금도 있다. 건강보험은 전체 진료비의 1/3 이상을 본인이 부담하고, 노인장기요양보험의 이용자는 재가급여의 15%와 시설급여의 20%와 식비·간식비의 전액을 부담한다.

3) 급여

사회보장의 급여는 흔히 현금급여와 현물급여, 단기급여와 장기급여 등으로 나눌 수 있다. 현금급여는 이용자의 선택의 폭을 넓히고, 현물급여는 급여의 효율성·효과성을 높인다고 주장하지만, 한마디로 규정하기는 어렵다.

공공부조는 초기에 현물급여를 중심으로 하고 현금급여를 보충적으로 사용하였지만 점차 현금급여의 비중을 높였다. 생활보호제도에서 생계보호의 비중이 컸고, 쌀과 보리쌀 등을 매달 지급하고 반찬값을 현금으로 지급하였다. 기초생활보장제도는 생계급여, 해산급여, 장제급여를 현금으로 주고, 의료급여, 교육급여를 현물로 주며, 주거급여를 일부 현금으로 주면서 나머지 '주택수선비'를 현물로 준다. 긴급복지제도는 생계지원, 주거지원, 교육지원 등을 현금으로 주고, 의료지원을 현물로 준다.

사회보험 중 국민연금은 현금으로 주고, 건강보험은 주로 현물로 주고 요양비 등 극히 일부만 현금으로 준다. 산업재해보상보험은 요양급여 등을 현물로 주고, 휴업급여 등을 현금으로 준다. 고용보험은 실업급여 등을 현금으로 주고, 노인장기요양보험은 재가급여와 시설급여를 현물로 지급하지만 부득이한 경우에 가족요양비 등을 현금으로도 준다. 어떤 급여를 현금으로 주느냐 혹은 현물로 주느냐는 제도를 도입할 때 결정되는데, 생활비(예: 노령연금, 휴업급여, 실업급여 등)는 현금으로, 치료비(예: 요양급여 등)는 현물로 주는 경향이 있다. 현금으로 주는 것이 간편하지만 현물로 주면 관련 기관(예: 병원, 장기요양지정기관 등)의 발전을 촉진시킬 수도 있다.

사회수당은 주로 현금으로 주고, 사회서비스는 현물로 준다. 정부가 사회서비스를 현물로 줄 때에도 사회복지시설에 예산을 주고 이용자가 서비스를 받는 방식(과거 어린이집의 이용 방식)에서 이용자에게 카드(포인트, 바우처)를 주고 서비스 이용 기관에서 결제하는 방식(현재 어린이집의 이용 방식)으로 하여 이용자의 선택권을 넓히려는 경향이 있다.

사회보장 급여는 단기급여와 장기급여로 나눌 수도 있다. 그 기준은 대체로 1년 미만이면 단기급여, 1년 이상이면 장기급여라고 부른다. 기초생활보장 수급자는 1년 단위로 선정하고, 긴급복지지원 대상자는 한 달 단위로 선정하여 지원의 필요성이 있으면 연장된다. 기초생활보장 생계급여와 의료급여 수급자의 다수는 18세 미만, 65세 이상, 중증장애인, 한부모가족 등으로 노동능력이 없거나 약한 사람이기에 한번 수급자로 선정되면 중장기간 보호를 받는다. 수급자 선정은 1년 단위이지만, 특정인이 급여를 받는 기간은 중장기일 가능성이 크다. 긴급복지는 1년 이하로 수급기간이 끝나고, 지원이 더 필요한 경우에는 기초생활보장 수급자로 선정하여 지원하는 경향이 있다.

사회보험의 급여는 단기급여와 장기급여가 혼합되어 있다. 국민연금은 노령연금, 유족연금 등 장기급여가 많고 반환일시금 등 단기급여도 있다. 건강보험은 요양급여, 고용보험은 실업급여 등 단기급여이다. 산재보험은 요양급여와 휴업급여는 단기급여이지만 장해급여, 상병보상연금은 장기급여이다. 노인장기요양보험은 등급판정을 1년 단위로 받지만, 등급을 받은 노인은 시간이 갈수록 일상생활 수행능력이 떨어져 사망 시까지 중장기간 급여를 받는 경향이 있다.

사회수당은 1년 단위로 수급자를 선정하지만, 아동수당은 8세 미만까지, 기초연금은 65세에서 사망 시까지 지급하기에 장기급여이다. 사회서비스는 1년 혹은 그 미만 단위로 이용자가 선정되지만 흔히 장기간 이용한다. 즉, 특정 사회서비스는 제한된 기간만 이용할 수 있어서 단기급여로 보이지만, 한번 선정된 사람이 이용자로 반복 선정되면 사실상 장기간 서비스를 받게 된다.

4) 관리운영

사회보장제도는 공공부조, 사회보험, 사회서비스, 사회수당별로 관리운영하는 기구가 다르다. 대체로 공공부조와 사회수당은 국가가 총괄하고 지방자치단체(시·도와 시·군·구)가 해당 지역의 수급자에게 복지급여를 제공한다. 법령으로 표준화된 기준에 맞추어서 수급자를 선정하고 정해진 급여를 제공한다. 간혹 지방자치단체가 국가가 정한 기준보다 관대한 기준을 만들어 추가로 수급자를 선정하고 급여를 주는 경우(가령, 서울형 기초생활보장제도)도 있지만 많지 않다.

사회보험은 5대 사회보험별로 다르다. 국민연금은 보건복지부가 총괄하고 국민연금공단이 관리운영한다. 건강보험과 노인장기요양보험은 보건복지부가 총괄하고 국민건강보험공단이 관리운영한다. 고용보험은 고용노동부가 총괄하고 근로복지공단의 지원을 일부 받아 고용노동부가 관리운영한다. 산업재해보상보험은 고용노동부가 총괄하고 근로복지공단이 관리운영한다.

사회서비스는 국가가 총괄하고 지방자치단체를 통해 실행하거나 사회복지법인 등이 운영하는 사회복지시설을 통해 제공된다. 중앙 정부의 총괄 부처는 해당 사업에 따라 보건복지부, 여성가족부, 고용노동부 등으로 나뉘어져 있다. 정부가 사회서비스 업무를 직접 수행하는 경우는 많지 않고, 대부분 사회복지법인 등 민간에 위탁하고 사회복지 시설·기관·단체가 해당 국민에게 서비스를 제공한다. 과거에는 정부가 사회복지법인을 통해 서비스를 제공하였지만, 최근에는 다른 비영리법인과 개인이 신고로 설치한 사회복지시설 등이 서비스를 제공하기도 한다. 서비스의 종류는 많은데 전달체계가 표준화되어 있지 않아서 사회서비스의 공공성이 낮고, 서비스의 질이 낮아 국민의 기대에 미치지 못한 경우도 있다.

3. 한국 사회보장의 역사

한국의 사회보장은 공공부조, 사회서비스, 사회보험, 사회수당 순으로 발달하였지만 개별 복지제도도 꾸준히 변화하였다. 전체적으로 사회보장제도는 시간이 지남에 따라 종류가 늘어나고 급여내용도 충실해졌다. 개별 사회보장제도는 향후 소개될 것이므로 여기에서는 개괄적인 역사만 다룬다.

1) 공공부조의 역사

대한민국 정부 수립 이후 최초로 제정된 공공부조 관련 법은 1961년에 제정된 「생활보호법」이었다. 이 법은 1946년에 미군정청이 공포한 「후생국보3C호」를 이어받았고, 1944년에 조선총독부가 공포한 「조선구호령」과 유사하였다.

「조선구호령」은 요보호대상자를 65세 이상의 노쇠자, 13세 이하의 유아, 임산부, 불구, 폐질, 상이 기타 정신 또는 신체의 장애로 인하여 노동을 하기에 지장이 있는 자로 규정하였다. 「후생국보3C호」는 65세 이상된 자, 13세 이하의 소아, 6세 이하의 부양할 소아를 가진 모, 분만 시 도움을 요하는 자, 정신 또는 육체적 결함이 있는 자로서 구호시설 에 수용되지 않고 가족이나 친척이 없고 노동할 수 없는 자, 불치의 병 자로 규정하였다. '6세 이하의 부양할 소아를 가진 모'를 추가하였지만, 요보호대상자는 「조선구호령」과 거의 같았다. 「생활보호법」은 65세 이상의 고령자, 18세 미만의 아동, 임산부, 불구·폐질자, 기타 요보호 자로 규정하여, 요보호아동의 범위를 13세 이하에서 18세 미만으로 확 대하였을 뿐이다.

「조선구호령」의 급여내용은 생활부조, 의료부조, 조산부조, 생업부 조, 장제부조였고, 「후생국보3C호」의 급여내용은 식량, 의류, 차표 제 공, 긴급의료, 숙사, 연료, 주택부조, 매장이며, 「생활보호법」의 급여 는 생계보호, 의료보호, 해산보호, 자활보호, 장제보호로 그 이름만 바 뀌었다. 이후 「생활보호법」의 개정으로 교육보호가 추가되었다.

공공부조의 틀은 1997년 연말에 외환위기를 맞아 노동력이 있는 국민도 노동력을 팔 수 없으면 가난해질 수 있다는 사실에 직면하여 1999년에 「국민기초생활 보장법」이 제정되고 2000년 10월부터 시행 되면서 바뀌었다. 이 법은 18세 이상 65세 미만의 국민도 가구의 소득 과 재산이 낮으면 노동을 조건으로 기초생활을 보장받을 수 있도록 하 였다. 모든 국민은 「헌법」에 규정된 인간다운 생활을 할 권리를 누리 기 어려울 때 정부에 공공부조를 신청할 수 있고, 정부는 이를 제공할 의무가 있다는 것을 제도화시켰다. 기존 보호의 이름을 생계급여, 의 료급여, 교육급여, 자활급여, 해산급여, 장제급여 등으로 바꾸고, 주거 급여, 긴급급여를 추가시켰다. 이후 정부는 급여의 내용을 내실화하는 데 역점을 두었다.

2) 사회보험의 역사

사람은 살아가면서 질병에 걸리거나 늙고, 산업재해를 당하거나 일자리를 잃어서 소득을 상실할 수도 있다. 사회보험은 시민이 겪게 될 질병, 산업재해, 실업, 노령 등을 대비하기 위한 사회복지제도이다. 비오는 날을 대비해 우산을 준비하듯이 산업화된 국가는 1883년부터 사회보험을 단계적으로 도입하였다. 한국도 1964년에 시행된 산업재해보상보험을 비롯하여 건강보험(의료보험, 1977년), 국민연금(1988년), 고용보험(1995년), 노인장기요양보험(2008년) 등 5대 사회보험을 정착시켰다. 여기에 공무원연금(1960년), 군인연금(1963년), 사립학교교직원연금(1975년), 별정우체국직원연금(1982년)을 포함하면 9대 사회보험이 시행 중이다.

각 사회보험은 점차 적용대상자를 늘려 왔다. 산업재해보상보험은 500인 이상을 고용하는 사업장에서 꾸준히 확대하여 1인 이상 사업장까지, 건강보험과 국민연금도 사업장 노동자에서 농어민, 도시자영자로 확대시켰다. 고용보험은 30인 이상을 고용하는 사업장에서 1인 이상 사업장까지 확대시켰고, 자영업자도 임의가입할 수 있다. 노인장기요양보험은 건강보험의 가입자와 피부양자 그리고 의료급여 수급자를 포함한 전 국민이 적용대상이다.

원칙적으로 모든 노동자는 5대 사회보험의 적용을 받을 수 있고, 자영업자나 농어민도 건강보험, 국민연금, 노인장기요양보험 등을 적용받는다. 사회보험에 가입한 사람은 소득(과 재산)에 따라 보험료를 내고, 각종 보험급여를 받을 수 있다. 5대 사회보험의 도입 연도, 적용대상, 재원, 급여, 관리운영기관, 관계 법 등을 정리하면 〈표 2-1〉과 같다.

표 2-1 한국의 사회보험 개요

제도명\구분	국민연금	건강보험	산업재해 보상보험	고용보험	노인장기 요양보험
도입 연도	1988년	1977년	1964년	1995년	2008년
적용대상	1인 이상 노동자 농어민 도시자영자	1인 이상 노동자 농어민 도시자영자	1인 이상 노동자	1인 이상 노동자	1인 이상 노동자 농어민 도시자영자
재원	노동자+사용자 농어민+국가 자영자	노동자+사용자 농어민+국가 자영자	사용자 재해율 에 따른 기여	실업-노동자 +사용자 고용·직업- 사용자	건강보험료의 일부 비율
급여	노령연금 장애연금 유족연금 반환일시금 사망일시금	요양급여 건강검진 요양비 장애인보장구 본인부담금상한제 임신출산진료비	요양급여 휴업급여 장해급여 유족급여 상병보상연금 장의비 장해특별급여 유족특별급여	실업급여 고용안정사업 직업능력개발 사업	재가급여 시설급여
관리운영	국민연금공단	국민건강보험공단	근로복지공단	고용노동부	국민건강보험공단
주무부서	보건복지부	보건복지부	고용노동부	고용노동부	보건복지부
관계 법	「국민연금법」	「국민건강보험법」	「산업재해보 상보험법」	「고용보험법」	「노인장기요양보 험법」

출처: 사회보험 관리운영기관 홈페이지 검색

한국 사회보험의 특징을 몇 가지로 정리하면 다음과 같다.

첫째, 사회보험은 해당 제도에 대한 사회적 욕구의 절실성에 따라 도입되었다. 사회보험은 사회적 사고를 보험 방식으로 대응한 사회적 대책인데, 가장 먼저 주목을 받은 것이 산업재해이었다. 부상과 질병 이 노령이나 실업보다 사회적 대책이 절실하였고, 업무상 부상과 질병 이 일상생활 속의 질병보다 먼저 공적 개입이 이루어졌다.

둘째, 사회보험은 적용하기 쉬운 인구집단부터 시작하여 점차 전 국민으로 확대되고 있다. 사회보험은 일정 규모 이상의 사업장 노동자를 대상으로 시작하였다. 예컨대, 건강보험은 500인 이상 사업장 노동자부터 실시해서 점차 규모가 작은 사업장 노동자에게, 다음은 농어민, 도시자영자에게 확대되었다. 임금노동자는 관리운영을 하기 쉽고 농어민은 도시자영자에 비교할 때 토지 규모 등을 통해 쉽게 보험료를 산출할 수 있었기 때문이다.

셋째, 한국 사회보험의 기여는 사용자와 노동자가 공동으로 분담하고 국가는 별로 부담하지 않는다. 업무상 재해에 대한 무과실 책임의 원칙에 따라서 사용자가 전액을 부담하는 산재보험을 제외하면, 나머지 4대 사회보험은 사용자와 노동자가 반씩 보험료를 분담한다(고용보험 중 고용안정사업 · 직업능력개발사업은 사업자가 전액 부담). 다만, 농어민의 건강보험과 국민연금에 대해서는 국가가 분담하는데, 선진국에 비교할 때 국가의 기여가 약한 편이다.

넷째, 한국 사회보험의 급여는 다양성을 갖추고 있지만 그 수준은 최저수준에도 미치지 못한 경우가 많다. 국민이 가장 많이 활용하는 건강보험은 본인부담금이 높고 비급여 항목이 있기에 요양급여를 충분히 받기가 어렵다. 국민연금도 40년 가입 시 노령연금으로 평균소득의 약 50%(가입 시기마다 편차가 큰데, 당초 70%에서 60%로 낮추었고, 다시 50%로 낮추어 매년 0.5%포인트씩 낮아져 40%로 낮추어질 예정)를 받기에 국민연금만으로 적절한 노후생활비를 확보하기 어렵다. 사회보험의 급여가 조금씩 확충되지만 보험료를 증액하지 않고는 보험급여를 높일 수 없다는 것이 딜레마이다.

3) 사회서비스의 역사

우리나라 사회서비스는 초기에는 사회복지서비스에 한정시켰다가 점차 보건의료, 교육, 고용, 주거, 문화, 환경 등의 분야로 확장되었다. 사회복지서비스의 경우에도 초기에는 고아를 위한 고아원(아동양육시설), 독거노인을 위한 양로원, 중증장애인을 위한 재활원과 같은 복지시설에서 생활하는 사람을 위한 보호에 초점을 두었다.

사회복지시설은 일제강점기에도 있었지만, 해방과 한국전쟁을 계기로 늘어난 고아를 위한 아동복리시설(현 아동복지시설)이 주된 공간이었다. 1961년에 제정된 「아동복리법」은 보호자가 없거나 있어도 보호할 능력이 없는 18세 미만 아동의 복지에 강조점을 두었다. 1981년에 「노인복지법」과 「심신장애자복지법」이 제정되어 노인복지시설과 장애인복지시설이 보다 체계적으로 지원을 받았다. 점차 모자가정을 포함한 한부모가족, 가정폭력 피해자와 성폭력 피해자, 다문화가족 등도 사회서비스를 받게 되었다.

특정 인구에게 주는 사회서비스의 양식은 이용자의 욕구와 비용의 지불능력에 따라 세분화되었다. 노인복지시설의 경우에는 양로원(주거복지시설)에서 치료가 필요한 노인을 위한 요양원(의료복지시설), 치매 노인을 위한 전문요양시설로 세분화되고, 부담능력에 따라 무료시설, 실비시설, 유료시설로 분화되었다. 복지시설에서 하루 24시간 생활하는 양식에서 벗어나 집에서 살면서 주로 낮 시간에 시설을 방문하여 서비스를 이용하거나(주・야간보호), 서비스 제공자가 집으로 찾아와 주는 방식(방문요양, 방문목욕 등)으로 다변화되었다.

아동복지의 경우에도 초기에는 부모나 보호자의 보호를 받지 못한 고아를 위한 복지에서 점차 낮 시간에 부모를 대신하여 미취학아동을 보호하고 가르치는 어린이집이 확산되고, 초등학생이 방과 후에 학습지도와 생활지도 등을 받는 지역아동센터가 확장되었다. 시간이 지남에 따라 아동양육시설은 정원과 현원이 줄고, 가정형 시설인 공동생활가정이 늘며, 가정위탁보호가 소년가장지원사업의 대안으로 채택되었다. 그동안 사회서비스는 사회복지서비스에서 사회서비스로, 아동 중심에서 노인 · 장애인 · 여성으로, 시설급여에서 재가급여로, 극소수 인구집단을 위한 복지에서 전 국민 복지로 확장되었다. 일부 사회서비스는 소득이 낮고 욕구가 강한 집단이 우선적으로 받지만, 영유아보육 등은 보편적으로 받을 수 있다. 사회서비스의 보편적 급여는 더욱 확산될 것이다.

4) 사회수당의 역사

한국에서 사회수당에 대한 법적 정의는 없지만, 아동수당, 기초연금, 장애인연금 등은 사회수당이다. 현재 아동수당은 8세 미만 아동이 소득수준에 상관없이 받고, 기초연금은 소득 하위 70%인 노인만 받으며, 장애인연금은 18세 이상 중증장애인으로 소득인정액이 하위 70%인 사람만 받을 수 있다.

아동수당은 2018년 9월에 도입될 때 가구 소득 기준 하위 90%에 속한 6세 미만이 받았지만, 2019년 4월부터 7세 미만 모든 아동이 받을 수 있었고, 2022년 4월 25일부터 만 8세 미만 모든 아동이 받을 수 있다. 다수 선진국은 16세 이하 모든 아동에게 아동수당을 주는 것에 비교할 때 우리나라는 지급 대상의 연령이 제한적이다.

기초연금은 2008년 1월부터 시행된 「기초노령연금법」의 기초노령연금에 연원을 두고 있다. 초기에는 가구 소득이 하위 60%인 노인에게 지급되었고, 2014년 7월 1일부터 기초연금으로 바뀌고 그 대상도 하위 70%로 확대되었다. 이후 기초연금의 액수는 매월 최고 20만 원에서 25만 원까지 증액되었고 2024년 33만 4,810원까지 인상되었다. 부부가구의 기초연금액은 단독가구 2배의 80%(53만 5,680원)까지이고, 매년 물가상승율 등을 고려하여 증액된다.

장애인연금은 2010년 7월부터 「장애인연금법」에 의해 18세 이상의 중증장애인으로서 소득인정액이 하위 70%인 자에게 매월 지급되는 무기여 연금이다. 기존 「장애인복지법」에 의한 장애수당 대상자 중 18세 이상 중증장애인은 장애인연금으로 전환되었고, 경증장애인은 장애수당, 18세 미만 장애아동은 장애아동수당으로 지급되고 있다.

💡 단원 정리

사회보장의 법적 정의는 나라와 시기에 따라 다를 수 있다. 2012년에 전면 개정된 「사회보장기본법」은 "'사회보장'이란 출산, 양육, 실업, 노령, 장애, 질병, 빈곤 및 사망 등의 사회적 위험으로부터 모든 국민을 보호하고 국민 삶의 질을 향상시키는 데 필요한 소득·서비스를 보장하는 사회보험, 공공부조, 사회서비스를 말한다."라고 규정한다. 이 책은 사회보험, 공공부조, 사회서비스를 다루고, 사회수당을 추가시켜 기술한다.

사회보장제도는 누군가에게 복지급여를 제공하고 필요한 재원을 조달하는 등 관리운영을 하기에 적용대상, 재원, 급여, 관리운영의 원리를 알아야 한다. 사회보장의 적용대상은 원칙적으로 모든 국민이지만, 실제로는 제도에 따라 달라진다. 사회보장은 모든 국민에게 보편적으로 적용되지만, 현실적인 요인에 의해 선별적인 경우가 많다. 흔히 공공부조는 가구 소득과 재산이 적은 빈곤층과 같이 사회적 욕구가 강하고 시장에서 구매력이 떨어진 사람에게 주어진다. 사회보험을 적용할 때에도 초기에는 일정 규모 이상 사업장에서 일하는 노동자와 그 가족에게만 적용하고 점차 1인 이상 사업장까지, 다음으로 농어민, 도시자영자에게 확대되었다.

사회보장의 재원을 마련할 때 중요한 원칙은 지속 가능성과 수지 균형이다. 재원은 세금, 사회보험료, 본인부담금 등이다. 공공부조는 세금으로 조달되고, 사회보험은 사회보험료를 근간으로 하면서 조세로 보완되며, 사회서비스는 세금으로 조달되고 일부는 본인부담금으로 충당되며, 사회수당은 세금으로 조달된다.

사회보장의 급여는 현금급여와 현물급여, 단기급여와 장기급여 등으로 나눌 수 있다. 공공부조는 초기에 현물급여를 중심으로 하였지만 점차 현금급여의 비중을 높였다. 사회보험 급여 중 주로 생활비(예: 노령연금, 휴업급여, 실업급여 등)는 현금으로 주고, 치료비(예: 요양급여 등)는 현물로 주는 경향이 있다.

사회보장제도의 관리운영은 공공부조와 사회수당은 국가가 총괄하고 지방자치단체가 해당 지역의 수급자에게 복지급여를 제공한다. 사회보험 중 국민연금은 국민연금공단, 건강보험과 노인장기요양보험은 국민건강보험공단, 고용보험은 고용노동부, 산업재해보상보험은 근로복지공단 등이 관리운영한다.

한국의 사회보장은 공공부조, 사회서비스, 사회보험, 사회수당 순으로 발달하였지만, 개별 복지제도도 꾸준히 변화하였다. 사회보장제도는 시간이 지남에 따라 종류가 늘어나고 급여내용도 충실해지고 있다.

용어 정리

- **사회보장제도의 구조**: 사회보장제도는 누군가에게 복지급여를 제공하고 필요한 재원을 조달하는 등 관리운영을 한다. 사회보장제도의 구조는 사회보장의 적용대상, 재원, 급여, 관리운영의 원리로 파악된다.

- **사회서비스**: 「사회보장기본법」상 '사회서비스'란 국가 · 지방자치단체 및 민간부문의 도움이 필요한 모든 국민에게 복지, 보건의료, 교육, 고용, 주거, 문화, 환경 등의 분야에서 인간다운 생활을 보장하고 상담, 재활, 돌봄, 정보의 제공, 관련 시설의 이용, 역량 개발, 사회참여 지원 등을 통하여 국민의 삶의 질이 향상되도록 지원하는 제도를 말한다.

- **평생사회안전망**: 「사회보장기본법」상 '평생사회안전망'이란 생애주기에 걸쳐 보편적으로 충족되어야 하는 기본욕구와 특정한 사회위험에 의하여 발생하는 특수욕구를 동시에 고려하여 소득 · 서비스를 보장하는 맞춤형 사회보장제도를 말한다.

- **사회보장의 적용대상**: 사회보장의 적용대상은 원칙적으로 모든 국민이지만 실제로는 제도에 따라 달라진다. 「헌법」상 모든 국민은 국가가 실시하는 사회보장으로 '인간다운 생활을 할 권리'를 누릴 수 있다. 그렇다고 모든 국민이 똑같은 복지급여를 받는 것은 아니다. 국가는 여자의 복지와 권익의 향상, 노인과 청소년의 복지향상, 신체장애자 및 질병 · 노령 기타의 사유로 생활능력이 없는 국민의 보호, 재해의 예방과 그 위험으로부터 국민을 보호하기 위하여 노력하여야 한다.

- **보편주의와 선별주의**: 사회보장은 모든 국민에게 보편적으로 적용되지만, 현실적인 요인에 의해 선별적인 경우가 많다. 모든 국민에게 혹은 해당 인구에게 사회복지가 보편적으로 적용되는 것을 보편주의, 빈민이나 저소득층 등 특정 인구집단에게 선별적으로 적용되는 경우를 선별주의라고 한다. 흔히 사회보험과 사회수당은 보편주의를 따르고, 공공부조와 사회서비스는 선별주의를 따르는 경우가 많다.

- **사회보험의 적용대상**: 사회보험의 적용대상은 사회보험료의 부담능력이 있고 보험료를 계산하기 쉬운 인구집단부터 시작되어 점차 전 국민으로 확대된다. 건강보험과 국민연금은 노동자가 먼저 적용받고 그다음은 농어민, 도시자영자로 확대되었다. 고용보험, 산업재해보상보험은 1인 이상 고용사업장에서 일하는 노동자가 당연적용 대상이고, 농어민, 도시자영자는 아직 당연적용 대상자가 아니다.

- **공공부조의 적용대상**: 공공부조는 스스로 살아가기 어려운 사람부터 적용한다. 국가와 지방자치단체는 어떤 국민의 가구 소득인정액이 '기준 중위소득의 50% 이하'인 경우에 수급자로 선정할 수 있다. 소득인정액은 소득평가액에 재산의 소득환산액을 더한 금액이다. 기초생활보장제도는 가구 소득인정액에 부양의무자의 부양비를 합친 금액이 기준 중위소득의 32% 이하일 때 생계급여 수급자, 32%를 넘고 40% 이하일 때 의료급여 수급자로 선정될 수 있다. 생계급여와 의료급여 수급자는 해당 가구의 소득, 재산뿐만 아니라 부양의무자의 부양능력까지 고려하여 선정된다.

- **사회서비스의 수급자**: 사회서비스의 수급자는 아동복지는 18세 미만, 노인복지는 65세 이상, 장애인복지는 등록장애인 등이다. 특정 인구집단을 위한 복지서비스는 종류가 다양하다. 일반적으로 권익 보호서비스는 다수에게 적용되지만 금품 제공은 일부에게만 적용된다.

- **사회수당의 수급자**: 사회수당 중 아동수당은 8세 미만인 자, 기초연금은 65세 이상 중 소득 하위 70%인 자, 장애인연금은 등록된 중증장애인이고 소득인정액이 하위 70%인 경우에 받을 수 있다. 사회수당 수급자의 선정기준은 변한다. 아동수당의 수급자는 도입 초기에는 소득 하위 90%이었지만, 상위 10%를 선별하는 비용이 많이 들어 모두에게 주는 것으로 바뀌었다.

- **사회보장의 재원**: 사회보장의 재원은 크게 세금, 사회보험료, 본인부담금이다. 공공부조는 세금으로 조달되고, 사회보험은 사회보험료를 근간으로 하면서 본인부담금과 조세로 보완되며, 사회서비스는 세금으로 조달되고 일부는 본인부담금으로 충당되며, 사회수당은 세금으로 조달된다.

- **세금**: 세금은 크게 직접세와 간접세, 국세와 지방세, 일반세와 목적세 등으로 구분된다. 세금을 부담하는 사람과 내는 사람이 같으면 직접세이고, 물건이나 서비스 가격에 포함된 세금을 모아서 판매자가 내는 것은 간접세이다. 국가가 세금을 징수하면 국세이고, 지방자치단체가 세금을 징수하면 지방세이다. 세금의 목적을 정하지 않은 것은 일반세이고, '사회보장세'처럼 목적을 정한 세금은 목적세이다.

- **사회보장의 급여**: 사회보장의 급여는 흔히 현금급여와 현물급여, 단기급여와 장기급여 등으로 나눌 수 있다. 공공부조는 초기에 현물급여를 중심으로 하였지만 점차 현금급여의 비중을 높였다. 사회보험에서 생활비는 현금으로, 치료비는 현물로 지급하는 경향이 있다. 대체로 1년 미만이면 단기급여, 1년 이상이면 장기급여라고 부른다.

- **사회보장의 관리운영**: 사회보장제도 중 공공부조와 사회수당은 국가가 총괄하고 지방자치단체가 해당 지역의 수급자에게 복지급여를 제공한다. 사회보험 중 국민연금은 국민연금공단, 건강보험과 노인장기요양보험은 국민건강보험공단, 고용보험은 고용노동부, 산업재해보상보험은 근로복지공단이 관리운영한다. 사회서비스는 국가가 총괄하고 지방자치단체를 통해 운영하거나 사회복지법인 등이 운영하는 사회복지시설을 통해 수행한다.

- **사회보장의 도입**: 한국의 사회보장은 공공부조, 사회서비스, 사회보험, 사회수당 순으로 발달하였지만 개별 복지제도도 꾸준히 변화하였다. 전체적으로 사회보장제도는 시간이 지남에 따라 종류가 늘어나고 급여내용도 충실해지고 있다.

제3장

국민연금

1. 국민연금의 정의와 역사

국민연금은 국민의 노령·폐질 또는 사망에 대하여 연금급여를 실시함으로써 국민의 생활안정과 복지증진에 기여함을 목적으로 하는 사회보험이다. 연금을 주는 사회보험에는 공무원연금, 군인연금, 사립학교교직원연금, 별정우체국직원연금이 별도로 있는데, 이들은 특정 직업인을 위한 것이고 대부분의 국민은 국민연금에 가입한다.

국민을 위한 연금제도는 1973년에 「국민복지연금법」이 제정되어 시행될 예정이었으나 유류파동으로 연기되었다가, 1988년부터 「국민연금법」이 시행되었다. 이 법에 따라 국내에 거주하는 18세 이상 60세 미만 국민은 국민연금의 가입 대상이다. 다만, 다른 법에 의한 연금제도의 적용대상인 공무원, 군인, 사립학교교직원, 별정우체국직원은 제외된다. 국민연금은 1988년 시행 초기에 10인 이상 사업장 노동자에게만 적용되었다가, 이후 5인 이상 사업장 노동자에게 확대되었다. 1995년에는 농어민에게 적용되고, 1999년 4월에는 도시자영자에게 적용되어 18세 이상 모든 국민이 국민연금에 가입할 수 있게 되었다. 2006년부터

1인 이상 고용사업장의 노동자는 사업장가입자로 전환되었다.

　국민연금의 재원은 보험료로 조달함을 원칙으로 한다. 보험료는 제도 도입 초기에는 부담을 줄이기 위해 5년간은 3%, 그다음 5년간은 6%, 그 이후에는 9%로 하였다. 현재 사업장가입자의 보험료는 표준보수월액의 9%(노동자 4.5%, 사용자 4.5%)이고, 농어민과 자영자는 1999년 4월부터 3%씩 시작하여 매년 1%씩 인상하되 2005년 7월 이후에는 9%이다.

　국민연금은 적용대상자가 크게 사업장가입자, 농어민, 자영자로 구분되지만 모든 적용대상자를 국민연금공단이 관리운영한다. 이 점은 가입 대상자를 수백 개의 조합으로 나누어서 관리한 적이 있었던 건강보험(당시엔 의료보험)과 다르고, 국가가 직접 관장하거나 하였던 고용보험, 산업재해보상보험과도 차이가 있다. 당초 국민연금공단이 보험료를 징수하였지만, 2011년부터 국민건강보험공단이 사회보험료를 통합 징수하여 그중 국민연금 보험료만 국민연금공단으로 이체하고 있다.

* 국민연금공단 http://www.npc.or.kr

2. 국민연금의 적용대상

　국민연금의 적용대상은 대한민국 국민으로서 18세 이상 60세 미만의 모든 사람이다. 1인 이상 고용사업장에서 일하는 모든 노동자, 농어민과 도시자영자는 국민연금의 당연가입 대상자이다. 학생, 군인(의무복무대상자), 주부 등은 임의가입 대상자이고, 60세에 도달하더라도 가입자가 원하면 65세까지 임의계속가입을 신청할 수 있다.

국민연금의 가입은 빠를수록 좋다. 국민은 누구나 18세가 되면 국민연금에 가입할 수 있다. 직장인, 농어민, 도시자영자는 당연가입해야 하고 다른 사람은 임의로 가입할 수 있다. 국민연금의 당연가입자가 아닌 학생, 현역병, 사회복무요원, 취업준비자, 주부 등이 임의로 가입하도록 장려해야 한다. 임의가입을 위한 최소 소득이 약 100만 원이므로 보험료는 월 9만 원 이상이면 된다. 은행 적금이나 개인연금 등 다른 금융상품과 비교하였을 때 국민연금의 수익률이 좋은 편이다. 혹 직장을 다니면서 가입하였다가 퇴직한 사람도 임의가입으로 보험료를 내면 연금을 더 많이 탈 수 있다.

국민연금은 최소한 10년 이상 가입할 때 노령연금을 탈 수 있기에 가입기간을 늘리고 싶으면 60세가 되기 직전에 국민연금공단에 임의계속가입을 신청하여 65세까지 보험료를 낼 수 있다. 특히 배우자가 공무원, 직업 군인, 사립학교교직원으로 다른 공적 연금을 타는(탈) 사람은 배우자가 사망할 때 유족연금과, 국민연금에서 노령연금을 함께 탈 수 있기에 이를 적극 활용할 수 있다.

농어민은 보험료의 일부를 국가가 지원하기에 국민연금에 반드시 가입하고, 부부가 함께 농사를 짓는다면 둘 다 연금에 가입하는 것이 이익이다. 18세 이상 자녀가 농사를 함께 짓는다면 자녀도 국민연금에 가입할 수 있다. 또한 부부 중 한 사람이 사업자 등록을 하여 자영업을 한다면 남편 혹은 아내 한 사람만 가입하는 것보다는 소액이라도 부부 모두 가입하는 것이 이익이다. 생존할 때에는 각기 노령연금을 타고, 배우자 사망 후에도 노령연금을 타면서 배우자의 사망으로 인한 유족연금의 일부(30%)를 탈 수 있기 때문이다.

1인 이상 고용사업장 노동자는 국민연금의 당연가입 대상자이지만 보험료 납부를 기피하는 경향이 있기에 정부는 두루누리사업으로 보험료를 지원한다. 직장인이라면 당연히 가입해야 하는 국민연금·고용보험 등에 가입하지 않아서 노후대책이나 실업대책을 세우지 못한 경우가 적지 않았다. 이를 방지하기 위해 국가는 2012년 7월부터 두루누리사업을 시행하는데, 많은 사람이 잘 모르거나 알아도 이용하지 않는 경우가 적지 않다.

두루누리는 작은 사업장에서 일하는 노동자의 국민연금과 고용보험의 가입을 촉진하기 위해 도입되었다. 지원 기준은 매년 조금씩 인상되는 경향이 있는데, 2024년에는 10인 미만 사업장에서 일하는 월평균 보수 270만 원 미만 노동자와 그 사업자가 지원을 받을 수 있다. 지원내용은 국민연금과 고용보험 보험료 80%를 36개월 동안 국가에서 지원한다. 지원대상은 신청일 기준으로 지난 6개월간 국민연금과 고용보험 자격취득 이력이 없는 자, 신입사원이나 육아휴직 등 복직한 근로자이고, 기존에 가입되어 있는 직원은 제외된다.

두루누리 지원을 받으려면 사업주가 고용보험 콜센터(1588-0075)와 국민연금공단 콜센터(국번 없이 1355)에 신청하면 된다. 이 사업은 소급 적용되지 않기에 하루라도 빨리 신청하는 것이 좋다. 지원방법은 '해당 월분 보험료를 납기 내 완납 시 다음 달 보험료에서 공제'받기에 미납 또는 납기 후 납부, 다음 달 부과할 금액이 없는 경우에는 지원되지 않는다. 즉, 두루누리를 신청하고 보험료를 매달 성실히 납부하면 다음 달 보험료에서 지원을 받을 수 있다.

3. 국민연금의 재원

국민연금의 보험료율은 표준소득월액의 9%이다. 사업장가입자는 노동자와 사용자가 각각 1/2씩 분담하고, 농어민은 일부 보험료(2023년에 46,350원까지 국가 지원, 매년 증액)를 국가가 지원하며, 임의가입자는 가입자가 전액 부담한다.

　국민연금은 반환일시금 반납, 추후 납부 등을 활용하면 가입기간을 획기적으로 늘릴 수 있다. 과거에는 국민연금에 가입하였던 사람이 공무원·군인·사립학교교직원 연금을 주는 직장으로 옮기거나 직장을 그만두면 1년이 지나서 반환일시금을 받은 적이 있었다. 반환일시금을 이자 계산하여 반납하면 당시의 조건으로 반납을 받아 준다. 1988년 국민연금을 처음 도입할 때에는 한 달에 소득의 3%를 내면 40년 가입 시 소득대체율이 70%이고, 10년 후에는 9%를 내면 소득대체율이 60%이었다. 지금은 40년 가입 시 소득대체율이 50%도 되지 않는데, 반납제도를 활용하면 당시 조건으로 급여를 받아서 가입자에게 큰 이익이다. 반납제도를 적극 활용하여 노령연금 등 연금액을 획기적으로 늘릴 수 있다.

　모든 국민은 18세가 되면 국민연금에 가입할 수 있지만 소급해서 가입할 수는 없다. 가입한 사람이 중간에 보험료를 내지 않았더라도 나중에 추후 납부하는 제도가 있다. 추후 납부는 휴·폐업이나 실직, 휴직(육아휴직 포함), 이직 준비 등으로 소득이 없을 때 보험료를 내지 않았던 기간에 내지 않은 보험료를 낼 수 있는 제도이다. 내지 않은 보험료에 이자 계산을 하여 일시에 내거나 나눠 내서 가입기간을 늘리고 연금액을 올릴 수 있다.

　국민연금은 하루라도 일찍 가입하고, 하루라도 길게 가입하며, 한 푼이라도 많은 보험료를 낸 사람이 연금을 더 탈 수 있다. 따라서 모든 국민은 18세가 되면 취업하기 전이라도 국민연금에 가입하고, 가입 후 보험료를 낼 형편이 되지 않으면 미납분을 추후에 납부할 수도 있다. 반환일시금 반납, 60세에 임의계속가입 등을 활용하면 가입기간을 늘릴 수 있다. 국민연금은 가입기간을 늘리는 것이 연금액을 높이는 효과적인 방법이다. 예컨대, 28세에 국민연금에 가입하여 20년 간 보험료를 낸 사람이 노령연금으로 100만 원을 탈 때, 18세에 가입하여 30년 간 낸 사람은 150만 원을 타고, 40년 간 낸 사람은 200만 원을 탈 수 있다.

국민연금 가입자는 출산 크레딧, 군복무 크레딧, 실업 크레딧 등을 적극 활용하여 가입기간을 늘릴 수 있다. 2008년부터 국민연금에는 출산 크레딧과 군복무 크레딧이 도입되었다. 출산 크레딧은 2008년 1월 1일 이후에 둘째 자녀 이상을 출산한 가입자에게 가입기간을 추가로 인정해 주는 제도이다. 자녀가 2명인 경우 12개월, 셋째 자녀부터는 18개월씩 최대 50개월까지 인정받을 수 있다. 즉, 자녀가 2명이면 12개월, 3명이면 30개월(12+18개월), 4명이면 48개월, 5명 이상은 50개월까지 가입기간으로 인정받는다. 출산 크레딧은 적용기간 동안의 인정소득수준은 본인의 소득수준과 상관없고, 국민연금 전체 가입자의 최근 3년치 월소득 평균값(A값)의 100%를 소득으로 산정하여 적용한다. 소득이 낮은 젊은이가 출산 크레딧을 받으면 소득보다 높은 연금을 받을 수 있다. 많은 직장에서 임금에 호봉제 등으로 연공서열이 반영되기에 자녀를 출산한 젊은이는 연금을 더 받을 확률이 높다. 출산 크레딧은 노령연금 수급 시에 부모 중 어느 한 사람이 선택해서 받거나 부모가 반씩 나누어 받을 수도 있다.

군복무 크레딧은 2008년 1월 1일 이후에 입대해 병역의무를 이행한 현역병과 공익근무요원(사회복무요원)에게 최대 6개월의 국민연금 가입기간을 인정해 주는 제도이다. 군복무기간이 18개월이라도 군복무 크레딧은 6개월만 인정해 준다. 출산 크레딧은 둘째 자녀부터 임신기간 이상으로 크레딧을 부여하지만, 군복무 크레딧은 실제 군복무기간에 비교하여 현저히 짧다. 군복무 크레딧은 국민연금 전체 가입자의 최근 3년치 월소득 평균값(A값)의 50%만 산정해 출산 크레딧 100%와 비교하여 엄격한 측면이 있다.

2016년 8월 1일부터 도입된 실업 크레딧은 구직급여 수급자가 국민연금공단이나 고용센터에 이를 신청하면, 국가가 보험료의 75%(국민연금기금 25%, 고용보험기금 25%, 일반회계 25%)를 지원하고 당사자는 25%만 내면 국민연금 가입기간으로 인정한다. 실업 크레딧은 구직급여 수급기간 중 최대 1년간 신청자의 실직 전 평균소득의 50%(최대 70만 원)까지 인정하여 지원해 준다. 구직자는 보험료의 1/4만 내고도 국민연금을 이어 갈 수 있다.

4. 국민연금의 급여

국민연금에서 지급하는 급여는 노령연금이 중심이지만, 장애연금, 유족연금, 반환일시금, 사망일시금, 그리고 미지급금급여 등이 있다. 국민연금은 피보험자가 노령뿐만 아니라 장애와 사망 등으로 인해 소득을 상실할 경우에는 연금으로 그 소득을 보충해 주려는 것이고, 연금을 받을 수 없는 조건인 사람에게는 일시금을 주는 것이다.

1) 기본연금

기본연금은 모든 연금액 산정의 기초가 되는 것으로 피보험자가 평생 동안 낸 보험료의 기준이 된 '개인의 표준소득월액'과 연금이 개시

되기 전 3년간 '전체 가입자의 평균소득월액'을 기초로 산정한다. 이는 피보험자가 보험료로 낸 것에 비례해서 급여를 주려는 것과 모든 피보험자에게 평등하게 급여를 주려는 두 가지 목표를 조합한 것이다. 기본연금은 당초 20년 가입 시 평균소득의 35%를 급여하는 것으로 설계하였다가 수지를 감안하여 1999년부터 30%를 급여하고, 2008년부터 25%에서 매년 0.25%포인트씩 20%까지 낮아지는 방식으로 설계되었다. 기본연금은 노령연금, 장애연금, 유족연금 등 모든 연금을 계산할 때 기본이 된다.

> 연금액=기본연금×지급률+부양가족연금액

* 국민연금 http://www.nps.or.kr/jsppage/info/easy/easy_04_01.jsp

국민연금의 기본연금은 '20년 가입 시'에 100만 원을 탄다면 21년을 가입하면 105만 원, 22년을 가입하면 110만 원, 25년을 가입하면 125만 원을 받도록 설계되어 있다. 즉, 가입기간 20년을 넘기면 1년에 5%포인트씩 더 받는다. 1998년 이전에 가입한 피보험자의 기득권을 인정하여서 기본연금액은 다음과 같이 산정된다.

$$[2.4(A+0.75B) \times P1/P + 1.8(A+B) \times P2/P + 1.5(A+B) \times P3/P] \times (1+0.05n/12)$$

A = 연금 수급 전 3년간 전체 가입자의 평균소득월액의 평균액
B = 가입자 개인의 가입기간 동안의 표준소득월액의 평균액
P1 = 1998년 12월 31일 이전 가입 월수
P2 = 1999년 1월 1일 이후 가입 월수

P3 = 2008년 1월 1일 이후 가입 월수(매년 0.5%포인트씩 낮아짐)

P = 가입자의 전체 가입 월수

0.05 = 가입기간 20년을 초과하는 경우, 그 초과 연수마다 연금액을 가산
하는 비율(5%)

n = 20년 초과 가입 연수(1년을 초과하는 매 1월마다 1/12년으로 계산하
여 반영함)

가급연금액은 국민연금 가입자가 연금 수급권을 취득할 당시 수급권자(유족연금은 가입자이었던 자)에 의하여 생계를 유지하고 있는 자에게 주는 가족수당 성격의 부가급여이다. 2024년부터 가급연금 대상과 급액은 배우자(사실혼 포함)에게 연 293,580원, 19세 미만 또는 장해 2급 이상의 자녀(2인 이내)에게 1인당 연 195,660원, 60세 이상 또는 장해 2급 이상의 부모(배우자의 부모 포함)에게 1인당 연 195,660원을 지급한다. 부모의 부양가족연금 대상자 연령은 점차 상향되는데 1953~1956년생은 61세, 1957~1960년생은 62세, 1961~1964년생은 63세, 1965~1968년생은 64세, 1969년생 이후는 65세이다.

2) 노령연금

국민연금 중 핵심적인 급여는 노령연금이다. 노령연금은 원칙적으로 20년 이상 가입하고, 60세에 달하며, 생존하고, 퇴직할 때 완전노령연금을 받을 수 있다. 완전노령연금은 기본연금액에 가급연금액을 합하여 산정한다. 당초 연금 수급 연령은 만 60세이지만, 2013년부터 4년마다 1세씩 상향조정되어 2033년 이후에는 65세가 된다. 즉, 1952년생

이전은 60세, 1953~1956년생은 61세, 1957~1960년생은 62세, 1961~1964년생은 63세, 1965~1968년생은 64세, 1969년생 이후는 65세부터 노령연금을 탈 수 있다. 이는 평균수명이 연장됨에 따라 연금수급기간도 점차 연장되기 때문이다.

완전노령연금을 수급할 수 있는 조건을 갖추지 못하는 경우에는 감액 노령연금, 조기 노령연금, 재직자 노령연금, 특례 노령연금 등을 받을 수 있다. 가입기간이 10년 이상이지만 20년에 미치지 못하면 감액 노령연금을 타고, 55세 이상이고 소득이 없으면 조기 노령연금을 탈 수 있다.

감액 노령연금은 가입기간이 10년 이상 20년 미만이고 만 60세(광부와 선원은 55세)가 되어 소득이 없는 경우 본인의 청구로 받을 수 있다. 즉, 10년 가입 시는 '기본연금액 47.5%＋가급연금액'이고, 가입기간 1년 증가 시마다 기본연금액을 5%포인트씩 증액한다.

조기 노령연금은 10년 이상 가입하였고, 55세 이상 60세 미만인 사람이 소득이 있는 업무에 종사하지 않을 경우 본인의 희망에 의하여 조기에 수급할 수 있다. 급여수준은 '기본연금액×가입기간지급률×연령별지급률＋가급연금액'이다. 즉, 10년 가입하고 55세에 조기연금을 수급한다면 '기본연금액의 47.5%×55세 지급률 75%＋가급연금액'이다.

재직자 노령연금은 가입기간 10년 이상이고 60세 이상 65세 미만인 자로 소득이 있는 업무에 종사하는 경우 60세부터 64세까지(광부와 선원은 55세부터 59세까지) 지급하는 연금으로 가급연금액은 지급하지 않는다. 급여수준은 가입기간이 20년인 경우, 60세는 기본연금액의 50%이고 매년 10%포인트씩 증액된다.

특례 노령연금은 국민연금의 최초 시행(1988년 1월 1일), 농어촌지역 확대(1995년 7월 1일) 그리고 도시지역 확대(1999년 4월 1일) 당시 연령이 많아 최소 가입기간을 채우지 못하는 사람들을 위해 특별히 2000년 3월 31일까지 가입이 허용된 특례가입자 제도이다. 특례 노령연금은 5년 이상 가입하고 만 60세 이상이면 사망 시까지 연금을 받을 수 있다. 급여수준은 가입기간 5년인 경우에 '기본연금액의 25%+가급연금액'이고, 가입기간 1년 증가 시마다 기본연금액이 5%포인트씩 증가된다.

한편, 연금 가입자나 그 수급자가 이혼을 할 때 배우자의 생계를 보호하기 위해서 분할연금을 시행하고 있다. 즉, 분할연금은 가입기간 중의 혼인기간이 5년 이상인 사람이 노령연금 수급권자인 배우자와 이혼한 후 60세가 된 때, 60세가 된 이후 노령연금 수급권자인 배우자와 이혼한 때, 60세가 된 이후 배우자이었던 자가 노령연금 수급권을 취득한 때, 배우자이었던 사람이 노령연금 수급권을 취득한 후 본인이 60세가 된 때 등의 경우에 혼인기간에 해당하는 연금액을 똑같이 분할하여 지급한다. 급여수준은 배우자이었던 자의 노령연금액(가급연금액 제외) 중 혼인기간에 해당하는 연금액을 균분한 금액이다. 예컨대, 어떤 사람이 20년간 국민연금에 가입하여 노령연금으로 100만 원을 타고, 이혼한 배우자는 결혼생활 중에 낸 기간이 10년이라면 50만 원의 반인 25만 원을 분할연금으로 청구할 수 있다. 분할연금은 부부로 함께 산 기간 중 국민연금에 가입한 기간이 길수록 더 많다. 분할연금을 청구하려면 이혼한 배우자가 노령연금 수급자이고, 본인도 노령연금을 탈 수 있는 나이가 되어서 5년 이내에 청구해야 한다. 이혼한 배우자가 노령연금을 타지 못하면 분할연금을 청구할 수 없다. 다만, 분할연금을 탄 이후에는 노령연금을 타던 전 배우자가 사망해도 분할연금을 계속 받을 수 있다. 분할연금은 이혼한 배우자가 각자 상대에게 청구할 수 있다.

3) 장애연금

　장애연금은 가입자나 가입자이었던 자가 질병이나 부상이 발생하여 완치(진행 중인 때는 초진일로부터 1년 6개월 경과 시)되었으나 신체적 또는 정신적 장애가 남았을 때 이에 따른 소득 감소 부분을 보전함으로써 자신과 가족의 안정된 생활을 보장하기 위한 급여로서 장애정도(1~4급)에 따라 일정한 급여를 지급한다.

　국민연금 납부요건은 다음 중 하나를 충족하여야 한다. 즉, 초진일 당시 가입기간이 가입 대상 기간의 1/3 이상, 초진일 당시 초진일 5년 전부터 초진일까지의 기간 중 가입기간이 3년 이상(단, 가입 대상 기간 중 체납기간이 3년 이상인 경우 제외), 초진일 당시 가입기간이 10년 이상이다. 단, 질병이나 부상의 초진일이 2016년 11월 30일 전인 경우에는 가입 중 발생한 질병이나 부상에 한해 장애연금이 지급된다.

　초진일로부터 1년 6개월 경과 후에도 완치되지 아니한 경우에는 초진일로부터 1년 6개월이 경과한 날을 기준으로 장애정도를 결정한다. 1년 6개월이 경과된 시점에서 장애정도가 장애등급(1~4급)에 해당하지 않았으나 그 장애가 악화되어 60세(1953~1956년생은 61세, 1957~1960년생은 62세, 1961~1964년생은 63세, 1965~1968년생은 64세, 1969년생 이후는 65세)가 되기 전에 장애등급에 해당되면 청구한 날과 완치된 날 중 빠른 날을 기준으로 장애등급을 결정한다.

　장애연금의 급여수준은 당사자의 기본연금액과 장애등급에 따라 달라진다. 장애 1급은 기본연금액의 100%＋부양가족연금액이고, 장애 2급은 기본연금액의 80%＋부양가족연금액이며, 장애 3급은 기본연금액의 60%＋부양가족연금액이고, 장애 4급은 기본연금액의 225%를 일시금으로 받을 수 있다.

4) 유족급여, 사망일시금 등

유족급여는 국민연금을 수령하는 사람이나 현재 가입 중인 사람이 사망할 때 받을 수 있다. 유족은 수급조건에 따라 반환일시금, 사망일시금, 유족연금의 형태로 받을 수 있다. 유족연금은 가입기간과 기본연금액 그리고 부양가족 수에 의해 결정된다. 가입기간이 10년 미만이면 기본연금액의 40%+부양가족연금액, 가입기간이 10년 이상 20년 미만이면 기본연금액의 50%+부양가족연금액, 20년 이상이면 기본연금액의 60%+부양가족연금액이다.

유족급여의 수급자는 생계를 같이 해야 하고 연령 제한이 있다. 자녀는 25세 미만이거나(2016년 11월 29일까지는 19세 미만이었음) 장애등급 2급 이상이고, 손자녀는 19세 미만이거나 장애등급 2급 이상이며, 부모나 조부모는 60세 이상이거나 장애등급 2급 이상이어야 한다. 유족의 순위는 배우자(남편은 60세 이상, 사실혼관계의 배우자 포함), 자녀(양자, 태아 포함), 부모, 손자녀, 조부모이고, 가장 상위에 있는 사람이 받는다. 같은 등급에 수급자가 여러 명이면 똑같이 나누어서 받을 수 있다.

사망일시금은 가입자 또는 가입자이었던 자가 사망하였으나 유족연금 또는 반환일시금을 지급받을 수 없는 경우에 그 금액만큼 지급되는 장제부조금 성격의 급여이다.

미지급금급여는 급여 수급권자가 사망한 경우 그 수급권자에게 지급하여야 할 급여로 아직 지급되지 않는 것이 있는 경우의 급여이다. 수급권자는 급여 수급권자에 의하여 생계를 유지하고 있던 배우자, 자녀, 부모, 손자녀, 조부모 중에서 최우선 순위자이다.

5) 반환일시금

반환일시금은 국민연금 가입자 또는 가입자이었던 자가 연금(노령, 장애, 유족)의 수급요건을 충족하지 못하고 탈퇴하여 가입 중에 납부하였던 보험료에 일정한 이자를 가산하여 지급받는 것으로 본인 또는 그 유족이 받을 수 있다. 수급요건은 가입기간 10년 미만인 자로 60세에 달한 때 등이다.

60세에 도달할 때 가입기간이 10년이 안 된 사람은 반환일시금을 타는 것보다는 임의계속가입을 하여 가입기간을 늘려 연금을 타는 것이 유리하다. 혹 60세가 되기 전에 반환일시금을 탔다면 반환일시금 반납을 통해 가입기간을 늘려 연금을 타는 것도 효과적인 노후대책이다.

6) 국민연금과 직역연금의 연계

공무원연금 · 군인연금 · 사립학교교직원연금 등 직역연금은 서로 합산되고, 국민연금과 직역연금 간에도 연계되어 이를 잘 활용하면 노후보장을 더욱 튼튼하게 할 수 있다. 국민연금과 직역연금 간 연계제도는 「국민연금과 직역연금의 연계에 관한 법률」(이하 연금연계법률)이 제정된 2009년 이후부터 시행되었다. 국민연금과 직역연금의 가입기간을 합쳐 20년 이상이면 노령연금을 탈 수 있다. 이 법 시행 전에 국민연금은 최소한 10년 이상 가입해야 노령연금을 탈 수 있고(특례노령연금은 5년 이상), 과거 공무원연금 가입자 등은 20년(현재는 10년) 이상 가입해야 퇴직연금을 받을 수 있었다. 과거에는 국민연금에 9년 가입하였던 사람이 공무원이 되어 19년간 공무원연금에 가입하면 두 연금 관리기구에서 연금을 받지 못하고 일시금만 받았다.

「연금연계법률」은 국민연금과 직역연금의 가입기간을 합쳐 '통산 최소 의무가입기간' 20년을 채운 가입자에게 각 연금제도가 가입기간만큼 연금을 나눠서 지급하는 방식이다. 예를 들어, 국민연금을 9년 가입한 뒤 공무원으로 채용되어 공무원연금을 19년간 납입하다 퇴직한 사람이 연금연계제도를 통해 국민연금공단에서 9년분의 노령연금과 공무원연금공단에서 19년분의 퇴직연금을 함께 받을 수 있다.

국민연금과 직역연금 간 연계는 본인이 신청해야 한다. 국민연금에 연계를 신청하는 시기는 직역연금 가입자가 된 때와 직역연금가입자가 퇴직한 때이다. 즉, 국민연금에 9년간 가입하였던 사람이 공무원이 되었다면 공무원이 된 때나 퇴직한 때 연계신청을 하면 된다. 주의할 것은 연계신청을 하였던 사람이 다시 직역연금에 가입하여 그 법에 따라 직역재직기간의 합산이 인정된 경우에는 종전의 국민연금가입기간과 직역재직기간의 연계는 취소된다.

적용대상은 법률 시행일인 2009년 8월 7일 이후 이동자, 국민연금가입자이었던 자가 2007년 7월 23일 이후 직역연금으로 이동한 경우, 법 공포일(2009년 2월 6일) 당시 직역연금 가입자가 공포일 이후 다른 직역연금이나 국민연금으로 이동한 경우이다. 직역연금 연계신청 대상자는 2009년 2월 7일 이후 퇴직자이고, 직역에서 10년 이상(단, 군인연금은 20년 이상) 재직 후 퇴직한 사람이 연계신청을 하는 경우에는 국민연금에 임의가입 후 연계를 신청하여야 한다. 또한 연계제도로 가입자이었던 자가 사망할 때 유족이 받는 유족급여도 수급자의 수와 수급액이 늘어났다. 연계제도로 가입기간 20년 이상을 채운 퇴직연금이나 유족급여 수급자들이 큰 덕을 보게 되었다.

* 공무원연금공단 http://www.gepco.or.kr

* 사립학교교직원연금공단 http://www.ktpf.or.kr

60세가 되기 전에 국민연금을 재설계할 수 있다

국민연금은 60세가 된 후에는 다시 설계하기가 어렵다. 하지만 60세가 되기 전에 조기 노령연금을 탈 수 있고, 60세가 되기 직전에 임의계속가입을 선택하거나 연기제도를 이용하여 연금액을 늘리는 길도 있다. 가입기간에 따라 노령연금의 액수가 다르고, 유족급여의 수급비율이 다르므로 60세가 되기 전에 국민연금을 자신과 가족에게 유리하게 재설계하는 것이 좋다.

• 55세 이후 소득이 없다면 조기 노령연금을 탈 수 있다

55세 이후 소득이 없거나 적다면 조기 노령연금을 탈 수 있다. 조기 노령연금은 다른 사람보다 빨리 연금을 탈 수 있는 대신에 연금액을 감액해서 받는 것이다. 연금을 타기 시작하면 매년 물가상승률을 반영하여 연금을 받기에 조기노령연금은 손해를 보기 쉽다. 하지만 조기 노령연금을 타는 것이 유리한 사람도 있다. 치료하기 어려운 질병에 걸린 사람은 60세 이후에 노령연금을 타는 것보다는 55세부터 조기 노령연금을 타는 것이 더 유리할 수 있다. 생존기간이 짧을 것으로 예측되는 경우에는 적은 액수라도 빨리 타는 것이 유리하다.

• 가입기간은 20년 이상이 좋다

국민연금은 가입기간이 최소 10년 이상일 때 노령연금을 탈 수 있고, 20년 이상이면 완전노령연금을 탈 수 있다. 같은 조건일 때 가입기간이 늘어나면 연금액도 비례해서 늘어난다. 또한 노령연금 수급자가 사망하면 유족이 받는 유족연금은 가입기간이 20년 이상이면 노령연금의 60%이지만, 10년 이상 20년 미만이면 50%이며, 가입기간이 10년 미만이면 유족급여는 40%이다. 반환일시금 반환, 추후 납부, 임의계속가입 등을 통해 가입기간을 늘리는 방법을 모색해야 한다.

• 60세가 되기 전에 임의계속가입을 신청한다

국민연금의 가입기간을 늘리기 위해 가장 손쉬운 방법은 임의계속가입을 신청하는 것이다. 임의계속가입은 만 60세가 되기 직전에 가입자가 국민연금공단에 신청하면 된다. 가입기간은 65세까지이고, 본인이 선택하여 그 기간을 줄일 수도 있다. 예컨대, 어떤 사람이 60세가 될 때 국민연금의 가입기간이 8년이면 반환일시금만 탈 수 있다. 이 사람이 60세가 되기 직전에 임의계속가입을 신청하여 65세까지 보험료를 내면 가입기간이 13년이 되어 노령연금을 탈 수 있다. 임의계속가입을 하여 2년간 보험료를 내면 가입기간이 10년이 되기에 반환일시금이 아니라 노령연금을 탈 수 있다. 노령연금을 타던 사람이 사망하면 그 배우자나 자격이 되는 유족은 유족연금을 탈 수 있다.

• 연기제도를 활용할 수 있다

국민연금의 노령연금은 타는 연령을 연기하면 1년에 7.2%를 더 탈 수 있다. 예컨대, 어떤 국민연금 가입자가 62세에 노령연금으로 매월 100만 원씩 탈 수 있다면, 1년 연기하면 연금액의 7.2%를 더 타고, 5년 연기하면 36%를 더 탈 수 있다.

국민연금의 연기제도는 60대 초반에 연금이 없이도 생활할 수 있다면 활용하기 좋은 제도이다. 나이가 들어 늙고 병이 들수록 더 많은 생활비가 필요하므로 연금액을 늘릴 수 있기 때문이다. 특히 60대 초반에 상당한 근로소득이 있는 경우에는 '재직자 노령연금'을 타게 된다. 재직자는 연령에 따라 노령연금의 50~90%를 타는데, 연기제도를 활용하면 노령연금의 액수를 크게 늘릴 수 있다.

• 배우자의 연금을 고려하여 결정한다

60세 직전에 국민연금을 재설계할 때 배우자가 가입한 연금을 함께 고려하는 것이 중요하다. 만약 당사자는 국민연금에 가입하고, 배우자는 공무원·군인·사립학교교직원 연금에 가입하였다면 임의계속가입과 연기제도 등을 통해 연금액을 높이는 것이 좋다. 부부가 모두 국민연금 가입자라면 배우자의 연금액과 연령을 고려하여 결정하는 것이 좋다. 나이가 젊은 아내가 연기제도를 활용하면 배우자 사망 시 자신의 노령연금을 늘리고 배우자 유족연금 일부를 함께 탈 수도 있다.

• 노령연금과 유족연금을 늘린다

노인의 평균수명은 꾸준히 늘고 있기에 국민연금의 노령연금을 타는 기간은 평균적으로 20년 이상이 될 것이다. 부부가 모두 국민연금에 가입하면 생존 시 각자 노령연금을 타고, 배우자가 사망하면 유족연금만 타거나 노령연금과 유족연금을 함께 탈 수도 있다. 노후에 받는 연금을 실질적으로 늘리기 위해서는 부부가 각자 노령연금을 늘리고, 둘 다 국민연금에 가입하였다면 부부 중 젊은 사람 혹은 아내의 노령연금을 늘리는 방안을 강구한다.

• 배우자 노령연금이 많다면 노령연금을 일찍 타는 것이 좋다

부부가 모두 국민연금에 가입하고 배우자 노령연금이 자신보다 아주 많은 사람은 조기 노령연금을 고려해 봄 직하다. 국민연금의 노령연금은 각자에게 지급되지만, 배우자 사망 시에 배우자의 유족연금과 자신의 노령연금 중 선택해야 한다. 만약 포기하는 것이 유족연금이라면 유족연금의 일부(현재 30%)와 자신의 노령연금을 받을 수 있다. 배우자의 노령연금이 자신의 노령연금보다 현저히 높으면 배우자 사망 시 유족연금을 선택하고 자신의 노령연금을 포기하는 경우도 있다. 이 경우에는 조기 노령연금을 타서 가급적 빨리 연금을 받으면 그만큼 유리할 수도 있다. 사람의 수명은 정확히 예측할 수 없지만, 만약 남편의 노령연금이 많은 부인이라면 조기 노령연금의 수급을 고려해 봄 직하다.

• 남편 연령이 높다면 내 노령연금 액수를 늘린다

　부부가 모두 국민연금에 가입하고 각각 노령연금의 액수가 큰 차이가 없다면 남편의 노령연금은 제때에 타고 부인은 임의계속가입을 하거나 연기제도를 통해 노령연금의 액수를 늘리는 것이 이익이다. 만약 남편이 먼저 사망하면 부인은 자신의 노령연금과 남편의 유족연금의 일부를 탈 수 있기에 자신의 노령연금 액수를 늘린 효과를 볼 수 있다. 국민연금은 나의 노후를 보장할 뿐만 아니라 가족(특히 부부)의 노후를 보장하는 제도이다. 초고령사회에 대비하여 국민연금을 나와 가족에게 유리하게 설계할 수 있다.

* 시민과 함께 꿈꾸는 복지공동체 http://cafe.daum.net/ewelfare

5. 국민연금의 관리운영

　국민연금은 국민연금공단이 관리운영하고, 보건복지부가 지도감독한다. 국민연금공단은 1986년 12월에 제정된 「국민연금법」에 의거하여 1987년 9월에 국민연금관리공단으로 설립되었다. 공단은 국민연금 가입자에 대한 기록 관리와 유지, 갹출료의 징수, 연금급여의 결정과 지급, 가입자와 연금 수급권자를 위한 복지시설의 설치·운영 등 복지증진사업, 기타 국민연금사업에 관하여 보건복지부장관이 위탁하는 사항 등을 수행한다.

　2007년에 국민연금공단으로 명칭이 변경되었다. 공단은 이사장 아래 기획·업무·기금이사가 있으며 이들 이사 산하에 기획조정실, 고객지원실 등 9실과 기초노령연금지원센터 등 2센터, 그리고 기금운용본부가 있다. 본부는 전주에 있고, 전국에 91개 지사와 50개 국민연금

상담센터를 두고 있다.

6. 국민연금의 활용과 과제

국민연금은 도입된 지 12년 만에 전 국민에게 연금을 도입하였다는 찬사에도 불구하고 많은 과제를 안고 있다. 국민연금이 모든 국민의 소득보장제도로 설계되었지만 가입하지 않는 국민이 많아 일부 국민을 위한 제도로 운용되고 있다. 18세 이상 모든 국민이 국민연금에 가입하여 노령연금 등을 활용할 수 있도록 가입자를 늘리고, 가입기간을 늘리며, 노령연금 등의 액수를 늘리기 위해 다음과 같은 대책을 강구해야 한다.

첫째, 18세 이상 모든 국민이 하루라도 빨리 국민연금에 가입할 수 있도록 생애 첫 국민연금 보험료를 국가가 지원해야 한다. 18세 이상 국민은 국민연금에 가입할 수 있지만 많은 국민이 직장에 취업하여 당연가입 대상자가 될 때까지 가입하지 않는 경향이 있다. 국민연금은 하루라도 빨리 가입할 때 가입기간을 늘릴 수 있고, 가입 후 보험료를 내지 않은 기간은 추후 납부를 할 수 있다. 모든 국민이 18세가 되면 생애 첫 국민연금 보험료를 국가가 전액 지원하면 가입기간을 늘릴 수 있기에 이를 국가정책으로 실시해야 한다.

둘째, 국민연금은 건강보험과 달리 피보험자의 몫으로 노령연금 등이 지급된다. 직업이 없는 주부는 국민연금에 가입하기 어렵고, 남편과 함께 농사를 짓거나 자영업을 하는 경우 대부분 세대주의 이름으로 가입하기에 주부는 피보험자에서 제외되기 쉽다. 이를 해결하기 위해 18세 이상 모든 국민이 국민연금에 가입하는 운동을 펼쳐야 한다. 소액이라도 자신의 이름으로 보험료를 내야 노령연금을 받고 사망 시에 배우자를 포함한 유족이 유족연금을 받을 수 있기 때문이다.

셋째, 국민연금의 액수를 늘릴 수 있는 다양한 방법을 활용하도록 교육하고 안내해야 한다. 18세 이상 국민이 임의가입을 하면 가입기간을 늘리고, 60세가 되기 직전에 임의계속가입을 신청하면 일시금이 아닌 연금을 탈 수도 있다. 반환일시금을 반납하거나 가입 후 보험료를 내지 않았던 기간을 60세가 되기 전에 추후 납부하면 좋은 조건으로 가입기간을 늘릴 수 있다. 보험료를 선납하면 이자율만큼 보험료를 깎아 주고, 60세 이후에 노령연금을 받지 않고 1년 이상 늦추면 1년에 연금액을 7.2% 더 받을 수 있다. 60세 이후 직장을 갖고 있다면 재직자 연금을 타는 것보다 연기제도를 활용하는 것이 이익이다. 이처럼 모든 국민이 국민연금의 다양한 제도를 활용하여 연금액을 실질적으로 늘리는 방안을 강구하도록 알려야 한다.

넷째, 농어민의 기준소득금액은 지나치게 낮아서 국고 지원 한도액도 낮기에 기준소득금액을 높여야 한다. 농어민 기준소득금액 103만 원은 국가가 임의로 정한 것으로 합리적이지 않다. 2024년 6월 국민연금 보험료의 기준소득월액은 최저가 37만 원이고 최고가 590만 원이므로 농어민 기준소득 103만 원은 최저와 최고의 중간값의 39.3%에 불과하다. 이는 정부가 10인 미만 사업장에 고용되고 월평균 보수가 270만 원 미만인 노동자의 사회보험료를 지원하는 '두루누리 사회보험료 지원사업'과 비교해도 턱없이 낮다. 사회적 형평을 위해 두루누리사업의 기준으로 올려야 한다. 두루누리는 참여자에게 보험료의 80%까지 지원하는데 농어민에 대한 지원은 50%라는 것도 차별이므로 이를 개선해야 한다.

다섯째, 국민연금의 당연가입 연령을 점차 65세까지로 연장해야 한다. 국민연금은 60세에 도달하면 당연가입은 중지되고, 본인이 희망하면 65세까지 임의계속가입을 할 수 있다. 수급 연령이 4년에 1세씩 늦추어지므로 가입 연령을 수급 연령까지 연장시키면 연금액을 높일 수 있다. 가입 연령의 조정은 점진적으로 정년을 연장하는 것과 연계시킨다. 연금 수급 연령은 2033년에 65세인데, 평균수명의 증가를 고려할 때 점진적으로 늦추어야 한다. 연금 개시 연령이 늦추어져도 수명의 증가로 국민연금 가입자가 노령연금을 수급하는 기간은 더 길어진다.

여섯째, 찾아가지 않는 국민연금 급여를 찾아 주는 사업을 적극 펼쳐야 한다. 2019년부터 2024년 6월까지 국민연금 수급권이 발생하였으나 청구하지 않은 건수는 10만 823건이었고, 금액은 8,276억 원이었다. 국민연금 수급권자의 주민등록이 말소되거나 국외로 이주하고, 유족의 소재를 파악하는 게 불가능한 상황 등으로 연락이 끊기거나 연금급여 금액이 소액이어서 수령을 거부하는 경우 등이다. 국민연금공단은 원칙적으로 지급사유가 발생한 이후 10년(2018년 1월 25일 전에는 5년) 이내에 청구하지 않으면 소멸시효가 완성된 것으로 봐 일시금을 주지 않는다. 국민연금공단은 미청구 연금액의 지급을 위해 은행휴면계좌 통합조회와 같이 본인의 연금액을 정확히 확인하고 미수령을 방지할 수 있는 시스템을 구축하였는데, 은행과 카드사와 협력하여 홍보해야 한다.

일곱째, 국민연금기금에 대한 우려는 시간이 갈수록 커지고 있다. 보험료를 적게 내고 보험급여를 많이 주도록 설계되었고 평균수명이 증가되어 수급자 수와 수급기간이 늘어나기 때문이다. 국민연금공단은 기금의 수익성을 높이기 위해 다각적으로 노력하고, 기금에 대한 사회적 우려를 불식하기 위해 노력하지만, 급여 대비 수입을 늘리는 방안을 강구해야 한다. 5년에 한 번씩 연금재정추계를 하고 이에 맞도록 보험료의 인상 등을 다각도로 검토하고, 국민연금기금의 운용수익을 늘려서 국민의 노후를 안정적으로 보장해야 한다.

여덟째, 국민연금은 보험료를 적게 내고 급여를 많이 받기에 연금 수급자는 좋지만 장기적으로 볼 때 재정위기를 일으킬 수 있다. 이를 해소하기 위해 연금의 수준을 낮추고, 노령연금의 개시 연령을 2013년부터 매 4년마다 1세씩 늦추도록 하여 2033년 이후에는 65세가 되도록 변경하였다. 이렇게 되면 2028년 이후 40년 가입 시 소득대체율이 40%에 불과하다. 국민연금 재정계산자문위원회는 2019년에 노령연금의 소득대체율을 45%에서 매년 0.5%포인트씩 낮추는 것을 중지하고 보험료율을 높이는 방안을 제안하였다. 또한 2024년에 정부는 국민연금 개혁안으로 보험료율을 13%까지 세대별로 차등 인상하고, 40년 가입 시 소득대체율을 42%로 유지하며, 자동 안정화 장치를 도입하는 방안 등을 제시하였다.

단원 정리

국민연금은 국민의 노령·폐질 또는 사망에 대하여 연금급여를 실시함으로써 국민의 생활안정과 복지증진에 기여함을 목적으로 한 사회보험이다. 1973년에 「국민복지연금법」이 제정되어 시행될 예정이었으나 유류파동으로 연기되었다가 1988년부터 「국민연금법」이 시행되고 있다. 18세 이상 60세 미만 국민 중 1인 이상 고용사업장에서 일하는 모든 노동자, 농어민과 도시자영자는 국민연금의 당연가입 대상자이다. 학생, 군인(직업군인이 아닌 의무복무 대상자), 주부 등은 임의가입 대상자이고, 공무원, 직업군인, 사립학교교직원, 별정우체국직원은 별도의 공적 연금제도의 적용을 받는다.

국민연금의 보험료율은 표준소득월액의 9%이다. 사업장가입자는 노동자와 사용자가 각각 1/2씩 분담하고, 농어민은 일부 보험료(2023년에 46,350원까지 국가 지원, 매년 증액되는 경향이 있음)를 국가가 지원하며, 임의가입자는 가입자가 전액 부담한다.

국민연금은 과거에 받은 반환일시금을 반납하거나 가입 후 보험료를 내지 않았던 기간의 보험료를 추후 납부하면 가입기간을 획기적으로 늘릴 수 있다. 국민연금 가입자는 출산 크레딧, 군복무 크레딧, 실업 크레딧 등을 적극 활용하여 가입기간을 늘릴 수 있다.

국민연금 급여는 노령연금이 중심이지만, 장애연금, 유족연금, 반환일시금, 사망일시금, 미지급금급여 등이 있다. 국민연금은 피보험자가 노령뿐만 아니라 장애와 사망 등으로 인해 소득을 상실할 경우에는 연금을 주고, 연금을 받을 수 없는 조건인 사람에게는 일시금을 준다.

기본연금은 모든 연금액 산정의 기초가 되는 것으로 피보험자가 평생 동안 낸 보험료의 기준이 된 '개인의 표준소득월액'과 연금이 개시되기 전 3년간 '전체 가입자의 평균소득월액'을 기초로 산정한다.

국민연금 중 핵심적인 급여는 노령연금이다. 노령연금은 원칙적으로 20년 이상 가입하고, 60세에 달하며, 생존하고, 퇴직할 때 완전노령연금을 받을 수 있다. 완전노령연금은 기본연금액에 가급연금액을 합하여 산정한다. 완전노령연금을 수급할 수 있는 조건을 갖추지 못하는 경우에는 감액 노령연금, 조기 노령연금, 재직자 노령연금, 특례 노령연금 등을 받을 수 있다. 연금 가입자나 그 수급자가 이혼을 할 때 배우자의 생계를 보호하기 위해서 분할연금을 시행하고 있다.

장애연금은 가입자나 가입자이었던 자가 질병이나 부상이 발생하여 완치(진행 중인 때는 초진일로부터 1년 6개월 경과 시)되었으나 신체적 또는 정신적 장애가 남았을 때 이에 따른 소득 감소 부분을 보전함으로써 자신과 가족의 안정된 생활을 보장하기 위한 급여로서 장애정도(1~4급)에 따라 일정한 급여를 지급한다.

　유족급여는 국민연금을 수령하는 사람이나 현재 가입 중인 사람이 사망할 때 받을 수 있다. 유족은 수급조건에 따라 반환일시금, 사망일시금, 유족연금의 형태로 받을 수 있다. 유족연금은 가입기간과 기본연금액 그리고 부양가족 수에 의해 결정된다.

　반환일시금은 국민연금 가입자 또는 가입자이었던 자가 연금(노령, 장애, 유족)의 수급요건을 충족하지 못하고 탈퇴하여 가입 중에 납부하였던 보험료에 일정한 이자를 가산하여 지급받는 것으로 본인 또는 그 유족이 지급받을 수 있다. 수급요건은 가입기간 10년 미만인 자로 60세에 달한 때 등이다.

　국민연금은 도입된 지 12년 만에 전 국민에게 연금을 도입하였다는 찬사에도 불구하고 많은 과제를 안고 있다. 국민연금이 모든 국민의 소득보장제도로 설계되었지만 가입하지 않는 국민이 많아 일부 국민을 위한 제도로 운용되고 있기에 다음과 같은 대책을 강구해야 한다.

　18세 이상 모든 국민이 하루라도 빨리 국민연금에 가입할 수 있도록 생애 첫 국민연금 보험료를 국가가 지원해야 한다. 국민연금은 건강보험과 달리 피보험자의 몫으로 노령연금 등이 지급되기에 18세 이상 모든 국민이 가입해야 한다. 국민연금의 액수를 늘릴 수 있는 다양한 방법을 활용하도록 교육하고 안내해야 한다. 농어민의 기준소득금액은 지나치게 낮아서 국고 지원 한도액도 낮기에 기준소득금액을 높여야 한다. 국민연금의 당연가입 연령을 점차 65세까지로 연장해야 한다. 찾아가지 않는 국민연금 급여를 찾아 주는 사업을 적극 펼쳐야 한다. 국민연금기금에 대한 우려가 크기에 보험료의 인상 등을 검토하고 국민연금기금의 운용수익을 늘려야 한다. 재정위기를 극복하기 위해 노령연금의 개시 연령을 점차 늦추어야 한다.

용어 정리

- **국민연금**: 국민연금은 국민의 노령·폐질 또는 사망에 대하여 연금급여를 실시함으로써 국민의 생활안정과 복지증진에 기여함을 목적으로 한 사회보험이다. 연금을 주는 사회보험에는 공무원연금, 군인연금, 사립학교교직원연금, 별정우체국직원연금이 별도로 있는데, 이들은 특정 직업인을 위한 것이고, 대부분의 국민은 국민연금에 가입한다.

- **국민연금의 적용대상**: 국민연금의 적용대상은 대한민국 국민으로서 18세 이상 60세 미만의 모든 사람이다. 1인 이상 고용사업장에서 일하는 모든 노동자, 농어민과 도시자영자는 국민연금의 당연가입 대상자이다. 학생, 군인(의무복무 대상자), 주부 등은 임의가입 대상자이고, 60세에 도달하더라도 10년을 채울 수 없으면 65세까지 임의계속가입을 신청할 수 있다.

- **두루누리사업**: 두루누리는 작은 사업장에서 일하는 노동자의 국민연금과 고용보험의 가입을 촉진하기 위해 2012년 7월에 도입되었다. 2024년에는 10인 미만 사업장에서 일하는 월평균 보수 270만 원 미만 노동자와 그 사업자가 지원을 받을 수 있다. 지원내용은 국민연금과 고용보험 보험료 80%를 36개월 동안 국가에서 지원한다. 지원대상은 신청일 기준으로 지난 6개월간 국민연금과 고용보험 자격취득 이력이 없는 자, 신입사원이나 육아휴직 등 복직한 근로자이고, 기존에 가입되어 있는 직원은 제외된다.

- **국민연금의 보험료율**: 국민연금의 보험료율은 표준소득월액의 9%이다. 사업장가입자는 노동자와 사용자가 각각 1/2씩 분담하고, 농어민은 일부 보험료(2023년에 46,350원까지 국가 지원, 매년 증액)를 국가가 지원하며, 임의가입자는 가입자가 전액 부담한다.

- **반환일시금 반납**: 반환일시금을 이자 계산하여 반납하면 당시의 조건으로 반납을 받아 준다. 1988년 국민연금을 처음 도입할 때에는 한 달에 소득의 3%를 내면 40년 가입 시 소득대체율이 70%이고, 10년 후에는 9%를 내면 소득대체율이 60%이었다. 지금은 40년 가입 시 소득대체율이 50%도 되지 않

는데, 반납제도를 활용하면 당시 조건으로 급여를 받아서 가입자에게 큰 이익이다.

● **추후 납부**: 가입한 사람이 중간에 보험료를 내지 않았더라도 나중에 추후 납부하는 제도가 있다. 추후 납부는 휴 · 폐업이나 실직, 휴직(육아휴직 포함), 이직 준비 등으로 소득이 없을 때 보험료를 내지 않았던 기간에 내지 않은 보험료를 낼 수 있는 제도이다. 내지 않은 보험료에 이자 계산을 하여 일시에 내거나 나눠 내서 가입기간을 늘리고 연금액을 올릴 수 있다.

● **출산 크레딧**: 출산 크레딧은 2008년 이후에 둘째 자녀 이상을 출산한 가입자에게 가입기간을 추가로 인정해 주는 제도이다. 자녀가 2명인 경우 12개월, 셋째 자녀부터는 18개월씩 최대 50개월까지 인정받을 수 있다. 출산 크레딧은 적용기간 동안의 인정소득수준은 국민연금 전체 가입자의 최근 3년치 월소득 평균값(A값)의 100%를 소득으로 산정하여 적용한다. 출산 크레딧은 노령연금 수급 시에 부모 중 어느 한 사람이 선택해서 받거나 부모가 반씩 나누어 받을 수도 있다.

● **군복무 크레딧**: 군복무 크레딧은 2008년 이후에 입대해 병역의무를 이행한 현역병과 공익근무요원에게 최대 6개월의 국민연금 가입기간을 인정해 주는 제도이다. 군복무 크레딧은 국민연금 전체 가입자의 최근 3년치 월소득 평균값(A값)의 50%만 산정해 출산 크레딧 100%과 비교하여 엄격하다.

● **실업 크레딧**: 실업 크레딧은 2016년 8월 1일부터 구직급여 수급자가 국민연금공단이나 고용센터에 이를 신청하면, 국가가 보험료의 75%(국민연금기금 25%, 고용보험기금 25%, 일반회계 25%)를 지원하고 당사자는 25%만 내면 국민연금 가입기간으로 인정한다. 실업 크레딧은 구직급여 수급기간 중 최대 1년간 신청자의 실직 전 평균소득의 50%(최대 70만 원)까지 인정하여 지원해 준다.

● **기본연금**: 기본연금은 모든 연금액 산정의 기초가 되는 것으로 피보험자가 평생 동안 낸 보험료의 기준이 된 '개인의 표준소득월액'과 연금이 개시되기 전 3년간 '전체 가입자의 평균소득월액'을 기초로 산정한다. 기본연금은 당초

20년 가입 시 평균소득의 35%를 급여하는 것으로 설계하였다가, 수지를 감안하여 1999년부터 30%를 급여하고, 이후에는 평균소득의 25%에서 매년 조금씩 낮아져 20%가 되도록 설계되었다. 기본연금은 노령연금, 장애연금, 유족연금 등 모든 연금을 계산할 때 기본이 된다.

- **노령연금**: 국민연금 중 핵심적인 급여는 노령연금이다. 노령연금은 원칙적으로 20년 이상 가입하고, 60세에 달하며, 생존하고, 퇴직할 때 완전노령연금을 수급할 수 있다. 완전노령연금은 기본연금액에 가급연금액을 합하여 산정한다. 연금액=기본연금×지급률＋부양가족연금액

- **감액 노령연금**: 감액 노령연금은 가입기간이 10년 이상 20년 미만이고 만 60세(광부와 선원은 55세)가 되어 소득이 없는 경우 본인의 청구로 수급받을 수 있다. 즉, 10년 가입 시는 '기본연금액 47.5%＋가급연금액'이고, 가입기간 1년 증가 시마다 기본연금액을 5%포인트씩 증액한다.

- **조기 노령연금**: 조기 노령연금은 10년 이상 가입하였고, 55세 이상 60세 미만인 사람이 소득이 있는 업무에 종사하지 않을 경우 본인의 희망에 의하여 조기에 수급할 수 있다. 급여수준은 '기본연금액×가입기간지급률×연령별 지급률＋가급연금액'이다. 즉, 10년 가입하고 55세에 조기연금을 수급한다면 '기본연금액의 47.5%×55세 지급률 75%＋가급연금액'이다.

- **재직자 노령연금**: 재직자 노령연금은 가입기간 10년 이상이고 60세 이상 65세 미만인 자로 소득이 있는 업무에 종사하는 경우 60세부터 64세까지(광부와 선원은 55세부터 59세까지) 지급하는 연금으로 가급연금액은 지급하지 않는다. 급여수준은 가입기간이 20년인 경우, 60세는 기본연금액의 50%이고 매년 10%포인트씩 증액된다.

- **특례 노령연금**: 특례 노령연금은 국민연금의 최초 시행, 농어촌지역 확대 그리고 도시지역 확대 당시 연령이 많아 최소 가입기간을 채우지 못하는 사람들을 위해 특별히 2000년 3월 31일까지 가입이 허용된 특례가입자 제도이다. 특례 노령연금은 5년 이상 가입하고 만 60세 이상이면 사망 시까지 연금을 지급받을 수 있다. 급여수준은 가입기간 5년인 경우에 '기본연금액의

25%＋가급연금액'이고, 가입기간 1년 증가 시마다 기본연금액이 5%포인트 씩 증가된다.

- **분할연금**: 분할연금은 가입기간 중의 혼인기간이 5년 이상인 사람이 노령연 금 수급권자인 배우자와 이혼한 후 60세가 된 때, 60세가 된 이후 노령연금 수급권자인 배우자와 이혼한 때, 60세가 된 이후 배우자이었던 자가 노령연 금 수급권을 취득한 때, 배우자이었던 사람이 노령연금 수급권을 취득한 후 본인이 60세가 된 때 등의 경우에 혼인기간에 해당하는 연금액을 똑같이 분 할하여 지급한다. 급여수준은 배우자이었던 자의 노령연금액(가급연금액 제 외) 중 혼인기간에 해당하는 연금액을 균분한 금액이다.

- **장애연금**: 장애연금은 가입자나 가입자이었던 자가 질병이나 부상이 발생하 여 완치(진행 중인 때는 초진일로부터 1년 6개월 경과 시)되었으나 신체적 또 는 정신적 장애가 남았을 때 이에 따른 소득 감소 부분을 보전함으로써 자신 과 가족의 안정된 생활을 보장하기 위한 급여로서 장애정도(1~4급)에 따라 일정한 급여를 지급한다. 장애 1급은 기본연금액의 100%＋부양가족연금액이 고, 장애 2급은 기본연금액의 80%＋부양가족연금액이며, 장애 3급은 기본연 금액의 60%＋부양가족연금액이고, 장애 4급은 기본연금액의 225%를 일시 금으로 받을 수 있다.

- **유족급여**: 유족급여는 국민연금을 수령하는 사람이나 현재 가입 중인 사람이 사망할 때 받을 수 있다. 유족은 수급조건에 따라 반환일시금, 사망일시금, 유 족연금의 형태로 받을 수 있다. 유족연금은 가입기간과 기본연금액 그리고 부 양가족 수에 의해 결정된다. 가입기간이 10년 미만이면 기본연금액의 40%＋ 부양가족연금액, 가입기간이 10년 이상 20년 미만이면 기본연금액의 50%＋ 부양가족연금액, 20년 이상이면 기본연금액의 60%＋부양가족연금액이다.

- **반환일시금**: 반환일시금은 국민연금 가입자 또는 가입자이었던 자가 연금(노 령, 장애, 유족)의 수급요건을 충족하지 못하고 탈퇴하여 가입 중에 납부하였던 보험료에 일정한 이자를 가산하여 지급받는 것으로, 본인 또는 그 유족이 지급 받을 수 있다. 수급요건은 가입기간 10년 미만인 자로 60세에 달한 때 등이다.

- **국민연금과 직역연금의 연계**: 국민연금과 직역연금 간 연계제도는 「국민연금과 직역연금의 연계에 관한 법률」이 제정된 2009년 이후부터 시행되었다. 국민연금과 직역연금의 가입기간을 합쳐 20년 이상이면 노령연금을 탈 수 있다. 국민연금과 직역연금 간 연계는 본인이 신청해야 한다. 국민연금에 연계를 신청하는 시기는 직역연금 가입자가 된 때와 직역연금 가입자가 퇴직한 때이다.

제4장

공무원연금 등

1. 공무원연금 등의 정의와 역사

한국에는 국민연금 이외에 공무원연금, 군인연금, 사립학교교직원연금, 별정우체국직원연금 등 4개의 공적 연금이 있다. 1960년에 공무원연금은 군인을 포함하여 전체 공무원을 대상으로 시작되었는데, 1963년에 군인연금이 분리되었다. 1975년에 사립학교교직원연금과 1982년에 별정우체국직원연금이 만들어졌다. 공무원연금과 사립학교교직원연금은 근거 법령과 적용대상만 다를 뿐 급여내용은 같다. 군인연금은 공무원연금보다 급여 종류가 많고 급여수준도 높은 편이다. 별정우체국직원연금도 공무원연금과 유사하다. 이 글은 공무원연금을 중심으로 기술하고, 다른 공적 연금은 특별한 사항만 언급한다. 4개 공적 연금의 법적 정의는 다음과 같다.

공무원연금은 공무원의 퇴직, 장해 또는 사망에 대하여 적절한 급여를 지급하고 후생복지를 지원함으로써 공무원 또는 그 유족의 생활안정과 복지향상에 이바지함을 목적으로 한 연금제도이다.

군인연금은 군인이 상당한 기간을 성실히 복무하고 퇴직하거나 심신의 장애로 인하여 퇴직하거나 사망한 경우 또는 공무상의 질병·부상으로 요양하는 경우에 본인이나 그 유족에게 적절한 급여를 지급함으로써 본인 및 그 유족의 생활안정과 복리향상에 이바지함을 목적으로 한 제도이다.

사립학교교직원연금은 사립학교 교원 및 사무직원의 퇴직·사망 및 직무로 인한 질병·부상·장해에 대하여 적절한 급여제도를 확립함으로써 교직원 및 그 유족의 경제적 생활안정과 복리향상에 이바지함을 목적으로 한 제도이다.

별정우체국직원연금은 우체국이 없는 지역에 별정우체국을 설치·운영하여 국민에게 편의를 제공하고, 직원의 퇴직과 사망에 대하여 적절한 급여제도를 확립함으로써 직원과 그 유족의 경제적 생활안정과 복리향상에 이바지함을 그 목적으로 한 제도이다.

* 공무원연금공단 https://www.geps.or.kr

2. 공무원연금 등의 적용대상

「공무원연금법」의 적용을 받는 공무원은 「국가공무원법」, 「지방공무원법」, 그 밖의 법률에 따른 공무원이다. 그 밖에 국가기관이나 지방자치단체에 근무하는 직원 중 대통령령으로 정하는 사람은 공무원연금의 적용을 받는다. 다만, 군인과 선거에 의하여 취임하는 공무원은 제외된다. 공무원연금의 적용대상은 공무원이 중심이지만 일부 급여는 유족도 받을 수 있다. 유족이란 공무원이거나 공무원이었던 사람이 사망할 당시 그가 부양하고 있던 배우자, 자녀, 부모, 손자녀, 조부모 등을 말한다. 배우자는 재직 당시 혼인관계에 있던 사람으로 한정하며, 사실상 혼인관계에 있던 사람을 포함한다. 자녀(손자녀)는 퇴직일 이후에 출생하거나 입양한 자녀는 제외하되 퇴직 당시의 태아는 재직 중 출생한 자녀로 본다. 부모(조부모)는 퇴직일 이후에 입양된 경우의 부모는 제외한다.

「군인연금법」은 현역 또는 소집되어 군에 복무하는 군인에게 적용한다. 다만, 지원에 의하지 아니하고 임용된 부사관, 병(兵), 군간부후보생(복무 중 지원 군간부후보생은 제외)에게는 사망보상금과 장애보상금만 적용된다. 따라서 군인연금은 주로 장교, 지원에 의한 부사관, 복무 중 지원 군간부후보생에게 적용된다.

「군인연금법」에서 유족은 군인 또는 군인이었던 사람의 사망 당시 그가 부양하고 있던 배우자, 자녀, 부모, 손자녀, 조부모를 말한다. 다만, 사망보상금을 지급하는 경우에는 부양 여부를 가리지 아니하고 유족으로 본다. 배우자는 사실상 혼인관계에 있던 사람을 포함하며, 퇴직 후 61세 이후에 혼인한 배우자는 제외한다. 자녀(손자녀)는 퇴직 후 61세 이후에 출생하거나 입양한 자녀는 제외하되, 퇴직 후 60세 당시의 태아는 복무 중 출생한 자녀로 본다. 부모(조부모)는 퇴직일 이후에 입양된 경우의 부모는 제외한다. 「군인연금법」상 배우자는 퇴직 후 61세 미만에 혼인한 배우자까지 포함하여 「공무원연금법」상 배우자(재직 당시 혼인관계에 있던 사람)보다 넓게 인정된다. 이는 군인은 계급정년제가 있어서 공무원보다 일찍 퇴직하는 경우가 많다는 점을 고려한 것이다.

* 군인연금 https://www.mps.mil.kr

사립학교교직원연금에서 교직원이란 「사립학교법」에 따라 그 임명에 관한 사항이 관할청에 보고된 교원과 임명된 사무직원을 말한다.

다만, 임시로 임명된 사람, 조건부로 임명된 사람 및 보수를 받지 아니하는 사람은 제외한다. 유족이란 교직원이거나 교직원이었던 사람이 사망할 당시 그가 부양하고 있던 배우자, 자녀, 부모, 손자녀, 조부모를 말한다.

* 사립학교교직원연금공단 http://www.ktpf.or.kr

「별정우체국법」에 의한 별정우체국이란 과학기술정보통신부장관의 지정을 받아 자기의 부담으로 청사와 그 밖의 시설을 갖추고 국가로부터 위임받은 체신 업무를 수행하는 우체국을 말한다. 직원이란 별정우체국장과 채용되어 근무하는 사람이다. 유족이란 직원이거나 직원이었던 사람이 사망할 당시 그가 부양하고 있던 배우자, 자녀, 부모, 손자·손녀, 조부모를 말한다.

* 별정우체국연금관리단 https://www.popa.or.kr

3. 공무원연금 등의 재원

「공무원연금법」에 근거하여 공무원연금공단이 인사혁신처장의 권한 및 업무를 위탁받아 공무원연금을 관리운영한다. 공무원연금공단의 수입은 기여금, 부담금, 보전금, 공무원연금기금으로부터의 전입금 및 이입충당금, 국가나 지방자치단체로부터의 보조금·차입금 및 그 밖의 수입금, 국가나 지방자치단체 등으로부터 위탁받은 업무를 위한 수입금이다. 지출은 「공무원연금법」에 따른 급여금·적립금·반환금, 차입금의 상환금과 그 이자, 국가나 지방자치단체 등으로부터 위탁받은 업무를 위한 지출금, 그 밖에 공단 운영을 위한 경비 등이다.

공무원연금의 재원은 주로 가입자인 공무원의 기여금과 사용자인 국가 또는 지방자치단체의 부담금으로 충당된다. 퇴직급여, 퇴직유족급여 및 비공무상 장해급여에 드는 비용은 공무원과 국가 또는 지방자치단체가 부담한다. 이 경우 퇴직급여 및 퇴직유족급여에 드는 비용은 적어도 5년마다 다시 계산하여 재정적 균형이 유지되도록 하여야 한다. 다만, 퇴직수당 지급에 드는 비용은 국가나 지방자치단체가 부담한다. 퇴직수당은 노동자가 받는 퇴직금에 상응하는 것이므로 사용자의 부담이다. 공무원연금공단 운영에 드는 비용은 국가가 보조할 수 있다.

공무원연금의 보험료율은 18%이다. 이 중 공무원의 기여금은 기준소득월액의 9%이고, 국가 또는 지방자치단체의 부담금은 보수예산의 9%이다. 기여금은 공무원으로 임명된 날이 속하는 달부터 퇴직한 날의 전날 또는 사망한 날이 속하는 달까지 월별로 내야 한다. 다만, 기여금 납부기간이 36년을 초과한 사람은 기여금을 내지 아니한다. 기준소득월액은 공무원 전체의 기준소득월액 평균액의 160%를 초과할 수 없다. 군인연금의 보험료율은 14%이고, 사립학교교직원연금, 별정우체국직원연금의 보험료율도 18%인데, 가입자가 9%, 사용자가 9%(사립학교교원은 법인이 5.294% 정부가 3.706%)를 부담한다.

공무원연금의 복무기간은 재직기간이 기본이고, 군복무기간처럼 공무원의 재직기간에 산입되는 사람은 공단이 산입을 승인한 날이 속하는 달의 다음 달부터 그 산입기간의 기여금과 같은 금액의 소급기여금을 내야 한다.

기여금은 기여금징수의무자가 매월 보수에서 징수하여 보수지급일부터 3일 이내에 공단에 내야 한다. 공무원이 다른 기관으로 전출한 경우 그 전출한 날이 속하는 달의 기여금은 전 소속기관의 기여금징수의

무자가 징수한다. 더 내거나 덜 낸 기여금은 다음 번 기여금을 징수할
때에 가감할 수 있다.

국가나 지방자치단체가 부담하는 부담금의 금액(연금부담금)은 매
회계연도 대통령령으로 정하는 보수예산의 9%로 한다. 다만, 국가나
지방자치단체는 퇴직급여 및 퇴직유족급여에 드는 비용을 기여금, 연
금부담금으로 충당할 수 없는 경우에는 그 부족한 금액(보전금)을 대
통령령으로 정하는 바에 따라 부담하여야 한다. 국가나 지방자치단체
는 연금부담금 및 보전금을 연 4기로 나누어 공단에 내야 한다.

「공무원연금법」에 따른 급여에 충당하기 위한 책임준비금으로 공
무원연금기금을 둔다. 기금은 회계연도마다 공단의 예산에 계상된 적
립금 및 결산상 잉여금과 기금운용수익금으로 조성한다. 기금은 공무
원연금공단이 관리운용한다. 공단은 공무원연금운영위원회의 심의를
거쳐 공무원 후생복지사업을 위하여 기금을 출연할 수 있다.

공무원연금은 가입 연령에 제한이 없지만 가입기간을 36년을 초과
할 수 없다는 점이 국민연금과 다르다. 국민연금은 18세 이상 60세 미
만 국민이 적용대상자인데, 공무원연금은 36년을 초과한 사람은 더 이
상 기여금을 낼 수 없다. 또한 공무원연금의 보험료율은 18%로 국민
연금의 2배이다. 공무원은 더 많은 보험료율을 내고 노후 소득보장을
보다 충실히 받고 있다.

4. 공무원연금 등의 급여

공무원연금은 공무원의 퇴직·사망 및 비공무상 장해에 대하여 급
여를 제공한다. 급여의 범주는 크게 퇴직급여, 퇴직유족급여, 비공무

상 장해급여, 퇴직수당이다. 이를 국민연금과 비교하면, 퇴직급여는 국민연금의 노령연금(과 반환일시금), 퇴직유족급여는 유족연금(과 사망일시금), 비공무상 장해급여는 장애연금, 퇴직수당은 「근로기준법」 상 퇴직금과 유사하다.

각종 급여는 받을 권리를 가진 사람의 신청에 따라 인사혁신처장의 결정으로 공단이 지급한다. 다만, 장해연금 또는 장해일시금, 급여 제한 사유 해당 여부 등 대통령령으로 정하는 사항은 「공무원 재해보상법」 제6조에 따른 공무원재해보상심의회의 심의를 거쳐야 한다. 급여의 결정에 관한 인사혁신처장의 권한은 대통령령으로 정하는 바에 따라 공단에 위탁할 수 있다. 연금인 급여는 통계청장이 매년 고시하는 전국소비자물가변동률을 반영하여 증감하고, 조정된 금액을 매년 적용한다.

1) 퇴직급여

공무원연금의 퇴직급여는 퇴직연금, 퇴직연금일시금, 퇴직연금공제일시금, 퇴직일시금이 있다. 공무원의 퇴직이란 면직, 사직, 그 밖에 사망 외의 사유로 인한 모든 해직을 말한다. 다만, 공무원의 신분이 소멸된 날 또는 그다음 날에 다시 신분을 취득하고 이 법에 따른 퇴직급여 및 퇴직수당을 받지 아니한 경우는 예외로 한다. 공무원연금의 퇴직급여에는 국민연금에 없는 퇴직연금일시금, 퇴직연금공제일시금이 있다. 연금을 전액 일시금으로 받거나 일부를 일시금으로 받는 제도로 자녀 결혼자금 등으로 사용할 수 있지만 노후 소득보장에 위기를 가져올 수도 있다.

(1) 퇴직급여의 요건과 액수

공무원이 10년 이상 재직하고 퇴직한 경우에는 65세가 되는 때, 법령으로 근무상한 연령을 60세 미만으로 정한 경우에는 그 정년 또는 근무상한 연령이 되었을 때부터 5년이 경과한 때, 계급정년이 되어 퇴직한 때부터 5년이 경과한 때, 정원의 개정과 폐지 또는 예산의 감소 등으로 인하여 직위가 없어지거나 정원을 초과하는 인원이 생겨 퇴직한 때부터 5년이 경과한 때, 대통령령으로 정하는 장해 상태가 된 때부터 사망할 때까지 퇴직연금을 지급한다.

이런 사항에도 불구하고 10년 이상 재직하고 퇴직한 공무원이 퇴직연금 지급이 시작되는 시점 이전에 퇴직연금을 지급받기를 원하는 경우에는 못 미치는 햇수(미달연수)에 따른 금액을 조기퇴직연금으로 하여 그가 사망할 때까지 지급할 수 있다. 미달연수 1년 이내는 퇴직연금 상당액의 95%, 미달연수 1년 초과 2년 이내는 90%, 미달연수 2년 초과 3년 이내는 85%, 미달연수 3년 초과 4년 이내는 80%, 미달연수 4년 초과 5년 이내는 75%이다.

퇴직연금 또는 조기퇴직연금을 받을 권리가 있는 사람이 원하는 경우에는 이에 갈음하여 퇴직연금일시금을 지급하거나, 10년을 초과하는 재직기간 중 본인이 원하는 기간에 대해서는 그 기간에 해당하는 이에 갈음하여 퇴직연금공제일시금을 지급할 수 있다.

퇴직연금의 금액은 재직기간 1년당 평균기준소득월액의 1.7%로 한다. 다만, 재직기간은 36년을 초과할 수 없다. 퇴직연금일시금의 계산식은 [퇴직한 날의 전날이 속하는 달의 기준소득월액 × 재직연수 × {975/1000 + 65/10000(재직연수−5)}]이다. 퇴직연금공제일시금의 계산식은 [퇴직한 날의 전날이 속하는 달의 기준소득월액 × 공제재직연수 × {975/1000 + 65/10000 × 공제재직연수}]이다. 이 경우 공제재직연수는 퇴직하는 공무원이 퇴직연금공제일시금 계산에 산입할 것을 원하는 재직연수로 한다. 장해를 이유로 퇴직연금을 받던 사람의 장해 상태가 대통령령으로 정하는 장해 상태에 해당되지 아니하게 되면 그다음 달부터 그 사유로 인한 퇴직연금은 지급하지 아니한다. 공무원이 10년 미만 재직하고 퇴직한 경우에는 퇴직일시금을 지급한다. 퇴직일시금의 금액은 퇴직연금일시금을 산정하는 방식과 같다.

'기준소득월액'이란 기여금 및 급여 산정의 기준이 되는 것으로서 일정기간 재직하고 얻은 소득에서 비과세소득을 제외한 금액의 연지급 합계액을 12개월로 평균한 금액을 말한다. 이 경우 소득 및 비과세소득의 범위, 기준소득월액의 결정방법 및 적용기간 등에 관한 사항은 대통령령으로 정한다.

'평균기준소득월액'이란 재직기간 중 매년 기준소득월액을 공무원보수인상률 등을 고려하여 대통령령으로 정하는 바에 따라 급여의 사유가 발생한 날의 현재가치로 환산한 후 합한 금액을 재직기간으로 나눈 금액을 말한다. 다만, 퇴직연금·조기퇴직연금 및 퇴직유족연금 산정의 기초가 되는 평균기준소득월액은 급여의 사유가 발생한 당시의 평균기준소득월액을 공무원보수인상률 등을 고려하여 대통령령으로 정하는 바에 따라 연금 지급이 시작되는 시점의 현재가치로 환산한 금액으로 한다.

국가나 지방자치단체의 특정 업무가 공사(公社) 또는 이와 유사한 기관·단체로 이관됨에 따라 그 업무에 종사하던 공무원이 퇴직하고 공사의 임직원이 되는 경우에는 그 공사의 퇴직급여를 계산할 때에 그 임직원의 종전의 공무원 재직기간을 그 공사의 재직기간으로 합산하고, 그 임직원이 공사에서 퇴직하거나 사망한 때에 공단은 이 법에 따른 종전의 공무원으로서의 퇴직급여인 퇴직연금일시금 또는 퇴직일시금을 그 공사에 이체한다. 공사에 이체할 퇴직연금일시금 또는 퇴직일시금의 산정은 공무원 퇴직 당시의 퇴직급여 산정에 관한 규정에 따르되, 그 산정의 기초가 되는 기준소득월액은 공사에서 퇴직하거나 사망한 당시의 해당 공무원의 기준소득월액으로 한다.

퇴직급여를 받을 권리가 있는 사람이 1년 이상 행방불명인 경우에는 그의 상속인(유족의 범위에 해당하여야 한다)이 될 사람의 청구에 의하여 그 퇴직급여를 그 상속인에게 지급할 수 있다. 상속인이 행방불명자의 연금을 청구한 경우에는 그 행방불명자가 이 법에 따라 퇴직연금 또는 조기퇴직연금을 받을 권리가 있는 때부터의 해당 연금을 지급하고, 연금을 받을 권리가 있는 때부터 3년이 지나도 행방불명된 사람의 소재가 확인되지 아니하면 그다음 달부터 해당 연금액의 60%를 지급한다. 퇴직급여를 지급한 후 행방불명되었던 사람이 사망한 사실이 확인된 경우에는 사망한 사실이 확인된 날이 속하는 달의 다음 달부터 그 상속인에게 퇴직유족연금을 지급한다. 행방불명되었던 사람이 생존한 사실이 확인된 경우에는 그 생존한 사실이 확인된 날이 속하는 달의 다음 달부터 그 행방불명되었던 사람에게 퇴직연금 또는 조기퇴직연금을 지급하여야 한다.

(2) 분할연금의 요건과 액수

공무원연금에도 퇴직급여에 대해 분할연금이 신설되었다. 혼인기간(배우자가 공무원으로서 재직한 기간 중의 혼인기간으로서 별거, 가출 등의 사유로 인하여 실질적인 혼인관계가 존재하지 않았던 기간을 제외한 기간을 말한다)이 5년 이상인 사람이 배우자와 이혼하였을 것, 배우자였던 사람이 퇴직연금 또는 조기퇴직연금 수급권자일 것, 65세가 되었을 것 등 세 가지 요건을 모두 갖추면 그때부터 그가 생존하는 동안 배우자였던 사람의 퇴직연금 또는 조기퇴직연금을 분할한 일정한 금액의 연금(분할연금)을 받을 수 있다. 분할연금액은 배우자였던 사람의 퇴직연금액 또는 조기퇴직연금액 중 혼인기간에 해당하는 연금액을 균등하게 나눈 금액으로 한다. 분할연금은 요건을 모두 갖추게 된 때부터 3년 이내에 청구하여야 한다.

분할연금 수급권은 그 수급권을 취득한 후에 배우자였던 사람에게 생긴 사유로 퇴직연금 또는 조기퇴직연금의 수급권이 소멸·정지되어도 영향을 받지 아니한다. 다만, 형벌 등에 따른 사유로 배우자였던 사람의 퇴직연금액 또는 조기퇴직연금액이 감액되거나 지급이 정지된 경우에는 관련 법령에 따른다. 65세에 도달하기 전에 이혼하는 경우에는 이혼의 효력이 발생하는 때부터 분할연금을 미리 청구할 수 있다. 분할연금 선청구는 이혼의 효력이 발생하는 때부터 3년 이내에 하여야 하며, 65세에 도달하기 전에 분할연금 선청구를 취소할 수 있다. 이 경우 분할연금 선청구 및 선청구의 취소는 각각 1회로 한정한다.

퇴직연금 대신 퇴직연금일시금, 퇴직연금공제일시금, 퇴직일시금을 청구하는 공무원의 어느 하나에 해당하는 공무원의 배우자였던 사람(혼인기간이 5년 이상이고, 배우자였던 공무원의 퇴직급여청구 전에 이혼한 경우에 한정한다)에게는 청구에 따라 해당 급여를 분할하여 지급한다. 이 경우 이미 분할연금 선청구를 한 경우는 해당 급여에 대한 선청구로 본다. 분할 청구는 퇴직연금일시금, 퇴직연금공제일시금, 퇴직일시금의 청구일부터 3년 이내에 하여야 한다.

(3) 퇴직연금 또는 조기퇴직연금의 지급정지

퇴직연금 또는 조기퇴직연금의 수급자가 공무원·군인 또는 사립학교교직원, 선거에 의한 선출직 공무원, 국가가 전액 출자·출연한 공공기관에 임직원, 지방자치단체가 전액 출자·출연한 지방직영기업·지방공사 및 지방공단에 임직원, 지방자치단체가 전액 출자·출연한 기관에 임직원이 된 경우에는 그 재직기간 중 해당 연금 전부의 지급을 정지한다. 다만, 국가 또는 지방자치단체의 출자·출연기관의 임직원으로 근로소득금액이 전년도 공무원 전체의 기준소득월액 평균액의 160% 미만인 경우에는 그러하지 아니하다.

퇴직연금 또는 조기퇴직연금 수급자가 연금 외의 사업소득금액 또는 근로소득금액이 있고, 각 소득금액 또는 이를 합산한 소득금액의 월평균금액이 전년도 평균연금월액(퇴직연금액과 퇴직유족연금액을 합한 금액을 해당 수급자 수로 나눈 금액을 말한다)을 초과한 경우에는 퇴직연금 또는 조기퇴직연금에서 일부 금액의 지급을 정지한다. 이 경우 지급정지액은 퇴직연금 또는 조기퇴직연금의 1/2을 초과할 수 없다.

2) 퇴직유족급여

공무원연금의 퇴직유족급여는 퇴직유족연금, 퇴직유족연금부가금, 퇴직유족연금특별부가금, 퇴직유족연금일시금, 퇴직유족일시금이 있다. 급여를 받을 유족의 순위는 「민법」에 따라 상속받는 순위(배우자, 자녀, 부모, 손자녀, 조부모의 순)에 따른다. 같은 순위자가 2명 이상 있을 때에는 급여를 똑같이 나누어 지급한다. 공무원이거나 공무원이었던 사람이 사망한 경우에 급여를 받을 유족이 없을 때에는 대통령령으로 정하는 한도의 금액을 유족이 아닌 직계존비속에게 지급하고 직계존비속도 없을 때에는 그 공무원이거나 공무원이었던 사람을 위하여 사용할 수 있다.

공무원이거나 공무원이었던 사람으로서 퇴직연금 또는 조기퇴직연금을 받을 권리가 있는 사람이 사망한 경우 퇴직유족연금을 지급한다. 10년 이상 재직한 공무원이 재직 중 사망하면 퇴직유족연금(순직유족연금 포함) 외에 퇴직유족연금부가금을 따로 지급한다. 공무원이었던 사람이 퇴직 후 퇴직연금의 지급이 시작되기 전에 사망하거나 퇴직연금 또는 조기퇴직연금의 수급자가 연금 지급이 시작되는 달부터 3년 이내에 사망하면 퇴직유족연금 외에 퇴직유족연금특별부가금을 따로 지급한다. 10년 이상 재직한 공무원이 재직 중 사망한 경우 유족이 원할 때에는 퇴직유족연금과 퇴직유족연금부가금을 갈음하여 퇴직유족연금일시금을 지급한다.

퇴직유족연금은 공무원이거나 공무원이었던 사람이 받을 수 있는 퇴직연금액 또는 조기퇴직연금액의 60%로 한다. 다만, 퇴직연금 또는 조기퇴직연금을 받을 권리가 있는 사람이 해당 퇴직연금 지급이 시작되는 시점이 되기 전에 사망한 경우(미달연수 5년을 초과하여 사망한 경우에는 미달연수 4년 초과 5년 이내에 사망한 것으로 본다)에는 사망 당시의 조기퇴직연금 상당액의 60%로 한다. 퇴직유족연금부가금은 사망 당시의 퇴직연금일시금에 해당하는 금액의 25%로 한다. 퇴직유족연금특별부가금은 퇴직 당시의 퇴직연금일시금(퇴직연금공제일시금을 선택한 경우에는 연금을 선택한 기간에 해당하는 퇴직연금일시금을 말한다)에 해당하는 금액의 1/4에 {(36−사망 시까지 퇴직연금 또는 조기퇴직연금을 받을 수 있는 개월 수)×1/36} 비율을 곱한 금액으로 한다. 퇴직유족연금일시금의 금액에 관하여는 퇴직연금일시금을 준용한다.

퇴직유족연금을 받을 권리가 있는 사람이 1년 이상 행방불명인 경우에는 같은 순위자의 청구에 의하여 행방불명된 기간에 해당하는 연금을 같은 순위자에게 지급할 수 있고, 같은 순위자가 없을 때에는 다음 순위자의 청구에 의하여 행방불명된 기간에 해당하는 연금을 다음 순위자에게 지급할 수 있다. 퇴직유족연금을 받을 권리가 있는 사람이 사망한 때, 재혼한 때(사실상 혼인관계 포함), 사망한 공무원이었던 사람과의 친족관계가 종료된 때, 대통령령으로 정하는 정도의 장해 상태에 있지 아니한 자녀 또는 손자녀가 19세가 되었을 때, 대통령령으로 정하는 정도의 장해 상태로 퇴직유족연금을 받고 있던 사람의 장해 상태가 해소되었을 때 등의 어느 하나에 해당할 때에는 그 권리를 상실한다. 퇴직유족연금을 받을 권리가 있는 사람이 그 권리를 상실한 경우에 같은 순위자가 있을 때에는 그 같은 순위자에게 그 권리가 이전되고, 같은 순위자가 없을 때에는 다음 순위자에게 그 권리가 이전된다.

공무원이 10년 미만 재직하고 사망한 경우에는 그 유족에게 퇴직유족일시금을 지급한다. 퇴직유족일시금에 관하여는 퇴직일시금을 준용한다.

3) 비공무상 장해급여

공무원연금의 비공무상 장해급여는 비공무상 장해연금, 비공무상 장해일시금이 있다. 공무원이 공무 외의 사유로 생긴 질병 또는 부상으로 인하여 장해 상태가 되어 퇴직하였을 때 또는 퇴직 후에 그 질병 또는 부상으로 인하여 장해 상태로 되었을 때에는 장해등급에 따라 비공무상 장해연금 또는 장해일시금을 지급한다. 제1~7급은 비공무상 장해연금, 제8급 이하는 비공무상 장해일시금을 지급한다. 비공무상 장해연금의 금액은 기준소득월액에 등급에 따른 비율을 곱한 금액으로 한다. 제1~2급은 기준소득월액의 26%, 제3~4급은 22.75%, 제5~7급은 19.5%이다. 비공무상 장해일시금의 금액은 기준소득월액의 2.25배로 한다.

4) 퇴직수당

공무원연금의 퇴직수당은 일시금으로 지급된다. 공무원이 1년 이상 재직하고 퇴직하거나 사망한 경우에는 퇴직수당을 지급한다. 퇴직수당의 계산식은 '재직기간×기준소득월액×대통령령으로 정하는 비율'이다.

5) 급여의 조정

급여의 조정은 급여 상호 간의 조정, 다른 법령 등에 따른 급여와의 조정이 있다. 급여 상호 간의 조정에는 다음 몇 가지가 있다. 퇴직연금 또는 조기퇴직연금의 수급자가 본인의 연금 외에 퇴직유족연금을 함께 받게 된 경우에는 유족연금액의 1/2을 빼고 지급한다. 퇴직연금 또는 퇴역연금의 수급자가 재직기간을 합산받은 후 다시 퇴직하거나 사망한 경우에는 퇴직연금(퇴직연금공제일시금 포함), 조기퇴직연금(퇴직연금공제일시금 포함) 또는 퇴직유족연금(퇴직유족연금부가금 포함)만을 받을 수 있으며, 이를 갈음하여 일시금을 받을 수 없다. 조기퇴직연금의 수급자가 재직기간을 합산받은 후 다시 퇴직하거나 사망한 경우에는 조기퇴직연금(퇴직연금공제일시금 포함) 또는 퇴직유족연금(퇴직유족연금부가금 포함)만을 받을 수 있으며, 이를 갈음하여 일시금을 받을 수 없다. 이 경우 조기퇴직연금액은 재직기간을 합산하여 계산한 퇴직연금액에 재임용 전의 지급률을 적용한 금액으로 한다. 퇴직연금과 비공무상 장해급여는 함께 지급하지 아니한다.

다른 법령 등에 따른 급여와의 조정에는 다음이 대표적이다. 다른 법령에 따라 국가나 지방자치단체의 부담으로 이 법에 따른 급여와 같은 종류의 급여를 받는 사람에게는 그 급여에 상당하는 금액을 이 법에 따른 급여에서 빼고 지급한다. 「군인연금법」, 「사립학교교직원 연금법」 또는 「별정우체국법」에 따른 퇴역연금·퇴직연금 또는 조기퇴직연금의 수급자가 이 법에 따른 퇴직유족연금을 함께 받게 된 경우에는 퇴직유족연금액의 1/2을 빼고 지급한다. 비공무상 장해급여와 「공무원 재해보상법」에 따른 장해급여 수급권이 함께 발생한 경우에는 그중 하나를 선택하여 받을 수 있다. 퇴직연금 또는 조기퇴직연금을 받을 권리가 있는 공무원이 사망한 경우 해당 유족이 「공무원 재해보상법」에 따른 순직유족연금 또는 위험직무순직유족연금 수급권을 갖게 되었을 때에는 퇴직유족연금과 순직유족연금 또는 위험직무순직유족연금 중 하나를 선택하여 받을 수 있다.

6) 급여의 제한

급여의 제한은 고의 또는 중과실 등에 의한 급여의 제한, 진단 불응시의 급여 제한, 형벌 등에 따른 급여의 제한이 있다. 「공무원연금법」에 따른 급여를 받을 수 있는 사람이 고의로 질병·부상·장해를 발생하게 한 경우에는 해당 급여를 지급하지 아니한다. 퇴직유족급여를 받을 수 있는 사람이 공무원, 공무원이었던 사람 또는 퇴직유족급여를 받고 있는 사람을 고의로 사망하게 한 경우에는 그에 대한 퇴직유족급여를 지급하지 아니한다. 공무원이거나 공무원이었던 사람이 사망하기 전에 그의 사망으로 인하여 퇴직유족급여를 받을 수 있는 사람이 해당 같은 순위자 또는 앞선 순위자를 고의로 사망하게 한 경우에도 또한 같다. 이 법에 따른 급여를 받을 수 있는 사람이 고의로 질병·부상·장해의 정도를 악화되게 하거나 회복을 방해한 경우, 중대한 과실에 의하여 또는 정당한 사유 없이 요양에 관한 지시에 따르지 아니하여 질병·부상·장해를 발생하게 하거나 그 질병·부상·장해의 정도를 악화되게 하거나 회복을 방해한 경우에 해당하면 해당 급여의 전부 또는 일부를 지급하지 아니할 수 있다.

이 법에 따른 급여의 지급을 위하여 진단을 받아야 할 경우에 정당한 사유 없이 진단을 받지 아니할 때에는 해당 급여의 일부를 지급하지 아니할 수 있다.

공무원이거나 공무원이었던 사람이 재직 중의 사유(직무와 관련이 없는 과실로 인한 경우 및 소속 상관의 정당한 직무상의 명령에 따르다가 과실로 인한 경우는 제외한다)로 금고 이상의 형이 확정된 경우, 탄핵 또는 징계에 의하여 파면된 경우, 금품 및 향응 수수, 공금의 횡령·유용으로 징계에 의하여 해임된 경우에 해당하는 경우에는 퇴직급여 및 퇴직수당의 일부를 줄여 지급한다. 이 경우 퇴직급여액은 이미 낸 기여금의 총액에 「민법」 제379조에 따른 이자를 가산한 금액 이하로 줄일 수 없다.

7) 다른 공적 연금의 급여

「군인연금법」상 급여의 종류에는 퇴역연금, 퇴역연금일시금, 퇴역연금공제일시금, 퇴직일시금, 상이연금, 유족연금, 유족연금부가금, 유족연금특별부가금, 유족연금일시금, 유족일시금, 사망보상금, 장애보상금, 사망조위금, 재해부조금, 퇴직수당, 공무상요양비 등이 있다. 그중 퇴역연금, 퇴역연금일시금, 퇴역연금공제일시금, 퇴직일시금 등은 공무원연금의 퇴직급여에 해당되고, 유족연금, 유족연금부가금, 유족연금특별부가금, 유족연금일시금, 유족일시금, 사망보상금 등은 공

무원연금의 퇴직유족급여와 유사하다. 군인연금에는 상이연금, 공무
상요양비가 있다는 것이 공무원연금과 다르다. 상이연금은 군인이 공
무상 질병 또는 부상으로 인하여 장애 상태가 되어 퇴직한 때 또는 퇴
직 후에 그 질병 또는 부상으로 인하여 장애 상태가 된 때에는 그때부
터 사망할 때까지 장애정도에 따라 지급되는 것이고, 공무상요양비는
군인이 공무상 질병 또는 부상으로 인하여 요양을 하는 경우에는 지급
되는 것이다. 공무원의 경우 직무로 인한 부상 · 질병 · 장해 · 사망에
대해서는 「공무원 재해보상법」 제8조에 따른 급여를 지급한다.

군인연금의 급여 명칭이 공무원연금과 유사한 경우에는 지급요건이
나 지급액도 유사하지만 대체로 군인연금이 공무원연금보다 더 많다.
대표적인 것은 퇴역연금으로 군인이 20년 이상 복무하고 퇴직한 경우
에는 그때부터 사망할 때까지 지급한다. 공무원은 10년 이상 근무하
고 65세 이상이 되거나 '근무상한 연령이 60세 미만으로 정한 경우에
는 그 정년 또는 근무상한 연령이 되었을 때부터 5년이 경과한 때'부터
퇴직연금을 받을 수 있다. 예컨대, 소위 · 중위 · 대위의 정년은 43세
이고, 소령은 45세, 중령은 53세, 대령은 56세인데, 20년 이상 근무하
고 퇴역하면 그 직후부터 군인연금을 받을 수 있다. 이는 경찰공무원
이 경감 57세, 경정 60세로 퇴직하면 5년이 지난 후에 퇴직연금을 받
는 것과 다르다. 군인으로 복무하다 퇴역하면 사회에서 직업을 얻기가
쉽지 않다는 이유로 군인연금을 설계하였다. 이 때문에 군인연금은 기
금이 일찍 고갈되었고 매년 국방예산으로 3조 원가량을 보전한다.

사립학교교직원연금의 급여는 공무원연금과 사실상 같다. 교직원
의 퇴직 · 사망 · 장해(직무로 인한 경우를 제외)에 대해서는 「공무원연
금법」 제28조에 따른 급여를 지급하고, 교직원의 직무로 인한 부상 ·
질병 · 장해 · 사망에 대해서는 「공무원 재해보상법」 제8조에 따른 급

여를 지급한다. 제도가 비슷한 것은 사립학교교직원을 국공립학교의 교직원과 동일하게 처우하려고 만들어졌기 때문이다.

별정우체국직원연금은 장기급여로 퇴직급여, 유족급여, 비업무상 장해연금, 퇴직수당이 있고, 단기급여로 사망조위금, 재해부조금이 있다. 퇴직급여에는 퇴직연금, 퇴직연금일시금, 퇴직연금공제일시금, 퇴직일시금이 있고, 유족급여에는 유족연금, 유족연금부가금, 유족연금 특별부가금, 유족연금일시금, 유족일시금이 있다. 전체적으로 공무원연금과 유사하다.

5. 공무원연금 등의 관리운영

공무원연금은 공무원연금공단이 관리운영한다. 인사혁신처장의 권한 및 업무를 위탁받아 「공무원연금법」의 목적을 달성하기 위한 사업을 효율적으로 추진하기 위하여 공무원연금공단을 설립하였다. 공무원연금공단은 법인이고, 공무원연금 급여의 지급, 기여금, 부담금, 그밖의 비용 징수, 공무원연금기금을 불리기 위한 사업, 공무원 후생복지사업, 주택의 건설·공급·임대 또는 택지의 취득, 그리고 인사혁신처장 등 중앙행정기관의 장, 지방자치단체의 장 등으로부터 위탁받은 업무수행 등을 한다. 공단은 매 회계연도의 사업 운영계획과 예산에 관하여 인사혁신처장의 승인을 받아야 한다. 인사혁신처장은 공단에 대하여 그 사업에 관한 보고를 명하거나 사업 또는 재산상황을 검사하며, 정관의 변경을 명하는 등 감독상 필요한 조치를 할 수 있다.

공무원연금에 관한 사항을 심의하기 위하여 인사혁신처에 공무원연금운영위원회를 둔다. 이 위원회는 공무원연금 제도, 공무원연금 재정 계산, 기금운용 계획 및 결산, 기금에 의한 공무원 후생복지사업, 기금의 출연과 출자, 그 밖에 인사혁신처장이 공무원연금 운영에 필요하다고 인정하는 사항을 심의한다. 이 위원회는 위원장을 포함하여 15명 이상 20명 이하의 위원으로 구성하고, 위원장은 인사혁신처장이 되며, 위원은 인사혁신처장이 지명하거나 위촉한다.

군인연금은 국방부 군인연금과가 연금정책, 연금운영, 기금관리, 급여심의, 재정추계를 담당하고, 국군재정관리단이 연금급여, 연금연계를 맡으며, 국방부 전산정보원이 사업관리, 유지보수를 한다. 사립학교교직원연금은 사립학교교직원연금공단이 관리운영하고 교육부가 감독한다. 별정우체국직원연금은 별정우체국연금관리단이 관리운영하고 과학기술정보통신부가 감독한다.

6. 공무원연금 등의 활용과 과제

공무원연금, 군인연금, 사립학교교직원연금, 별정우체국직원연금 등은 국민연금에 비교하여 보험료율이 높고 급여의 수준도 높아 노후소득보장에 적절하다. 공무원연금 등은 연금으로서 기능을 충실히 하고 적용대상자가 이를 잘 활용하고 있기에 국민연금에 비교하여 과제가 많지 않다. 다음 몇 가지를 보완하면 더욱 우수한 공적 연금제도가 될 것이다.

첫째, 공무원연금 등의 적용대상자를 더욱 확대시켜야 한다. 공무원연금은 군인과 선거에 의하여 취임하는 공무원을 적용대상에서 제외시키고 있다. 군인은 군인연금이 별도로 있지만, 선출직 공무원을 적용대상에서 제외시키는 것은 납득하기 어렵다. 공무원연금은 당초 20년 이상 가입할 때만 받을 수 있었지만 현재 10년 이상만 가입하면 연금을 받을 수 있고, 10년 미만이라도 국민연금과 연계를 통해 연금을 받을 수 있다. 따라서 모든 공무원은 공무원연금에 가입할 수 있도록 해야 한다.

둘째, 공무원연금 등의 퇴직연금일시금, 퇴직연금공제일시금 제도를 폐지하거나 활용을 엄격히 제한해야 한다. 공무원연금은 퇴직연금을 받는 대신에 퇴직연금일시금이나 퇴직연금공제일시금을 받을 수 있다. 이는 국민연금에는 없는 제도인데, 평균수명의 증가로 노후 소득보장이 절실한 상황에서 일시금은 연금의 근본을 위태롭게 할 수 있다. 퇴직유족연금 대신에 퇴직유족연금일시금을 받을 수 있도록 한 것도 연금제도의 취지에 맞지 않다. 연금 대신에 일시금을 받는 것을 폐지하거나 일정한 연한(예: 20년)을 반드시 연금으로 받고 일부만 일시금으로 받을 수 있도록 제도 개선을 해야 한다.

셋째, 군인연금의 차별적인 우대 사항을 폐지해야 한다. 퇴역연금은 군인이 20년 이상 복무하고 퇴직한 경우에는 그때부터 사망할 때까지 지급한다. 계급정년을 고려할 때 소위·중위·대위로 퇴역한 사람은 43세, 소령은 45세, 중령은 53세, 대령은 56세 퇴역부터 바로 연금을 받을 수 있다. 이는 계급 정년이 있는 경찰공무원 등이 정년퇴직 후 5년이 지난 후에 퇴직연금을 타는 것과 비교된다. 일반적으로 연금은 노인이 타는 것인데, 노인이 아닌 사람이 연금을 타는 것은 합리적이지 않다. 퇴역연금의 지급시기를 공무원연금처럼 65세 이후로 하거나 정년퇴직 후 5년이 지난 후에 받도록 해야 한다. 퇴역연금 등의 지급요건이 불합리하여 군인연금 기금이 일찍 고갈되었는데, 지속 가능한 군인연금을 위해 제도를 시급히 개선해야 한다.

넷째, 공무원연금 등과 국민연금과의 연계를 실질적으로 확대해야 한다. 공무원연금, 군인연금, 사립학교교직원연금 간의 통산은 잘 정착되었다. 공무원연금 등은 국민연금과의 연계를 통해 합계 가입기간이 20년을 넘으면 가입기간만큼의 연금을 각 공단에서 탈 수 있다. 국민연금과의 연계를 널리 알려 공무원이나 교사가 되길 희망하는 청년이 18세가 되면 국민연금에 가입하고, 공무원이 조기에 퇴직하면 다시 국민연금에 보험료를 내서 공적 연금제도를 활용하는 문화를 정착시켜야 한다.

다섯째, 공무원연금 등의 기금을 보다 투명하게 관리하고 수익률을 높여야 한다. 공무원연금, 군인연금의 기금은 이미 고갈되었고, 사립학교교직원연금의 기금도 국민연금에 비교하여 일찍 고갈될 것이다. 연금은 보험료를 불입하고 장기간 수익을 내서 급여를 주도록 설계되었지만, 기금이 고갈되면 급여를 줄 재정이 불안정해진다. 공무원연금과 군인연금은 부족한 재정을 세금으로 보전하지만, 그 액수가 늘어나면 국민적 저항이 커질 것이다. 기금을 보다 투명하게 관리하고 수익률을 높여야 한다.

여섯째, 지속 가능한 연금제도를 위해 모든 공적 연금을 통합 일원화시키는 방안을 연구해야 한다. 공적 연금 중에서 군인연금과 공무원연금은 기금이 고갈되었고, 사립학교교직원연금, 별정우체국직원연금도 오래지 않아 고갈될 것이다. 공적 연금의 기금 고갈은 기여금과 부담금에 의한 수입보다 급여가 더 많기 때문이다. 급여를 낮추면 노후 소득보장이란 근본 목적이 훼손되기에 보험료율을 높이거나 지속 가능한 제도 개선을 중장기적으로 모색해야 한다. 과거 정부는 모든 공적 연금제도를 통합하는 방안을 검토한 바 있었다. 새로 연금에 가입하는 모든 사람은 국민연금에 가입하고, 기존 가입자는 기존 연금이 관리하는 방식을 도입함 직하다. 이렇게 하면 시간이 지남에 따라

모든 국민은 국민연금의 적용을 받을 수 있다. 국민연금의 보험료율을
조금씩 높여 소득보장을 보다 튼튼히 하면 모든 성인이 국민연금 하나
로 노후를 보장받을 수 있다.

💡 단원 정리

　한국에는 국민연금 외에 공무원연금, 군인연금, 사립학교교직원연금,
별정우체국직원연금 등 4개 공적 연금이 있다. 1960년에 공무원연금은
군인을 포함하여 전체 공무원을 대상으로 시작되었는데, 1963년에 군인
연금이 분리되었다. 1975년에 사립학교교직원연금과 1982년에 별정우체
국직원연금이 만들어졌다. 공무원연금과 사립학교교직원연금은 근거 법
령과 적용대상만 다를 뿐 급여내용은 같다. 군인연금은 공무원연금보다
급여 종류가 많고 급여수준도 높은 편이다. 별정우체국직원연금도 공무
원연금과 유사하다.

　「공무원연금법」에 근거하여 공무원연금공단이 인사혁신처장의 권한
및 업무를 위탁받아 공무원연금을 관리운영한다. 공무원연금공단의 수입
은 기여금, 부담금, 보전금, 공무원연금기금으로부터의 전입금 및 이입충
당금, 국가나 지방자치단체로부터의 보조금·차입금 및 그 밖의 수입금,
국가나 지방자치단체 등으로부터 위탁받은 업무를 위한 수입금이다. 지
출은 「공무원연금법」에 따른 급여금·적립금·반환금, 차입금의 상환금
과 그 이자, 국가나 지방자치단체 등으로부터 위탁받은 업무를 위한 지출
금, 그 밖에 공단 운영을 위한 경비 등이다.

　공무원연금의 재원은 주로 가입자인 공무원의 기여금과 사용자인 국
가 또는 지방자치단체의 부담금으로 충당된다. 공무원연금의 보험료율

은 18%이다. 이 중 공무원의 기여금은 기준소득월액의 9%이고, 국가 또는 지방자치단체의 부담금은 보수예산의 9%이다. 군인연금은 14%, 사립학교교직원연금, 별정우체국직원연금의 보험료율도 18%인데, 가입자가 9%, 사용자가 9%(사립학교교원은 법인이 5.294%, 정부가 3.706%)를 부담한다.

공무원연금은 공무원의 퇴직·사망 및 비공무상 장해에 대하여 급여를 제공한다. 급여의 범주는 크게 퇴직급여, 퇴직유족급여, 비공무상 장해급여, 퇴직수당이다. 이를 국민연금과 비교하면, 퇴직급여는 국민연금의 노령연금(과 반환일시금), 퇴직유족급여는 유족연금(과 사망일시금), 비공무상 장해급여는 장애연금, 퇴직수당은 「근로기준법」상 퇴직금과 유사하다.

공무원연금은 공무원연금공단이 관리운영한다. 군인연금은 국방부 군인연금과가 연금정책, 연금운영, 기금관리, 급여심의, 재정추계를 담당하고, 국군재정관리단이 연금급여, 연금연계를 맡으며, 국방부 전산정보원이 사업관리, 유지보수를 한다. 사립학교교직원연금은 사립학교교직원연금공단이 관리운영하고 교육부가 감독한다. 별정우체국직원연금은 별정우체국연금관리단이 관리운영하고 과학기술정보통신부가 감독한다.

공무원연금 등은 국민연금에 비교하여 보험료율이 높고 급여의 수준도 높아 노후 소득보장을 적절히 수행한다. 공무원연금 등은 연금으로서 기능을 충실히 하고 적용대상자가 이를 잘 활용하고 있기에 과제가 많지 않지만 다음 몇 가지를 보완해야 한다. 공무원연금 등의 적용대상자를 더욱 확대시켜야 한다. 퇴직연금일시금, 퇴직연금공제일시금 제도를 폐지하거나 활용을 엄격히 제한해야 한다. 군인연금의 차별적인 우대 사항을 폐지해야 한다. 공무원연금 등과 국민연금과의 연계를 실질적으로 확대해야 한다. 연금기금을 보다 투명하게 관리하고 수익률을 높여야 한다. 지속 가능한 연금제도를 위해 모든 공적 연금을 통합하는 방안을 연구해야 한다.

용어 정리

- **공무원연금**: 공무원연금은 공무원의 퇴직, 장해 또는 사망에 대하여 적절한 급여를 지급하고 후생복지를 지원함으로써 공무원 또는 그 유족의 생활안정과 복지향상에 이바지함을 목적으로 한 연금제도이다. 「공무원연금법」의 적용을 받는 공무원은 「국가공무원법」, 「지방공무원법」, 그 밖의 법률에 따른 공무원이다. 그 밖에 국가기관이나 지방자치단체에 근무하는 직원 중 대통령령으로 정하는 사람은 공무원연금의 적용을 받는다. 다만, 군인과 선거에 의하여 취임하는 공무원은 제외된다.

- **군인연금**: 군인연금은 군인이 상당한 기간을 성실히 복무하고 퇴직하거나, 심신의 장애로 인하여 퇴직하거나 사망한 경우 또는 공무상의 질병·부상으로 요양하는 경우에 본인이나 그 유족에게 적절한 급여를 지급함으로써 본인 및 그 유족의 생활안정과 복리향상에 이바지함을 목적으로 한 제도이다. 「군인연금법」은 현역 또는 소집되어 군에 복무하는 군인에게 적용한다.

- **사립학교교직원연금**: 사립학교교직원연금은 사립학교 교원 및 사무직원의 퇴직·사망 및 직무로 인한 질병·부상·장해에 대하여 적절한 급여제도를 확립함으로써 교직원 및 그 유족의 경제적 생활안정과 복리향상에 이바지함을 목적으로 한 제도이다. 교직원이란 「사립학교법」에 따라 그 임명에 관한 사항이 관할청에 보고된 교원과 임명된 사무직원을 말한다.

- **별정우체국직원연금**: 별정우체국직원연금은 우체국이 없는 지역에 별정우체국을 설치·운영하여 국민에게 편의를 제공하고, 직원의 퇴직과 사망에 대하여 적절한 급여제도를 확립함으로써 직원과 그 유족의 경제적 생활안정과 복리향상에 이바지함을 그 목적으로 한 제도이다. 직원이란 별정우체국장과 채용되어 근무하는 사람이다.

- **공무원연금의 유족**: 공무원연금의 유족이란 공무원이거나 공무원이었던 사람이 사망할 당시 그가 부양하고 있던 배우자, 자녀, 부모, 손자녀, 조부모 등을 말한다. 배우자는 재직 당시 혼인관계에 있던 사람으로 한정하며, 사실상 혼인관계에 있던 사람을 포함한다. 자녀(손자녀)는 퇴직일 이후에 출생하거나 입양한 자녀는 제외하되 퇴직 당시의 태아는 재직 중 출생한 자녀로 본다. 부모(조부모)는 퇴직일 이후에 입양된 경우의 부모는 제외한다.

- **공무원연금의 재원**: 공무원연금의 재원은 주로 가입자인 공무원의 기여금과 사용자인 국가 또는 지방자치단체의 부담금으로 충당된다. 퇴직급여, 퇴직유족급여 및 비공무상 장해급여에 드는 비용은 공무원과 국가 또는 지방자치단체가 부담한다. 다만, 퇴직수당 지급에 드는 비용은 국가나 지방자치단체가 부담한다. 퇴직수당은 노동자가 받는 퇴직금에 상응하는 것이므로 사용자의 부담이다. 공무원연금공단 운영에 드는 비용은 국가가 보조할 수 있다. 공무원연금의 보험료율은 18%이고, 그중 공무원의 기여금은 기준소득월액의 9%이며, 국가 또는 지방자치단체의 부담금은 보수예산의 9%이다.

- **공무원연금의 급여**: 공무원연금은 공무원의 퇴직·사망 및 비공무상 장해에 대하여 급여를 제공한다. 급여의 범주는 크게 퇴직급여, 퇴직유족급여, 비공무상 장해급여, 퇴직수당이다. 이를 국민연금과 비교하면, 퇴직급여는 국민연금의 노령연금(과 반환일시금), 퇴직유족급여는 유족연금(과 사망일시금), 비공무상 장해급여는 장애연금, 퇴직수당은 「근로기준법」상 퇴직금과 유사하다.

- **퇴직급여**: 공무원연금의 퇴직급여는 퇴직연금, 퇴직연금일시금, 퇴직연금공제일시금, 퇴직일시금이 있다. 공무원의 퇴직이란 면직, 사직, 그 밖에 사망 외의 사유로 인한 모든 해직을 말한다. 공무원연금의 퇴직급여에는 국민연금에 없는 퇴직연금일시금, 퇴직연금공제일시금이 있다.

- **분할연금**: 공무원연금에도 퇴직급여에 대해 분할연금이 신설되었다. 혼인기간이 5년 이상인 사람이 배우자와 이혼하였을 경우, 배우자였던 사람이 퇴직연금 또는 조기퇴직연금 수급권자일 경우, 65세가 되었을 경우 등 세 가지 요

건을 모두 갖추면 그때부터 그가 생존하는 동안 배우자였던 사람의 퇴직연금 또는 조기퇴직연금을 분할한 일정한 금액의 연금(분할연금)을 받을 수 있다. 분할연금액은 혼인기간에 해당하는 연금액을 균등하게 나눈 금액으로 한다.

- **퇴직유족급여**: 공무원연금의 퇴직유족급여는 퇴직유족연금, 퇴직유족연금부가금, 퇴직유족연금특별부가금, 퇴직유족연금일시금, 퇴직유족일시금이 있다. 급여를 받을 유족의 순위는 「민법」에 따라 상속받는 순위(배우자, 자녀, 부모, 손자녀, 조부모의 순)에 따른다. 같은 순위자가 2명 이상 있을 때에는 급여를 똑같이 나누어 지급한다. 급여를 받을 유족이 없을 때에는 대통령령으로 정하는 한도의 금액을 유족이 아닌 직계존비속에게 지급하고 직계존비속도 없을 때에는 그 공무원이거나 공무원이었던 사람을 위하여 사용할 수 있다.

- **비공무상 장해급여**: 공무원연금의 비공무상 장해급여는 비공무상 장해연금, 비공무상 장해일시금이 있다. 공무원이 공무 외의 사유로 생긴 질병 또는 부상으로 인하여 장해 상태가 되어 퇴직하였을 때 또는 퇴직 후에 그 질병 또는 부상으로 인하여 장해 상태로 되었을 때에는 장해등급에 따라 비공무상 장해연금 또는 장해일시금을 지급한다. 제1~7급은 비공무상 장해연금, 제8급 이하는 비공무상 장해일시금을 지급한다.

- **퇴직수당**: 공무원연금의 퇴직수당은 일시금으로 지급된다. 공무원이 1년 이상 재직하고 퇴직하거나 사망한 경우에는 퇴직수당을 지급한다. 퇴직수당의 계산식은 '재직기간×기준소득월액×대통령령으로 정하는 비율'이다.

- **공무원연금공단**: 공무원연금은 공무원연금공단이 관리운영한다. 공무원연금공단은 법인이고, 공무원연금 급여의 지급, 기여금, 부담금, 그 밖의 비용 징수, 공무원연금기금을 불리기 위한 사업, 공무원 후생복지사업, 주택의 건설·공급·임대 또는 택지의 취득, 그리고 인사혁신처장 등 중앙행정기관의 장, 지방자치단체의 장 등으로부터 위탁받은 업무수행 등을 한다.

제5장

건강보험

1. 건강보험의 정의와 역사

　건강보험은 국민의 질병·부상에 대한 예방·진단·치료·재활과 출산·사망 및 건강증진에 대하여 보험급여를 실시함으로써 국민보건을 향상시키고 사회보장을 증진함을 목적으로 하는 사회보험이다.

　한국 건강보험은 1963년에 임의적용 의료보험으로 시작되었다가 1977년부터 강제적용체제로 전환되어 본격적으로 시행되었다. 처음에는 사업장 노동자에게 적용되었고, 1979년에는 공무원과 사립학교 교직원에게, 1988년에는 군지역 농어민에게, 1989년에는 도시자영자에게 당연적용되어 12년 만에 전 국민 의료보험 시대가 열렸다.

　초기 의료보험은 그 적용대상자를 직장가입자와 지역가입자로 크게 나누었다. 직장가입자는 다시 대기업은 그룹 단위로, 중소기업은 지구 단위로 직장 의료보험조합을 구성하고, 농어민과 자영자인 지역가입자는 시·군·구 지역의료보험조합을 구성하여 독립채산제로 운영되었다. 이와 별도로 공무원 및 사립학교교직원 의료보험관리공단이 있었는데, 1998년 10월부터 종전 지역의료보험과 통합되어 국민의료보험관리공단이 되었고, 다시 2000년 7월에 직장의료보험조합까지 모두 통합되어 국민건강보험공단으로 바뀌었다. 현재 의료급여(예전에 의료보호) 대상자를 제외한 전 국민은 건강보험제도 속에서 관리운영되고 있다.

2. 건강보험의 적용대상

의료급여 수급자를 제외한 모든 국민은 건강보험의 당연가입 대상자이다. 건강보험의 적용대상자는 직장가입자, 지역가입자로 나뉘고, 지역가입자는 다시 농어민, 도시자영자로 나뉜다.

2022년 건강보험 적용 인구는 직장가입자(피부양자 포함)가 3,663만 명으로 전체의 71.3%이고, 지역가입자(세대원 포함)가 1,478만 명으로 전체의 28.7%이며, 합계 5,141만 명으로 국민의 97.1%이다. 건강보험 가입자가 아닌 사람은 대부분 의료급여 수급자이다.

3. 건강보험의 재원

건강보험의 재원은 건강보험료가 중심이고 정부의 세금, 기금 이자 수입 등으로 보충된다. 1인 이상 고용사업장에서 일하는 사람은 직장가입자이고, 나머지는 지역가입자(농어민, 도시자영자)이다. 건강보험은 가구 단위로 서비스를 받아서 소득이 없는 피부양가족은 주된 소득자의 건강보험에 등재되어 서비스를 받을 수 있다. 건강보험 대상자 중 피부양자는 직장가입자에 의하여 주로 생계를 유지하는 자로서 보수 또는 소득이 없는 자를 의미하며, 직장가입자의 배우자, 직계존속(배우자의 직계존속 포함), 직계비속(배우자의 직계비속 포함)과 그 배우자, 형제자매를 포함한다.

건강보험 직장가입자에게는 주로 근로소득에만 보험료를 부과하고, 지역가입자에게는 소득, 재산, 승용차에 보험료를 부과하고, 소득액이 낮은 경우에는 가족 수에도 부과하였다. 이러한 부과체계는 직장가입자가 근로소득 이외에 다른 소득(예: 임대료 등 재산소득)이 있어도 고액이 아니면 보험료를 부과하지 않고, 지역가입자의 경우 소득능력이 없는 가족에게도 보험료를 부과하는 것은 부적절하다는 비판을 받았다. 이러한 부과체계는 소득이 많은 사람에게 더 많은 보험료를 부과하고, 소득이 낮은 사람에게는 보험료를 덜 내도록 개편되었다.

2016년에는 금융소득·연금소득과 근로·기타소득이 각각 연간 4천만 원을 넘지 않고, 과표 재산이 9억 원 이하(실거래가격 약 18억 원)면 피부양자로 등재될 수 있었다. 개편 후에는 합산소득이 3,400만 원(1단계, 2018년 7월 시행), 2천만 원(2단계, 2022년 9월 적용)을 넘으면 피부양자 자격을 잃게 된다. 재산도 과표로 5억 4천만 원(1단계), 3억 6천만 원(2단계) 초과 시 피부양자에서 제외된다. 과거 피부양자로 건강보험을 받았던 사람도 소득과 재산이 많으면 건강보험에 직접 가입해야 급여를 받을 수 있게 된다. 새 기준은 저소득층 가구의 보험료를 내리고, 고소득층의 보험료를 조금 올린다. 과표를 초과해도 연 1천만 원 이상의 소득이 없으면 피부양자 자격을 유지할 수 있다.

대부분 직장가입자의 건강보험료는 보수월액에 보험료율을 곱해서 산정된다. 보수월액은 직장가입자가 당해 연도에 받은 보수총액을 근무월수로 나눈 금액이다. 보수월액은 상한선과 하한선이 있어서 2024년에 11,963만 원을 초과하면 11,963만 원으로 간주되고, 28만 원 미만이면 28만 원으로 간주된다. 이 기준은 매년 조금씩 인상되는 경향이 있다. 건강보험료율은 2024년에 7.09%(노동자 3.545% + 사용자 3.545%; 단, 사립학교교원의 경우 피보험자인 교원이 보험료의 50%, 학교법인이 30%, 국가가 20%를 분담)인데 매년 조금씩 인상되는 경향이 있다.

추가로 소득월액은 보수월액에 포함된 보수를 제외한 직장가입자의 소득으로 이자, 배당, 사업, 근로, 연금, 기타소득을 12로 나눈 금액이다. 근로소득, 연금소득은 50%를 적용한다. 보수 외 소득의 2,000만 원 초과금액에 대한 소득월액보험료는 [{(소득월액 × 보험료율(7.09%)}]이다.

과거 지역가입자의 보험료는 가입자의 소득, 재산(전월세·자동차 포함), 세대원의 성·연령을 고려한 생활수준 및 경제활동참가율을 참작하여 정한 부과요소별 점수를 합산한 보험료 부과점수에 점수당 금액을 곱하여 보험료 산정 후 경감률 등을 적용하여 세대 단위로 부과되었다. 보험료 부과체계는 연소득 336만 원 이하 세대와 초과 세대로 나뉘었다. 연소득 336만 원 이하 세대는 소득최저보험료(19,780원) + [부과요소별 부과점수{재산(전월세 포함)} × 부과점수당 금액]이었다. 연소득 336만 원 초과 세대는 [부과요소별 부과점수{소득 + 재산(전월세 포함)} × 부과점수당 금액]이었다. 2024년의 부과점수당 금액은 208.4원이고 매년 조금씩 인상되는 경향이 있다.

2018년 7월부터 건강보험료 부과체계가 개편되어 저소득 지역가입자의 건강보험료 부담이 큰 폭으로 낮아졌다. 연간 소득 500만 원 이하 지역가입자 세대에 성, 연령, 재산, 자동차 등으로 소득을 추정해서 부과하던 이른바 '평가소득' 보험료를 폐지하였다. 소득이 거의 없는 사람에게 '머릿수'를 계산하여 보험료를 부과하는 것은 사회보험의 원리에 맞지 않다는 주장이 수용된 것이다.

건강보험공단이 보험료를 매기는 소득은 사업소득, 금융소득(이자+배당소득), 근로소득, 기타소득, 공적 연금소득이다. 이 가운데 지역가입자 사업소득과 금융소득, 기타소득은 필요경비를 90%까지 제외한 소득금액을 보험료 부과에 적용한다. 특히 연소득 100만 원 이하(필요경비비율 90%를 고려하면 총수입 연 1천만 원 이하)인 저소득 지역가입자 451만 세대에는 '최저보험료'를 일괄 적용해 월 13,100원(2024년에는 19,780원)만 내면 된다.

또한 지역가입자 보유 재산과 자동차에 매기던 건강보험료를 낮춰 부담을 줄였다. 재산 보험료는 재산금액 구간에 따라 과세표준액에서 500~1,200만 원을 공제한 뒤 부과된다. 이렇게 되면 349만 세대(재산 보험료를 내는 지역가입자의 58%)의 재산 보험료가 평균 40% 감소한다. 가격에 비교하여 지나치게 높게 평가받았던 '자동차'에 부과되었던 보험료가 낮아졌다. 배기량 1,600cc 이하의 소형차, 9년 이상 사용한 자동차, 생계형으로 볼 수 있는 승합·화물·특수자동차는 보험료 부과대상에서 빠진다. 중·대형 승용차(3,000cc 이하)에 대해서는 보험료를 30% 감액한다. 이런 조치로 288만 세대(자동차를 보유한 지역가입자의 98%) 자동차에 매기는 건강보험료는 평균 55% 인하된다. 자동차에 부과된 건강보험료는 2024년 2월부터 폐지되었다.

2022년 보험료 부과액은 76조 7,703억 원이고, 그중 직장보험료는 66조 6,845억 원, 지역보험료는 10조 858억 원이며, 세대당 월평균 보험료는 12만 9,832원(직장 14만 5,553원, 지역 9만 5,221원)이었다. 건강보험 적용대상자 1인당 연간 보험료는 149만 3,677원이었고, 보험급여비는 162만 3,967원으로 보험료 대비 급여비는 109%였다. 이는 건강보험에 가입한 사람과 그 부양가족이 납부한 보험료보다 건강보험 급여(요양급여, 건강검진 등)를 더 많이 받는다는 뜻이다. 이와 같은 구조는 보험료 외에도 세금으로 조성되는 돈이 있기에 가능하다.

2023년 국민건강보험공단의 총수입은 94조 9,113억 원이고, 총지출은 90조 7,837억 원으로 단기수지는 4조 1,276억 원인데 누적수지는 27조 9,977억 원이다. 건강보험의 보장성을 강화하기 위해 보험급여를 확충하였지만, 누적흑자가 28조 원이 넘어 재정은 안정적이다.

* 국민건강보험공단 http://www.nhic.or.kr

4. 건강보험의 급여

건강보험은 적용을 받는 피보험자와 피부양자가 질병, 부상, 분만, 사망과 같은 위험에 처하였을 때 보호하고 건강을 유지·증진시키기 위하여 각종 형태로 실시하는 의료서비스이다. 보험급여의 핵심인 요양급여, 건강검진은 현물인 의료서비스로 지급되고, 요양비, 본인부담금보상금 등은 현금으로 지급된다. 모든 보험급여는 원칙적으로 피보험자와 피부양자에게 똑같이 적용된다.

1) 요양급여

국민이 병의원, 한방병의원, 치과병의원, 약국 등에서 받는 것은 요양급여이다. 요양급여는 피보험자와 피부양자의 질병 또는 부상에 대한 진찰, 약제 또는 치료 재료의 지급, 처치, 수술 및 기타의 치료, 의료시설에의 수용, 간호, 이송 등을 말한다.

건강보험의 핵심인 요양급여는 요양취급기관의 종류와 등급, 입원과 외래에 따라 달라진다. 입원진료는 요양급여비용 총액의 80%를 보험 처리하고 20%를 본인이 부담한다. 치료목적상 꼭 필요한 경우(질병에 따라 사용 횟수에 제한)에는 CT, MRI 등도 보험급여에 포함시키지만, 예방 목적의 검사 등일 때에는 전액 본인이 부담하여야 한다. 입원 시식비는 50%가 보험 처리된다.

외래진료는 요양기관 종류와 소재지에 따라 달라진다. 의원은 진료비의 70%, 병원은 60%, 종합병원은 50%, 상급종합병원은 40%를 보험 처리하고 나머지는 본인이 부담하여야 한다.

상급종합병원(흔히 대학병원)은 '모든 지역 일반환자 진찰료 총액＋(요양급여비용 총액－진찰료 총액)의 60%'를 본인이 부담하고, 나머지를 보험으로 처리한다. 다만, 임신부 외래진료의 경우에는 요양급여비용 총액의 40%, 1세 미만 영유아 외래진료의 경우에는 요양급여비용 총액의 20%를 본인에게 부과한다. 상급종합병원에서 약을 먹을 경우에는 '예외환자 진찰료 총액＋(요양급여비용 총액－약값 총액－진찰료 총액)의 60%＋약값 총액의 30%'를 본인이 부담한다.

종합병원의 외래진료 시 본인부담금은 동지역 일반환자 요양급여비용 총액의 50%이다. 임신부 외래진료의 경우에는 30%, 1세 미만 영유아 외래진료의 경우에는 15%를 본인이 부담하고 나머지를 보험 처리한다.

병원, 치과병원, 한방병원, 요양병원은 동지역 일반환자 요양급여비용 총액의 40%(임신부 외래진료의 경우에는 20%, 1세 미만 영유아 외래진료의 경우에는 10%)를 본인이 부담하고 나머지를 보험 처리한다. 종합병원, 병원이 군지역에 있는 경우에는 외래진료비의 5%를 추가로 보험 처리하고 본인부담금을 5%를 낮추어 준다.

의원, 치과의원, 한의원, 보건의료원은 모든 지역 일반환자 요양급여비용 총액의 30%(임신부 외래진료의 경우에는 10%, 1세 미만 영유아 외래진료의 경우에는 5%)를 본인이 부담하고, 나머지를 보험 처리한다.

보건소, 보건지소, 보건진료소의 경우 모든 지역 요양급여비용 총액의 30%를 본인이 부담하고 나머지를 보험 처리한다. 다만, 의원과 보건소 등에서 요양급여를 받는 사람이 65세 이상이면서 해당 요양급여비용 총액이 보건복지부령으로 정하는 금액을 넘지 않으면 보건복지부령으로 정하는 금액을 본인일부부담금으로 한다.

요양급여를 제외한 의료비는 모두 본인이 부담해야 하는데, 이는 피보험자가 (상급)종합병원과 병원을 불필요하게 이용하는 것을 억제하여 보험재정을 안정화시키려는 의도이다. 피보험자와 피부양자가 요양기관에서 출산하게 되면 요양급여와 동일한 방법으로 분만급여를 받게 된다. 분만은 정상분만뿐만 아니라 난산과 유산, 제왕절개수술 등과 같은 이상분만, 사산의 경우도 급여 대상이 된다. 자녀 수에 관계없고, 2박 3일로 제한된 분만급여기간을 1997년 9월 1일부터는 철폐하여 산모의 상태에 따라서 입원기간을 연장할 수 있다.

2) 건강검진

건강검진만 잘 받아도 건강을 지킬 수 있다. 건강검진은 일반건강검진, 암검진, 생애전환기건강진단, 영유아건강검진이 있는데, 일반건강검진을 충실하게 받는 것이 기본이다.

일반건강검진은 건강보험에 가입한 지역세대주, 직장가입자, 만 20세 이상 세대원과 피부양자가 매 2년마다 1회(비사무직은 매년) 무료로 받을 수 있다. 지역가입자에게는 집으로, 직장가입자에게는 직장으로 건강검진표가 오기에 검진기관(병원)을 선택해 가거나 직장으로 검진기관이 찾아올 때 받으면 된다. 매년 혹은 2년에 한 번씩 반드시 건강검진을 받는 것이 중요하다.

생애전환기건강진단은 만 40세가 될 때 일반건강검진의 항목에 암 검진 등이 포함되고, 66세가 될 때에는 골밀도검사, 노인신체기능검사 등이 추가되어 받을 수 있다. 본인이 원하면 음주·운동·영양·비만 등 생활습관검사, 우울증·치매선별검사, 고혈압·당뇨 2차 확진검사 도 무료로 받을 수 있다.

매년 혹은 2년에 한 번씩 건강검진을 받은 후 추가 검진을 받는 것도 중요하다. 1차 검진 결과에서 '고혈압·당뇨병 질환의심자로 판정된 사람과 만 70세와 74세 1차 검진 수검자 중 인지기능장애 고위험군'은 2차 검진을 받도록 통보받는다. 고혈압 의심자는 혈압 측정을 받고, 당뇨병 의심자는 공복혈당 측정을 받으며, 인지기능장애 고위험군은 치매선별검사를 받을 수 있다. 정기적인 건강검진을 통해 질병을 조기 에 발견할 수 있고, 성인병이나 치매를 빨리 대처할 수 있기에 건강검 진을 꼭 받는 것이 중요하다.

건강검진은 큰 병이 들 때 진료받을 병원에서 받으면 좋다. 건강검 진을 받을 때마다 다른 병원을 이용하다 보면, 막상 큰 병이 걸릴 때 축 적된 건강정보를 확인할 길이 없다. 암·고혈압·당뇨병 등을 잘 치료 할 수 있는 병원에서 평소 건강검진을 해서 본인의 건강정보를 축적해 놓는 것이 좋다. 많은 만성질환은 장기간 건강정보를 축적하면 예방 또는 관리가 가능하기에 건강검진 결과를 보관하고 활용할 수 있다. 일부 질병은 가족력과 상관성이 높아 가족이 한 병원에서 건강검진을 받는 것도 좋다. 건강검진은 큰 병이 걸렸을 때 이용할 의료기관에서 정기적으로 받은 것이 이익이다.

20~30대 무상 건강검진

2019년부터 20~30대 모든 청년은 무상으로 건강검진을 받을 수 있다. 그동안 40세 이상 모든 국민과 건강보험료를 내는 국민은 건강검진을 받았지만, 본인이 직접 보험료를 내지 않은 피부양자(피보험자의 가족)는 건강검진의 사각지대에 있었다. 청년도 체계적인 건강관리가 필요하다는 사회적 합의가 있어 관련 법률을 개정하였고, 20세 이상 모든 국민은 건강검진을 받을 수 있으니 해당되는 사람은 활용하기 바란다.

2018년까지 20~30대 중 직장가입자와 지역가입자의 '세대주'만 주기적으로 건강검진을 받을 수 있었지만, 직장가입자의 피부양자와 지역가입자의 세대원 중 20~30대는 무상으로 건강검진을 받을 수 없었다. 이 때문에 미취업 청년과 전업주부 등 약 720만 명(직장가입자 피부양자 461만 3천 명과 지역가입자 세대원 246만 8천 명, 의료급여 수급권자의 세대원 11만 4천 명)은 건강검진대상에서 제외되었다. 이에 일부 국회의원들은 청년과 전업주부들도 건강검진 혜택을 받을 수 있도록 법안을 발의하였고, 이 법안이 국회에서 통과되었다. 개정법에 따라 2019년부터 일반건강검진 대상자가 '20세 이상인 지역가입자'와 '20세 이상인 피부양자'로 확대되었다.

정부는 20~30대 청년의 자살사망률이 높은 점을 고려해 일반건강검진 항목 이외에도 정신건강검사를 받을 수 있게 하였다. 정신질환을 조기에 발견하여 치료할 수 있게 20~34세 청년은 2년마다 정신건강검사를 받을 수 있다. 과거 건강검진에서 우울증 검사는 40세, 50세, 60세, 70세에만 각 1회 시행하였다. 통계청의 2015년 사망원인통계를 보면, 20대와 30대의 사망원인 1위는 자살이었다. 자살은 20대 사망 원인 중 43.8%이고 30대 사망 원인의 35.8%였다.

　일반건강검진을 받을 때 암검진을 함께 받는 것이 좋다. 본인이 필요해서 암검진을 받으면 비용이 많이 들지만, 일반건강검진을 받을 때 위암·대장암·간암·유방암·자궁경부암·폐암 등 6대 암검진도 함께 받으면 매우 경제적이다. 의료급여 수급권자와 건강보험 가입자 및 피부양자 중 소득 하위 50%인 사람은 암검진을 무상으로 받고, 소득 상위 50%인 사람도 검사비의 10%만 내고 받을 수 있다.

　자궁경부암검진은 20세 이상 여성이 2년에 한 번, 대장암검진은 50세 이상 남녀가 1년에 한 번 무상으로 받을 수 있다. 위암은 40세 이상 남녀가 2년에 한 번, 유방암은 40세 이상 여성이 2년에 한 번, 간암은 40세 이상 남녀로 간경변증이나 B형 간염바이러스 항원 또는 C형 간염바이러스 항체 양성으로 확인된 사람이 6개월에 한 번, 폐암은 54세에서 74세 중 30갑년(하루 한 갑씩 30년간 흡연자)인 사람이 받을 수 있다. 해당 연령 국민은 특별한 증상이 없어도 2년에 한 번씩 암검사를 받고, 가족력이 있거나 증상이 의심되는 사람은 집중적으로 관리하는 것이 좋다. 자신의 생년을 기준으로 홀수 해에 태어난 사람은 홀수 해에, 짝수 해에 태어난 사람은 짝수 해에 검진을 받으면 되고, 놓치면 다음 해에 받을 수 있다.

　조직검사 결과, 암환자로 확진된 경우에는 조기에 치료를 받는다. 암환자로 등록하면 건강보험 요양급여에 대한 본인부담금을 낮추어 주고, 암치료비 지원사업과 재가암 관리사업을 받을 수도 있기에 사는 지역의 보건소에 암환자로 등록하는 것이 좋다.

　암·희귀난치질환 등록자는 입원·외래·약국을 불문하고 등록일부터 5년간 본인부담금을 경감받는다. 등록 암환자는 총진료비의 5%만 환자가 부담하고, 미등록 시에는 외래 시 총진료비의 20%를 본인이 부담해야 한다. 암환자는 보건소에 등록만 해도 진료비를 20%에서 5%

로 획기적으로 줄일 수 있다. 다만, 건강보험으로 처리된 진료비에 대한 본인부담금이 5%이고, 비급여 항목에 대해서는 전액 본인이 부담해야 하기에 가급적 건강보험으로 치료를 받아야 부담을 줄일 수 있다.

* 국민건강보험 일산병원 https://www.nhimc.or.kr

3) 임신과 출산 지원

정부는 초저출산 문제를 완화시키기 위해 임신 · 출산 관련 진료비를 낮추고 있다. 임신기간 외래 본인부담률을 20%포인트 일괄 인하하였고, 난임시술에 대해 건강보험을 적용하고, 난임 휴가제를 시행한다.

난임부부는 여러 차례 시술을 받아야 임신에 성공하는 경우가 많은데, 시술비의 부담으로 임신을 포기하는 부부도 많았다. 정부는 난임부부에게 시술비를 지원하여 경제적 부담을 줄였다. 체외수정 시술 등 특정 치료를 통해서만 임신이 가능한 일정 소득 이하 부부가 신청하면 시술비를 지원받을 수 있다. 법적 혼인 상태에 있는 난임부부로서 접수일 현재 부인의 연령이 만 44세 이하이고, 전국 가구 월평균소득의 150% 이하인 사람은 시 · 군 · 구와 보건소에 신청하면 지원받을 수 있다. 체외수정 시술 시 신선배아는 회당 190만 원 범위 내에서 총 3회, 동결배아는 회당 60만 원 범위 내에서 총 3회, 인공수정은 회당 50만 원 범위 내에서 최대 3회를 지원받을 수 있다.

또한 고위험임산부에 대한 '비급여 입원진료비 중 50만 원 초과액의 90% 지원'을 '비급여 입원진료비의 90% 지원'으로 확대한다. 분만취약지 2개소와 고위험 산모-신생아 통합치료센터 4개소를 추가로 선정하고, 둘째아 이상 출산가정에 대한 산모-신생아 건강관리 서비스 지원을 확대한다.

하지만 임신·출산과 관련된 진료비의 지원만으로 출산율을 높이는 데는 일정한 한계가 있다. 여성 노동자가 결혼과 동시에 직장을 그만두었던 관행은 크게 개선되었지만, 임신과 출산을 계기로 직장을 그만두는 여성은 줄지 않고 있다. 아이를 사회적으로 돌보는 체계에 사각지대가 많고, 가족구성원에 의한 돌봄을 희망하는 욕구도 적지 않기 때문이다.

4) 현금급여

건강보험의 급여 중 요양비, 장애인보장구, 본인부담금상한제, 임신출산진료비 등은 현금으로 받는다. 요양비, 본인부담금상한제는 가입자와 피부양자 모두가 받을 수 있고, 장애인보장구는 등록된 장애인, 임신출산진료비는 임산부만 받을 수 있다.

요양비는 당뇨병환자 소모성 재료 구입비, 인공호흡기치료 서비스, 자가도뇨 소모성 재료, 산소치료 서비스, 복막관류액 및 자동복막투석 소모성 재료, 기침유발기 대여료 등이 있다. 등록된 환자가 지정된 것을 지원받을 수 있다. 예컨대, 인공호흡기 급여 대상자로 등록된 환자가 의사의 처방전에 따라 공단에 등록된 업소에서 인공호흡기치료 서비스를 받을 수 있다. 건강보험대상자는 기준금액이나 실구입가 중 적은 금액의 90%까지, 차상위 본인부담경감대상자는 전액을 지원받을 수 있다. 요양비는 피보험자와 피부양자가 긴급 또는 기타 부득이한 사유로 인하여 업무정지 처분 기관 중인 요양기관 등에서 요양을 받은 때에도 요양급여에 상당하는 금액을 받는다.

장애인보장구는 장애의 유형과 수준에 따라 보장구를 구입할 수 있는 비용을 받는다. 당사자가 더 비싼 보장구를 살 때에는 지정된 금액만 받을 수 있다.

본인부담금상한제는 수진자 1인이 부담한 연간 본인부담금 총액이 가입자 소득수준에 따른 본인부담 상한액을 초과하는 경우, 그 초과금액을 환자에게 돌려주는 제도이다(비급여 항목 제외). 2024년 소득 10분위를 7단계로 나누어서 1분위는 87만 원을 초과하면, 2~3분위는 108만 원, 4~5분위는 167만 원, 6~7분위는 313만 원, 8분위는 428만 원, 9분위는 514만 원, 10분위는 808만 원 초과 시에 초과금액을 내지 않거나 돌려받을 수 있다. 이는 일반병원의 기준이고 요양병원(입원일 수 120일 초과 시)은 1분위는 138만 원, 2~3분위는 174만 원, 4~5분위는 235만 원, 6~7분위는 388만 원, 8분위는 557만 원, 9분위는 669만 원, 10분위는 1,050만 원 초과 시에 받을 수 있다.

임신출산진료비는 요양취급기관에서 분만하지 않았을 경우에는 분만급여에 상응하는 비용(25만 원)을 현금으로 받을 수 있다.

5) 건강보험의 보장성 강화

문재인 정부에서 건강보험은 각 영역에서 보장성이 강화되었다. 어린이 병원입원비 본인부담 경감, 노인 의원급 외래진료비 정액제 개선, 틀니와 임플란트 건강보험 적용, 치매국가책임제도가 대표적이다.

어린이 병원입원비 본인부담금이 5%로 낮추어졌다. 어린이병원비 국가보장추진연대는 15세 이하 모든 아동의 입원치료비를 무상으로 하자는 운동을 펼쳤다. 이 운동의 결과로 문재인 정부는 15세 이하 어린이의 병원입원비 본인부담비율을 20%에서 5%로 낮추었다.

2019년부터 아동 의료비가 크게 줄었다. 1세 미만 아동은 종별(의원, 병원, 종합병원, 상급종합병원) 외래 이용 시 본인부담이 21~42%이었으나, 2019년에 5~20%로 본인부담이 완화되었다. 임산부의 임신·출산 관련 의료비와 1세 미만 영유아의 모든 진료비용을 지원금액 한도(단태아 60만 원, 다태아 100만 원) 내에서 출산일로부터 1년 동안 사용할 수 있게 되었다. 12세 이하 아동을 대상으로 광중합형 복합레진 충전 충치치료에 건강보험이 적용되어 환자 본인부담이 치아 1개당 10여만 원에서 약 2.5만 원으로 줄었다.

　65세 이상 노인이 의원에서 외래진료를 받으면 본인부담금이 더 낮아졌다. 2001년부터 국가는 노인이 의원급 의료기관에서 외래진료를 받으면 총진료비가 15,000원 이하면 일률적으로 1,500원만 부과하고, 이를 초과하면 진료비 총액의 30%를 본인에게 부담하게 하였다. 그동안 진료비가 인상되었기에 총진료비 액수에 따라 본인부담금의 비율을 조금씩 인상하는 개선방안을 마련하였다. 총진료비가 15,000원 이하면 본인이 1,500원을 내고, 총진료비가 15,000원 초과~2만 원 이하이면 본인부담률은 10%, 2만 원 초과~25,000원 이하이면 20%, 25,000원 초과하면 30%로 차등 적용한다. 총진료비가 2만 원이면 본인부담금은 2,000원, 총진료비가 25,000원이면 본인부담금은 5,000원으로 줄었다.

　틀니와 임플란트 시술에 대한 건강보험 적용 연령이 만 65세 이상으로 확대되었다. 틀니와 임플란트 시술에 건강보험을 적용하면 시중 가격의 절반으로 시술을 받을 수 있다. 노인은 어금니와 앞니 등 평생 2개의 임플란트와 틀니 시술을 건강보험 수가로 받을 수 있다. 필요한 노인은 치과에 가서 진료를 받아 시술이 필요하다는 판정을 받은 후에 시술동의를 하여 등록하면 된다.

　치매국가책임제도가 확립되었다. 치매선별검사(질문항목이 15가지)를 실시해 소견이 있는 경우에는 전문의의 진단을 받도록 한다. 많은 사람이 치매를 초기에는 건망증으로 인식하고, 치매가 의심되어도 가족이 견딜 만하면 방임하는 경향이 있다. 치매는 하루라도 빨리 검사하고, 약물복용을 하는 것이 좋다. 보건소에 치매환자로 등록하면 약값을 지원받을 수 있다. 치매환자와 가족은 치매안심센터 등을 활용하여 적극 도움을 받을 수 있다.

6) 비급여 항목

건강보험은 모든 의료사고에 대해서 요양급여를 하는 것은 아니다. 질병, 부상의 치료목적이 아니거나 업무 또는 일상생활에 지장이 없는 질환, 기타 보험급여의 원리에 부합되지 아니하는 사항은 보험급여 대상에서 제외된다. 대표적인 예는 코를 세우는 성형수술, 치열 교정, 상급병실료의 차액 등이다.

또한 자신의 범죄 행위와 고의로 사고를 일으켜 생긴 부상이나 질병은 보험급여를 받을 수 없고, 업무에 따른 질병이나 부상으로 다른 법령에 의한 보험급여나 보상을 받은 경우(예: 산업재해보상보험 등)에도 받을 수 없다. 국외에 여행 중이거나 국외에 근무하고 있는 경우, 현역으로 군에 복무 중인 경우(단, 상근예비역은 제외), 교도소 및 기타 이에 준하는 시설에 수용 중인 경우에는 보험급여가 정지된다.

이 밖에도 건강보험수가로 전액을 본인이 부담해야 하는 경우도 적지 않다. 보험료를 3개월 이상 체납하여 급여 제한을 받은 기간에 소요된 진료비는 본인이 부담하고, 현역으로 군복무 중 피보험자가 요양기관을 이용한 때의 진료비도 본인이 부담해야 한다.

5. 건강보험의 관리운영

국민건강보험의 관리운영은 국민건강보험공단이 하고 보건복지부가 공단을 지도감독한다. 2000년 「국민건강보험법」 시행으로 출범한 국민건강보험공단의 주요 업무는 가입자 및 피부양자의 자격관리, 보험료 및 「국민건강보험법」에 의한 징수금의 부과·징수, 보험급여의 관리, 보험급여비용의 지급, 가입자 및 피부양자의 건강 유지·증진을 위한 가입자 보호사업, 건강검진·증진사업, 의료시설의 운영, 자산 관리운영 업무 등이다. 건강보험공단은 건강보험을 포함하여 5대 사회보험의 보험료를 부과하고 징수한다.

건강보험심사평가원은 보건복지부 산하 위탁집행형 준정부기관이다. 건강보험심사평가원은 요양급여 비용의 심사 및 요양급여의 적정성 평가 업무를 효율적으로 수행하여 국민보건의 향상과 사회보장 증진에 기여하는 것을 목적으로 「국민건강보험법」에 근거하여 설립되었다.

건강보험은 보험자, 피보험자, 요양취급기관, 심사평가원 등으로 이루어진 다자관계이기에 다소 복잡하다. 즉, 피보험자인 국민은 보험자인 국민건강보험공단에 보험료를 내고 요양취급기관에서 요양급여를 받으면 요양취급기관은 심사평가원에 심사청구를 하고, 심사평가원이 심사를 마치면 건강보험공단이 요양취급기관에게 요양비를 지급한다. 또한 요양취급기관은 병의원, 약국, 한방병의원 등으로 다양하기에 요양급여의 내용과 수준 그리고 전문직의 역할 등에서 갈등의 소지를 안고 있다. 의약분업을 정착시키는 과정에서 의료계와 약계는 국민의 생명을 볼모로 극심하게 대립한 바 있었다.

* 건강보험심사평가원 http://www.hira.or.kr

건강보험의 요양취급기관은 병의원, 한방병의원, 치과병의원, 약국 등이다. 병의원은 의원, 병원, 종합병원, 상급종합병원으로 나뉜다. 2022년 요양기관 수는 의료기관 7만 6,094개소(75.8%), 약국 2만 4,302개소(24.2%) 등으로 10만 396개소이다. 요양기관 종사자는 간호사 25만 4,227명(55.4%), 의사 11만 2,321명(24.5%), 약사와 한약사 4만 1,614명(9.1%) 등 45만 8,956명이다.

6. 건강보험의 활용과 과제

국민의 97% 이상이 적용받는 건강보험은 한국을 대표하는 사회보험이다. 건강보험은 적용대상이 많고 일상생활 속에서 지속적으로 받는다는 점에서 국민연금 등 다른 사회보험과 비교된다. 의료급여 수급자를 제외한 모든 국민이 건강보험을 잘 활용하도록 다음 몇 가지 과제를 해결해야 한다.

첫째, 건강보험료 미납으로 인한 적용대상자의 누락이 없도록 해야한다. 건강보험은 보험료를 3개월 이상 미납할 경우에 요양급여 등을 받을 수 없다. 건강보험에 가입하고도 보험료 미납으로 급여를 받지 못한 사람이 100만 명이 넘는다는 점에서 이들이 보험료를 경감받는 방법을 적극 활용하여 보험료 미납으로 인한 불이익을 최소화시켜야한다.

둘째, 저소득층이 의료급여, 긴급복지지원, 본인부담금상한제 등을 통해 의료비 부담을 줄일 수 있는 방법을 널리 활용하도록 지원해야한다. 가구 소득인정액과 부양의무자의 부양비를 합친 금액이 기준 중위소득의 40% 이하면 의료급여를 신청하여 수급자가 될 수 있다. 가구 소득이 기준 중위소득의 75% 이하인 경우에 병원입원비가 없으면 시·군·구에 긴급복지지원을 신청하여 300만 원까지 의료지원을 받을 수도 있다. 또한 저소득층은 연간 본인부담금이 일정액을 넘으면 모두 건강보험으로 처리되는 제도가 있기에 이를 활용하여 의료비를 경감하도록 해야 한다.

셋째, 건강보험 가입자가 소득수준에 맞는 적정한 보험료를 낼 수 있도록 보험료 부과체계를 적극 활용하도록 해야 한다. 건강보험의 가입자는 직장가입자와 지역가입자로 나뉘고, 직장가입자는 전년도의 소득과 재산기준에 의해 보험료가 책정된다. 소득과 재산에 큰 변동이 있어 건강보험료가 부담이 된 경우에는 건강보험공단에 소득과 재산의 변동을 알려서 적정한 보험료를 납부하도록 해야 한다. 한편, 자영자의 소득파악율이 낮기에 직장가입자와 지역가입자 간, 지역가입자 중에서 자영자 간의 갈등이 표출되고 있으므로 국세청 등은 과세자료가 실제의 소득과 재산을 정확히 반영하도록 행정을 혁신해야 한다. 건강보험료뿐만 아니라, 각종 사회보험료를 적정하게 부과하고 원활히 징수하기 위해서도 조세행정이 발전되어야 한다. 예컨대, 공시지가가 시가를 정확히 반영해야 세금을 공평하게 부과하고, 건강보험료 등 사회보험료도 적정하게 부과할 수 있다.

넷째, 치과 진료 등에 대한 건강보험의 급여를 확대하고 본인부담비율을 낮추어야 한다. 2019년 치과 의료비 중 건강보험으로 보장되는 비율은 병원급 18.9%, 의원급 31.7%로 전체 의료기관 평균 62.7%에 크게 못 미쳤다. 노인의 틀니와 임플란트에 대한 건강보험이 확대되었지만 치과를 이용하기에는 아직도 벽이 높다. 일반적으로 치과 치료비가 높고, 상당한 기간 동안 지속적으로 치료를 받아야 하기에 부담이 크다. 치아는 한번 망가지면 치료를 해도 완전하게 회복되기 어렵고,

몇 년이 지나면 반복해서 시술을 해야 하기에 부담이 커진다. 치과 치료비의 본인부담률이 50%로 다른 진료과목보다 턱없이 높기에 의원은 30%, 병원은 40%로 바꾸어야 한다.

다섯째, 환자가 병원에서 받는 각종 의료서비스를 건강보험으로 받아 보장성을 높여야 한다. 건강보험 보장 강화를 위해 미용·성형을 제외하고 의학적으로 필요한 모든 진료를 건강보험 급여에 포함시켜야 한다. 환자가 병원을 이용하면 건강보험 급여 중 본인부담분과 비급여를 추가로 부담한다. 정부는 환자의 부담이 큰 선택진료비·상급병실료·간병비 등 3대 비급여를 해결하기 위해 지정진료(특진)를 없앴고, 3,800여 개의 비급여를 급여로 전환시키며, 상급병실료도 2인실까지 보험을 적용한다. 더 나아가 간호간병 통합서비스의 확대로 간병비를 보험 처리해야 한다. 간병이 필요한 모든 환자의 간병에 대해 건강보험을 적용하고, 가족 간병을 억제하여 병원 내 감염 등을 방지해야 한다.

여섯째, 의료 전달체계를 확립하여 가벼운 질병이나 만성질환자가 상급종합병원으로 몰리는 것을 억제해야 한다. 2018년부터 상급종합병원에서 지정진료가 사라지면서 의원이나 병원에서 치료가 가능한 가벼운 질병이나 만성질환을 가진 환자도 상급종합병원을 찾는 경향이 있다. 의료 전달체계를 보다 명확히 하여 감기 등 가벼운 질병이나 긴급하지 않은 고혈압이나 당뇨병 등으로 상급종합병원을 찾는 경우에는 다른 병원으로 이송해야 한다. 특히 만성질환자는 단골의원을 지정하게 하여 의원을 이용하면 본인부담금을 10%포인트 낮출 수 있으므로 이를 장려해야 한다. 모든 환자가 적정한 의료기관을 이용하도록 전달체계를 확립해야 한다. 보건소와 보건지소 그리고 보건진료소가 관내 만성질환자를 지속적으로 관리하는 기능을 키워야 한다.

일곱째, 실손 의료보험 등의 오남용으로 결국 건강보험의 재정에 손실을 주는 입원 남용을 규제해야 한다. 건강보험의 보장성이 65% 내외로 낮기에 실손 의료보험에 가입하는 사람이 적지 않고, 질병이나 사고가 나면 입원을 오남용하는 경우가 많다. 장기 입원 시에 더 많은 급여를 주는 민간보험을 활용하면 결국 건강보험의 급여도 늘어나게 된다. 건강보험의 보장성을 높여 굳이 실손 의료보험에 가입하지 않아도 건강관리를 할 수 있도록 하고, 불필요한 입원을 강력히 규제해야 한다.

여덟째, 지방정부의 공립병원과 건강보험공단이 설립한 병원을 늘려 공공의료의 비율을 높여야 한다. 아직 공립병원이 없는 시·도가 새로 짓고, 기존 공립병원의 병상을 늘려야 한다. 국민건강보험공단은 건강보험기금으로 매년 1~2개소씩 병원을 건립하여 직접 운영하거나 국공립대학교 병원에 위탁하여 공공의료의 비율을 높여야 한다. 공공병원의 비중을 늘려 의료의 상업화를 제어하고, 전염병과 같은 위기에 적극 대응해야 한다.

💡 단원 정리

건강보험은 국민의 질병·부상에 대한 예방·진단·치료·재활과 출산·사망 및 건강증진에 대하여 보험급여를 실시함으로써 국민보건을 향상시키고 사회보장을 증진함을 목적으로 하는 사회보험이다. 건강보험은 1963년에 임의적용 의료보험으로 시작되었다가 1977년부터 강제적용체제로 전환되어 본격적으로 시행되었다. 처음에는 사업장 노동자에게 적용되었고, 1979년에는 공무원·사립학교교직원에게, 1988년에는 군지역 농어민에게, 1989년에는 도시자영자에게 당연적용되어 12년 만에 전 국민 의료보험 시대가 열렸다.

한국 국민 중 의료급여 수급자를 제외한 모든 국민은 국민건강보험의 피보험자이거나 그 피부양자이다. 건강보험의 적용대상자는 직장가입자, 지역가입자로 나뉘고, 지역가입자는 다시 농어민, 도시자영자로 나뉜다.

건강보험의 재원은 건강보험료가 중심이고 정부의 세금, 기금 이자수입 등으로 보충된다. 1인 이상 고용사업장에서 일하는 사람은 직장가입자이고, 나머지는 지역가입자(농어민, 도시자영자)이다. 건강보험은 가구 단위로 서비스를 받아서 소득이 없는 피부양가족은 주된 소득자의 건강보험에 등재되어 서비스를 받을 수 있다.

건강보험 직장가입자에게는 주로 근로소득에만 보험료를 부과하고, 지역가입자에게는 소득, 재산, 승용차에 보험료를 부과하고, 소득액이 낮은 경우에는 가족 수에도 부과하였다. 이 부과체계는 소득이 많은 사람에게 더 많은 보험료를 부과하고, 소득이 낮은 사람에게는 보험료를 덜 내도록 개편되었다.

건강보험은 적용을 받는 피보험자와 피부양자가 질병, 부상, 분만, 사망과 같은 위험에 처하였을 때 보호하고 건강을 유지 증진시키기 위하여 각종 형태로 실시하는 의료서비스이다. 보험급여의 핵심인 요양급여, 건강검진은 현물인 의료서비스로 지급되고, 요양비, 본인부담금보상금 등은 현금으로 지급된다. 모든 보험급여는 원칙적으로 피보험자와 피부양자에게 똑같이 적용된다.

건강보험은 보험자, 피보험자, 요양취급기관, 심사평가원 등으로 이루어진 다자관계이기 때문에 구조가 다소 복잡하다. 즉, 피보험자인 국민은 보험자인 국민건강보험공단에 보험료를 내고 요양취급기관에서 요양급여를 받으면 요양취급기관은 심사평가원에 심사청구를 하고, 심사평가원이 심사를 마치면 건강보험공단이 요양취급기관에게 요양비를 지급한다. 또한 요양취급기관은 병의원, 약국, 한방병의원 등으로 다양하기에 요양급여의 내용과 수준 그리고 전문직의 역할 등에서 갈등의 소지를 안고 있다.

　모든 국민이 건강보험을 잘 활용하도록 다음 몇 가지 과제를 해결해야 한다. 건강보험료 미납으로 인한 적용대상자의 누락이 없도록 해야 한다. 저소득층이 의료급여, 긴급복지지원, 본인부담금상한제 등을 통해 의료비 부담을 줄일 수 있는 방법을 널리 활용하도록 지원해야 한다. 건강보험 가입자가 소득수준에 맞는 적정한 보험료를 낼 수 있도록 보험료 부과체계를 적극 활용하도록 해야 한다. 치과 진료 등에 대한 건강보험의 급여를 확대하고 본인부담비율을 낮추어야 한다. 환자가 병원에서 받는 각종 의료서비스를 건강보험으로 받아 보장성을 높여야 한다. 의료 전달체계를 확립하여 가벼운 질병이나 만성질환자가 상급종합병원으로 몰리는 것을 억제해야 한다. 실손 의료보험 등의 오남용으로 결국 건강보험의 재정에 손실을 주는 입원 남용을 규제해야 한다. 지방정부의 공립병원과 건강보험공단이 설립한 병원을 늘려 공공의료의 비율을 높여야 한다.

 용어 정리

- **건강보험**: 건강보험은 국민의 질병·부상에 대한 예방·진단·치료·재활과 출산·사망 및 건강증진에 대하여 보험급여를 실시함으로써 국민보건을 향상시키고 사회보장을 증진함을 목적으로 하는 사회보험이다.

- **건강보험 적용대상자**: 의료급여 수급자를 제외한 모든 국민은 건강보험에 당연가입 대상자이다. 건강보험의 적용대상자는 직장가입자, 지역가입자로 나뉘고, 지역가입자는 다시 농어민, 도시자영자로 나뉜다.

- **건강보험 피부양자**: 건강보험 대상자 중 피부양자는 직장가입자에 의하여 주로 생계를 유지하는 자로서 보수 또는 소득이 없는 자를 의미한다. 직장가입자의 배우자, 직계존속(배우자의 직계존속 포함), 직계비속(배우자의 직계비속 포함)과 그 배우자, 형제자매를 포함한다.

- **건강보험료**: 건강보험 직장가입자에게는 주로 근로소득에만 보험료를 부과하고, 지역가입자에게는 소득, 재산, 승용차에 보험료를 부과하고, 소득액이 낮은 경우에는 가족 수에도 부과하였다. 이 부과체계는 소득이 많은 사람에게 더 많은 보험료를 부과하고, 소득이 낮은 사람에게는 보험료를 덜 내도록 개편되었다.

- **건강보험 급여**: 건강보험은 적용을 받는 피보험자와 피부양자가 질병, 부상, 분만, 사망과 같은 위험에 처하였을 때 보호하고 건강을 유지 · 증진시키기 위하여 각종 형태로 실시하는 의료서비스이다. 보험급여의 핵심인 요양급여, 건강검진은 현물인 의료서비스로 지급되고, 요양비, 본인부담금보상금 등은 현금으로 지급된다. 모든 보험급여는 원칙적으로 피보험자와 피부양자에게 똑같이 적용된다.

- **요양급여**: 다수 국민이 병의원, 한방병의원, 치과병의원, 약국 등에서 받는 것은 요양급여이다. 요양급여는 피보험자와 피부양자의 질병 또는 부상에 대한 진찰, 약제 또는 치료 재료의 지급, 처치, 수술 및 기타의 치료, 의료시설에의 수용, 간호, 이송 등을 말한다.

- **건강검진**: 건강검진은 일반건강검진, 암검진, 생애전환기건강진단, 영유아건강검진이 있는데, 일반건강검진을 충실하게 받는 것이 기본이다. 이 중 일반건강검진은 건강보험에 가입한 지역세대주, 직장가입자, 만 20세 이상 세대원과 피부양자가 매 2년마다 1회(비사무직은 매년) 무료로 받을 수 있다.

- **암검진**: 건강보험 가입자와 피부양자는 자궁경부암 · 위암 · 유방암 · 간암 · 대장암 · 폐암 등 6대 암검진을 받을 수 있다. 자궁경부암검진은 20세 이상 여성이 2년에 한 번, 대장암검진은 50세 이상 남녀가 1년에 한 번 무상으로 받을 수 있다. 위암은 40세 이상 남녀가 2년에 한 번, 유방암은 40세 이상 여

성이 2년에 한 번, 간암은 40세 이상 남녀로 간경변증이나 B형 간염바이러스 항원 또는 C형 간염바이러스 항체 양성으로 확인된 사람이 6개월에 한 번, 폐암은 54세에서 74세 중 30갑년인 사람이 받을 수 있다. 소득 하위 50%인 사람은 암검진을 무상으로 받고, 소득 상위 50%인 사람도 검사비의 10%만 내고 받을 수 있다.

- **임신과 출산 지원**: 정부는 초저출산 문제를 완화시키기 위해 임신·출산 관련 진료비를 낮추고 있다. 임신기간 외래 본인부담률을 20%포인트 일괄 인하하였고, 난임시술에 대한 건강보험을 적용하며, 난임 휴가제를 시행한다.

- **현금급여**: 건강보험의 급여는 요양급여와 건강검진 등 현물급여가 대부분이지만, 요양비, 장애인보장구, 본인부담금상한제, 임신출산진료비 등의 경우에는 현금으로 받는다. 요양비, 본인부담금상한제는 가입자와 피부양자 모두가 받을 수 있고, 장애인보장구는 등록장애인, 임신출산진료비는 임산부만 받을 수 있다.

- **본인부담금상한제**: 본인부담금상한제는 수진자 1인이 부담한 연간 본인부담금 총액이 가입자 소득수준에 따른 본인부담 상한액을 초과하는 경우, 그 초과금액을 전액 환자에게 돌려주는 제도이다.

- **국민건강보험공단**: 국민건강보험공단은 건강보험 가입자 및 피부양자의 자격관리, 보험료 및 「국민건강보험법」에 의한 징수금의 부과·징수, 보험급여의 관리, 보험급여비용의 지급, 가입자 및 피부양자의 건강 유지·증진을 위한 가입자 보호사업, 건강검진·증진사업, 의료시설의 운영, 자산 관리운영 업무 등을 수행한다.

- **건강보험심사평가원**: 건강보험심사평가원은 보건복지부 산하 위탁집행형 준정부기관이다. 건강보험심사평가원은 요양급여 비용의 심사 및 요양급여의 적정성 평가 업무를 효율적으로 수행하여, 국민보건의 향상과 사회보장 증진에 기여하는 것을 목적으로 설립되었다.

제6장

노인장기요양보험

1. 노인장기요양보험의 정의와 역사

노인장기요양보험은 「노인장기요양보험법」에 의한 사회보험으로 2008년 7월 1일부터 시행되고 있다. 이 법 제1조에 따르면 "이 법은 고령이나 노인성 질병 등의 사유로 일상생활을 혼자서 수행하기 어려운 노인 등에게 제공하는 신체활동 또는 가사활동 지원 등의 장기요양급여에 관한 사항을 규정하여 노후의 건강증진 및 생활안정을 도모하고 그 가족의 부담을 덜어 줌으로써 국민의 삶의 질을 향상하도록 함을 목적으로 한다."라고 규정되어 있다. 노인장기요양보험은 고령이나 노인성 질병 등으로 인하여 6개월 이상 동안 혼자서 일상생활을 수행하기 어려운 요양보험 수급자에게 배설, 목욕, 식사, 취사, 조리, 세탁, 청소, 간호, 진료의 보조 또는 요양상의 상담 등의 다양한 방식으로 장기요양급여를 제공한다.

고령화를 경험한 선진국들은 다양한 방식으로 장기요양서비스를 제공하고 있다. 재원조달 방식을 중심으로 보면, 영국, 호주, 스웨덴은 국가와 지방자치단체의 재정으로 하고, 독일, 일본은 사회보험 방식이며, 미국은 민간 건강보험의 급여로 제공한다. 한국은 사회보험 방식이지만 독일, 일본과는 상당히 다르다.

노인장기요양보험은 상당한 논의와 3년간 시범사업을 거쳐 제도화되었다. 추진경과를 보면, 2001년 8월 15일 대통령 경축사에서 노인요양보장제도 도입이 제시되고, 2002년 대통령 공약사항에 포함되었다. 2003년 3월부터 1년간 공적노인요양보장추진기획단이 설치·운영되었다. 2005년 10월 19일에 입법 예고되고, 2007년 4월 2일에 국회에서 통과되었다. 2005년 7월부터 2006년 3월까지 실시된 1차 시범사업은 6개 시·군·구(광주 남구, 강릉, 수원, 부여, 안동, 북제주)의 기초생활보장 수급 노인, 2006년 4월부터 1년간 시행된 2차 시범사업은 8개 시·군·구(1차 시범지역에 부산 북구, 전남 완도 추가) 노인, 2007년 5월부터 2008년 6월까지 3차 시범사업은 13개 시·군·구(2차 시범지역에 인천 부평구, 대구 남구, 청주, 익산, 하동 추가) 노인을 대상으로 시행되었다.

노인장기요양보험은 그간 가족의 영역에 맡겨져 왔던 치매·중풍 등 노인에 대한 장기간에 걸친 간병, 장기요양 문제를 사회연대원리에 따라 국가와 사회가 분담한다는 점에서 그 의의를 찾을 수 있다. 요양보험은 노인뿐만 아니라 장기요양을 직접 담당하던 중장년층과 자녀 등 모든 세대에게 혜택을 주는 제도이다. 노인은 더 이상 자식에게 부담을 주지 않고 계획적이고 전문적인 장기요양서비스를 받을 수 있어 보다 품위 있게 노후를 보낼 수 있고, 장기요양을 직접 담당하던 중장년층은 정신적·육체적·경제적 부담에서 벗어나 경제, 사회활동에 전념할 수 있으며, (손)자녀들도 장기요양 부담이 해소된 가정에서 더 나은 교육과 보살핌을 받을 수 있게 되었다.

노인장기요양보험은 건강보험과는 다른 제도이다. 건강보험은 치매·중풍 등 질환의 진단, 입원과 외래 치료, 재활치료 등을 목적으로 주로 병·의원과 약국에서 제공하는 서비스를 급여 대상으로 한다. 반면에 노인장기요양보험은 치매·중풍의 노화 및 노인성 질환 등으로 인하여 혼자 힘으로 일상생활을 영위하기 어려운 대상자에게 요양시설이나 재가장기요양기관을 통해 신체활동 또는 가사지원 등의 서비스를 제공하는 제도이다.

2. 노인장기요양보험의 적용대상

1) 장기요양인정 신청

노인장기요양보험을 받기 위해서는 장기요양인정 신청을 해서 장기요양인정 및 장기요양등급판정을 받아야 한다. 장기요양등급을 받은 후에야 장기요양인정서와 표준요양이용계획서를 받고 장기요양급여 이용기관을 이용할 수 있기 때문이다.

장기요양인정을 신청할 수 있는 사람은 노인과 65세 미만으로 노인성 질병을 가진 자이다. 노인성 질병은 치매, 뇌혈관성질환, 파킨슨 병 등 보건복지부장관이 정하여 고시한 질병이다. 신청인 본인 또는 대리인은 국민건강보험공단 지사에 있는 노인장기요양보험지원센터에 장기요양인정 신청서를 제출하면 된다. 공단 홈페이지에서 온라인으로 신청해도 된다.

대리인은 가족, 친족 또는 이해관계인, 사회복지전담 공무원, 시장·군수·구청장이 지정하는 자이다. 대리신청 시 대리인 본인임을 확인할 수 있는 신분증을 제시하면 되고, 팩스나 우편접수를 할 경우에는 신분증 사본을 제출해야 한다. 신청서의 양식은 공단지사 또는 홈페이지에서 내려받을 수 있다. 의사소견서의 제출이 필요한 경우에는 65세 이상 노인은 등급판정위원회에 자료 제출 전까지 제출하면 되고, 65세 미만 중 노인성 질병을 가진 자는 신청서 제출 시에 제출해야 한다.

　의사소견서는 등급판정위원회에 자료 제출 전까지 반드시 제출하여야 한다. 하지만 다음과 같은 경우에는 의사소견서를 제출하지 않아도 된다(법 제4조). 1차 판정 결과, 1등급 또는 2등급을 받을 것으로 예상되는 자로서 보건복지부장관이 정하여 고시하는 '거동불편자'에 해당하는 자, 보건복지부장관이 고시하는 도서·벽지 지역 거주자는 의사소견서를 제출하지 않아도 된다.

　신청의 종류는 최초신청, 변경신청, 갱신신청, 이의신청으로 나눌 수 있는데, 최초신청은 장기요양인정 신청을 처음 하는 경우이고, 변경신청은 장기요양급여를 받고 있는 동안 신체적·정신적 상태의 변화가 있는 경우에 신청하며, 갱신신청은 장기요양인정 유효기관(흔히 1년) 종료가 예정된 경우에(유효기간 종료 90일 전부터 30일 전), 그리고 이의신청은 통보받은 장기요양인정등급에 이의가 있을 경우(처분이 있은 날로부터 90일 이내)에 한다.

* 국민건강보험공단 노인장기요양보험 http://www.longtermcare.or.kr

2) 요양등급판정

　요양등급판정의 기준과 절차는 인정 신청, 방문조사(의사소견서 제출), 등급판정의 순으로 이루어진다. 본인 또는 대리인이 장기요양인정 신청서를 제출하면, 국민건강보험공단은 소속 직원으로 하여금 신청인 거주지를 방문하여 조사한다. 방문조사 일정은 사전 통보하고,

원하는 장소와 시간은 공단직원과 협의하여 조정 가능하다.

방문조사는 인정 신청을 하게 되면 간호사, 사회복지사, 물리치료사 등으로 구성된 공단 소속 장기요양 직원이 직접 방문하여 장기요양인정조사표에 따라 해당 항목을 조사한다. 장기요양인정조사표는 기본적인 일상생활활동(Activities of Daily Living: ADL) 능력을 파악하기 위해 신체기능 12개, 인지기능 7개, 행동변화 14개, 간호처치 9개, 재활 10개 항목 등 모두 5개 영역 52개 항목으로 이루어져 있다.

등급산정방법은 장기요양인정조사표에 따라 작성된 심신 상태를 나타내는 52개 항목을 조사한 후에 '영역별 점수 합계'를 구하고, '영역별 100점 환산점수'로 산정한다. 52개 항목의 조사결과와 영역별 100점 환산점수는 수형분석(Tree Regression Analysis)에 적용하여 장기요양

표 6-1 장기요양인정조사표

영역	항목	
신체기능 (12개 항목)	옷 벗고 입기, 식사하기, 일어나 앉기, 화장실 사용하기, 세수하기, 목욕하기, 옮겨 앉기, 대변 조절하기, 양치질하기, 체위 변경하기, 방 밖으로 나오기, 소변 조절하기	
인지기능 (7개 항목)	단기 기억장애, 날짜 불인지, 장소 불인지, 나이 · 생년월일 불인지, 지시 불인지, 상황 판단력 감퇴, 의사소통 · 전달 장애	
행동변화 (14개 항목)	망상, 환각 · 환청, 슬픈 상태 · 울기도 함, 불규칙 수면 · 주야혼돈, 도움에 저항, 서성거림 · 안절부절못함, 길을 잃음, 폭언 · 위협행동, 밖으로 나가려 함, 의미 없거나 부적절한 행동, 물건 망가트리기, 돈 · 물건 감추기, 부적절한 옷 입기, 대 · 소변 불결 행위	
간호처치 (9개 항목)	기관지 절개관 간호, 흡인, 산소요법, 경관 영양, 욕창간호, 암성통증간호, 도뇨관리, 장루간호, 투석간호	
재활 (10개 항목)	운동장애(4개 항목)	관절제한(6개 항목)
	우측상지, 좌측상지, 우측하지, 좌측하지	어깨관절, 고관절, 팔꿈치관절, 무릎관절, 손목 및 수지관절, 발목관절

인정 점수 산정 후 합계를 구한다. 노인장기요양보험에서 수형분석은 서비스를 필요로 하는 신청인의 기능 상태에 따라 필요한 서비스양을 예측하기 위해 사용하고 있다. 장기요양인정점수의 합은 등급판정기준에 의해 장기요양등급판정에 활용된다.

　건강보험공단은 신청조사가 완료된 때 조사결과서, 신청서, 의사소견서, 그 밖의 심의에 필요한 자료를 장기요양등급판정위원회에 제출하여야 한다. 장기요양등급판정위원회는 6개월 이상 동안 일상생활을 혼자서 수행하기 어렵다고 인정되는 경우 장기요양을 받을 자(수급자)로 결정하고 심신 상태 및 장기요양이 필요한 정도에 따라 장기요양등급을 판정한다.

　장기요양등급판정위원회는 장기요양인정 및 장기요양등급판정을 위한 심의기구로서 시·군·구 단위에 설치된다. 위원은 「의료법」에 따른 의료인, 사회복지사, 장기요양에 관한 학식과 경험이 풍부한 자 등으로 위원장을 포함하여 15인이다. 등급판정은 신청 제출일로부터 30일 이내이고, 신청인에 대한 정밀조사가 필요한 경우에는 30일 범위 내에서 연장할 수 있다.

　등급판정위원회는 방문조사의 결과, 의사소견서, 특기사항을 기초로 신청인의 기능 상태 및 장기요양이 필요한 정도 등을 등급판정의 기준에 따라 심의하고 판정한다. 등급판정은 크게 다섯 가지인데, 와상 상태로서 거의 일상생활이 불가능한 상태를 최중증(1등급)으로 판정하고, 일상생활이 곤란한 중증의 상태를 중증(2등급), 상당한 장기요양 보호가 필요한 상태를 중등증(3~4등급)으로 판정하고, 치매특별등급(5등급+인지지원등급), 그 미만의 경우에는 등급판정이 제외된다. 장기요양인정점수 100점 만점에서 95점 이상이면 1등급, 75점 이상 95점 미만은 2등급, 60점 이상 75점 미만은 3등급, 51점 이상 60점 미만은

4등급, 45점 이상 51점 미만이면서 치매는 5등급, 45점 미만이면서 치매는 인지지원등급이다.

등급판정 절차에 따른 장기요양인정점수 산정 예시

• 예시: 경기도 수원에 사는 79세 김장수(가명) 할아버지

• 1단계: 심신 상태를 나타내는 52개 항목 조사결과

　5개 영역별로 심신 상태를 나타내는 52개 항목의 판단기준 및 척도에 따라 조사한 결과는 5개 영역 52개 항목 중에서 신체기능 12개 항목을 본 결과 '기능자립정도'는 완전자립 1항목, 부분도움 6항목, 완전도움 5항목으로 조사되었다.

• 2단계: 영역별 점수 합계

　1단계에서 실시한 심신 상태를 나타내는 52개 항목 조사결과를 기초로 '영역별 조사항목 원점수표'에 의하여 해당 항목별 점수의 합을 다음과 같이 구한다. 완전자립, 예, 있음, 운동장애 없음, 관절제한 없음은 1점; 부분도움, 불완전운동장애, 한쪽관절제한은 2점; 완전도움, 완전운동장애, 양관절제한은 3점으로 환산한다. 김장수 할아버지의 경우에 신체기능은 (1항목×1점)+(6항목×2점)+(5항목×3점)으로 28점, 인지기능은 0점, 행동변화도 0점, 간호처치는 4항목×1점으로 4점, 그리고 재활은 (1항목×1점)+(3항목×2점)+(6항목×3점)로 25점이었다.

• 3단계: 영역별 100점 환산점수

　2단계에서 계산한 '영역별 점수 합계'에 의해 '영역별 100점 득점 환산표'에 따라 영역별 100점 환산점수를 다음과 같이 산정한다. 즉, 신체기능 28점은 100점 환산점수로 61.71점이고, 인지기능 0점은 환산점수 0점, 행

동변화 0점은 환산점수 0점, 간호처치 4점은 환산점수 55.81점, 재활 25점은 환산점수 70.53점으로 산출되었다.

• 4단계: 8개 서비스군별 장기요양인정점수 산정 및 합계

1단계에서 심신 상태를 나타내는 52개 항목 조사결과와 3단계에서 산출한 영역별 100점 환산점수를 가지고 8개 서비스군별 수형분석도에 적용하여 장기요양인정점수를 다음과 같이 산정한 후 합을 구한다. 김장수 할아버지의 경우에는 8개 서비스군별로 장기요양인정점수가 청결 9.0점, 배설 10.2점, 식사 15.1점, 기능보조 6.4점, 행동변화 대응 0.4점, 간접지원 19.7점, 간호처치 14.6점, 재활훈련 4.8점 합계 80.2점이 산출되었다.

• 5단계: 장기요양등급 결정

수원에 사는 김장수 할아버지는 장기요양인정점수가 80.2점으로 장기요양등급 기준을 적용하면 장기요양 2등급을 판정받게 된다.

국민건강보험공단은 장기요양등급판정위원회가 장기요양인정 및 등급판정의 심의를 완료한 경우 지체 없이 장기요양인정서를 작성하여 수급자에게 송부하여야 한다. 장기요양인정서는 장기요양등급과 유효기간 등을 안내하는데, 장기요양인정 유효기간은 최소 1년이고, 유효기간 종료 90일 전부터 30일 전까지 갱신을 신청할 수 있으며, 유효기간 경과 후 매년 연속하여 3회 이상 같은 등급으로 판정되는 경우 3회 이후부터 유효기간은 2년으로 한다.

또한 국민건강보험공단은 장기요양인정서를 송부하는 때에 수급자가 월 한도액 범위 안에서 장기요양급여를 원활히 이용할 수 있도록 하기 위한 표준장기요양이용계획서를 작성하여 이를 함께 송부한다.

3. 노인장기요양보험의 재원

장기요양보험 가입자는 건강보험 가입자와 동일하며, 국민건강보험공단은 장기요양보험료와 건강보험료를 통합하여 징수한다. 공단은 통합징수한 장기요양보험료와 건강보험료는 각각 독립회계로 관리한다. 장기요양보험료는 건강보험료액에 장기요양보험료율을 곱해 산정한다. 장기요양보험료율은 보건복지부장관 소속 노인장기요양위원회의 심의를 거쳐 대통령령으로 정한다. 2024년 장기요양보험료율은 건강보험료의 12.95%이다.

국가는 매년 예산의 범위 안에서 당해 연도 장기요양보험료 예상수입액의 20%에 상당하는 금액을 공단에 지원한다. 국가와 지방자치단체는 의료수급권자의 장기요양급여비용 중 공단이 부담하여야 할 비용과 관리운영비의 전액을 대통령령이 정하는 바에 따라 각각 부담한다.

노인장기요양보험 재정의 일부는 본인일부부담금으로 충당된다. 재가급여는 당해 장기요양급여비용의 15%, 시설급여는 당해 장기요양급여비용의 20%를 본인이 부담한다. 국민기초생활보장 수급자는 전액 면제되고, 의료급여 수급자와 소득·재산 등이 보건복지부장관이 정하여 고시하는 일정금액의 이하인 자는 본인부담금을 일부 경감한다. 수급자와 의료급여 수급권자 등이 내지 않는 본인일부부담금은 국가가 내는 셈이다. 단, 비급여 항목 비용, 월 한도액 초과비용은 의료급여 수급자, 기초생활보장 수급자의 경우에도 전액 본인이 부담한다.

장기요양기관이 수급자에게 재가급여 또는 시설급여를 제공한 경우 공단에 장기요양급여비용을 청구하여야 하며, 공단은 이를 심사하여 공단부담금(본인부담금을 공제한 금액)을 당해 장기요양기관에 지급한다. 재가 및 시설 급여비용은 급여종류 및 장기요양등급 등에 따라 장기요양위원회의 심의를 거쳐 보건복지부장관이 정하여 고시한다.

한편, 비급여 항목과 월 한도액을 초과한 금액은 전액 본인이 부담한다. 비급여 항목은 식사 재료비, 상급침실 이용에 따른 추가비용, 이·미용비 등이다. 비급여 항목의 비용은 원칙적으로 해당 용역을 제공하기 위한 실제 소요비용(실비)을 산정하여야 한다. 장기요양급여의 월 한도액을 초과하는 비용은 본인이 전부 부담해야 한다.

4. 노인장기요양보험의 급여

1~5등급의 장기요양인정을 받은 자는 장기요양인정서가 도달한 날부터 장기요양급여를 받을 수 있다. 단, 돌볼 가족이 없는 등 대통령령이 정하는 부득이한 사유가 있는 경우에는 장기요양인정 신청서를 제출한 날 장기요양인정서가 도달되는 날까지의 기간 중에도 장기요양급여를 받을 수 있다.

장기요양급여를 이용할 때에 장기요양인정자는 본인의 욕구와 부담능력에 따라 장기요양기관과 자율적인 계약을 통하여 급여를 이용한다. 장기요양인정자는 노인요양시설, 재가장기요양기관을 선택할 수 있다. 건강보험공단은 수급자에게 장기요양기관을 자유롭게 선택할 수 있도록 정보제공·안내·상담 등을 할 수 있다. 장기요양인정자는 장기요양인정서와 표준장기요양이용계획서에 따라 자율적 선택에 의한 계약으로 가장 적합하고 적정한 양의 장기요양급여를 이용할 수 있다. 장기요양기관은 표준장기요양이용계획서와 계약 내용을 반영하여 장기요양급여의 제공계획서를 작성하고 급여를 제공한다.

장기요양급여는 크게 재가급여, 시설급여, 특별현금급여로 나누어진다.

재가급여는 방문요양, 방문목욕, 방문간호, 주·야간보호, 단기보호, 기타 재가급여가 있다. 방문요양은 장기요양요원이 수급자의 집을 방문해서 목욕, 배설, 화장실 이용, 옷 갈아입기, 머리 감기, 취사, 생필품 구매, 청소, 주변정돈 등을 도와주는 급여이다. 방문목욕은 장기요양요원이 목욕설비를 갖춘 차량을 이용하여, 수급자의 가정을 방문하여 목욕을 제공하는 급여이다. 방문간호는 장기요양요원인 간호사가 의사, 한의사 또는 치과의사의 지시에 따라 가정 등을 방문하여 간호, 진료의 보조, 요양에 관한 상담 또는 구강위생을 제공하는 급여이다. 주·야간보호는 수급자를 하루 중 일정한 시간 동안 장기요양기관에 보호하여 신체활동 지원 및 심신기능의 유지·향상을 위한 교육, 훈련 등을 제공하는 급여이다. 단기보호는 부득이한 사유로 가족의 보호를 일시적으로 받을 수 없는 수급자에게 일정기간 동안 단기보호시설에 보호하여 신체활동 지원과 심신기능의 유지·향상을 위한 교육·훈련 등을 제공하는 급여이다. 기타 재가급여는 수급자의 일상생활·신체활동 지원에 필요한 용구를 제공하거나 가정을 방문하여 재활에 관한 지원 등을 제공하는 급여이다. 현재 휠체어, 전동·수동 침대, 욕창방지 매트리스·방석, 욕조용 리프트, 이동욕조, 보행기 등을 제공한다.

시설급여는 노인의료복지시설에 장기간 동안 입소하여 신체활동 지원, 심신기능의 유지·향상을 위한 교육·훈련 등을 제공하는 요양급여이다.

특별현금급여에는 가족요양비, 특례요양비, 요양병원간병비가 있다. 가족요양비는 장기요양기관이 현저히 부족한 지역(도서·벽지)에 거주하는 자, 천재지변 등으로 장기요양기관이 실시하는 장기요양급여를 이용이 어렵다고 인정된 자, 신체·정신·성격 등의 사유로 가족 등이 장기요양을 받아야 하는 자에게 지급한다. 특례요양비는 수급자가 장기요양기관으로 지정되지 않은 장기요양시설 등의 기관과 재가 또는 시설급여에 상당한 장기요양급여를 받은 경우 장기요양급여 비용의 일부를 지급한다. 요양병원간병비는 수급자가 「의료법」상의 요양병원에 입원한 때에 장기요양에 사용되는 비용의 일부를 지급한다.

5. 노인장기요양보험의 관리운영

노인장기요양보험은 국민건강보험공단이 관리운영하고, 보건복지부가 지도감독한다. 보건복지부는 장기요양위원회, 국가와 지방자치단체는 장기요양요원지원센터, 건강보험공단은 장기요양심사위원회를 둔다.

1) 정부와 건강보험공단

장기요양위원회는 보건복지부장관 소속 심의기구로 장기요양보험료율, 가족요양비, 특례요양비, 요양병원간병비의 지급기준, 재가 및 시설 급여비용 등을 심의한다. 구성은 위원장 1인, 부위원장 1인을 포함한 16인 이상 22인 이하의 위원이다. 구성위원(각 대표 동수로 구성)은 적용대상자 대표(노동자단체, 사용자단체, 시민단체, 노인단체, 농어업인단체, 자영자단체), 장기요양시설 등 대표(장기요양시설 또는 의료계), 공익 대표(학계·연구계, 고위공무원단 소속 공무원, 공단 추천자) 등이다.

국가와 지방자치단체는 장기요양요원의 권리를 보호하기 위하여 장기요양요원지원센터를 설치·운영할 수 있다. 장기요양요원지원센터는 장기요양요원의 권리 침해에 관한 상담 및 지원, 장기요양요원의 역량강화를 위한 교육지원, 장기요양요원에 대한 건강검진 등 건강관리를 위한 사업, 그 밖에 장기요양요원의 업무 등에 필요하여 대통령령으로 정하는 사항을 수행한다. 장기요양요원지원센터의 설치·운영 등에 필요한 사항은 보건복지부령으로 정하는 바에 따라 해당 지방자치단체의 조례로 정한다.

　장기요양심사위원회는 이의신청 사건을 신속·공정하게 처리하고 이의신청에 대한 결정 업무를 효율적으로 수행하여 국민건강보험공단의 위법·부당한 처분으로부터 국민의 권리를 보호하고 행정의 적정한 운영을 기하는 데 이바지하고 있다. 법령규정상 장기요양심사위원회는 국민건강보험공단에 설치되나, 서로 대립되는 신청인과 피신청인(공단)의 당사자 관계에서 벗어난 별도의 중립적이고 객관적인 비상설 심리기구이다. 위원회의 구성은 위원장 1명을 포함한 16명의 위원으로 구성되어 있으며 위원장은 공단의 장기요양사업을 담당하는 상임이사가 된다. 위원은 「의료법」에 따른 의사·치과의사·한의사나 업무경력 10년 이상인 간호사, 사회복지사로서 업무경력 10년 이상인 자, 노인장기요양보험 업무를 담당하고 있는 공단의 임직원, 그 밖에 법학 및 장기요양에 관한 학식과 경험이 풍부한 자 중에서 공단의 이사장이 임명 또는 위촉한다.

　장기요양심사위원회의 핵심업무는 이의신청을 받고 이를 심사하는 것이다. 장기요양보험 이의신청제도는 노인장기요양보험 법률관계에 대한 분쟁을 장기요양심사위원회가 심리·판단하는 행정심판절차로서, 국민건강보험공단으로부터 위법·부당한 처분을 받은 국민(가입자 등)이 권리 내지 이익의 침해를 구제받고자 신속·간편하게 이용할 수 있는 법률상의 권리구제제도이다.

2) 장기요양기관

장기요양기관을 설치·운영하고자 하는 자는 관할 시장·군수·구청장으로부터 지정을 받아야 한다. 재가급여 중 어느 하나 이상에 해당하는 장기요양급여를 제공하고자 하는 자는 시설 및 인력을 갖추어 재가장기요양기관을 설치하고 시장·군수·구청장에게 이를 신고하여야 한다. 신고를 받은 시장·군수·구청장은 신고 명세를 공단에 통보하여야 한다. 의료기관이 아닌 자가 설치·운영하는 재가장기요양기관은 방문간호를 제공하는 경우 방문간호의 관리책임자로서 간호사를 두어야 한다.

2008년 4월 4일 이후부터 시설급여를 제공하는 기관은 노인요양시설, 노인요양공동생활가정이다. 재가급여를 제공하는 기관은 재가장기요양기관이다. 재가장기요양기관은 방문요양, 주·야간보호, 단기보호, 방문목욕 중 어느 하나 이상의 서비스를 제공한다.

국민건강보험의 경우 병의원 설치신고 시 건강보험요양기관으로 당연 지정되고 있지만, 기존 노인복지시설은 별도의 지정 행위를 거쳐서 장기요양보험의 요양기관이 된다. 장기요양기관 지정을 받기 위한 신청서류는 장기요양기관 지정 신청서이고, 구비서류는 일반현황, 인력현황, 시설현황 각 1부와 인력 중 자격보유가 필요한 간호사, 요양보호사, 물리치료사, 사회복지사 등(자격유예자의 경우 자격유예를 증빙할 수 있는 경력증명서, 재직증명서, 근로계약서 등) 자격증 사본 각 1부씩이다.

재가시설의 경우 한 기관에서 두 가지 이상의 재가서비스를 제공하려면 구비서류 중 인력현황과 시설현황은 서비스별로 각각 구분하여 작성하고, 재가시설의 경우 사용자와 고용인 간의 직접 근로계약을 증빙할 수 있는 근로계약서 사본을 추가적으로 첨부하여야 한다.

장기요양기관 지정 신청서는 기존 시설설치신고필증 단위로 작성한다. 설치신고필증이 여러 개인 시설(여러 가지 재가시설을 병설하여 운영하고 있는 경우)은 설치신고필증 단위로 각각 지정하여야 한다. 소규모요양시설과 같은 복합시설일 경우는 시설급여 제공시설과 재가급여 제공시설은 별도의 신청서를 작성하여 지정 신청한다. 재가노인복지시설 중 기존 「노인복지법」에 의해 설치되어 있지 않은 서비스를 추가 제공하고자 하는 경우 별도의 재가장기요양기관 설치신고를 해야 한다.

시설급여 및 재가급여 제공 복합시설(소규모요양시설)의 시설기준은 입소시설의 경우 10인 이상 30인 미만 전문요양시설, 재가시설의 경우 주 · 야간보호, 방문요양 시설의 요건과 인력기준에 따라 심사한다. 자세한 사항은 보건복지부가 만든 『노인보건복지사업 안내』를 참조하기 바란다.

2024년 1월 전국에서 시설급여를 하는 노인장기요양기관은 6,280개소(이 중 노인요양시설 4,577개소, 노인요양공동생활가정 1,703개소)에 이용정원은 약 23만 명이다. 재가급여를 하는 노인장기요양기관은 37,739개소(방문요양 17,590개소, 방문목욕 11,866개소, 방문간호 837개소, 주 · 야간보호 5,260개소, 단기보호 110개소, 복지용구 2,076개소)이다. 2023년에 요양등급(1~5등급 + 인지지원등급)을 받은 사람은 108만 5,504명이다. 2009년에 장기요양지정기관은 노인요양시설이 3,221개소이고, 재가장기요양기관이 11,833개소인 것과 비교하여 투자비가 적게 드는 재가장기요양기관이 크게 증가되었다. 재가장기요양기관은 한 기관이 다양한 서비스를 할 수 있는 것도 증가요인으로 보인다.

* 한국노인장기요양기관협회 http://hnh.or.kr

　　재가장기요양기관을 설치할 수 있는 사람은 노인장기요양보험의 재가급여(방문요양, 방문목욕, 방문간호, 주·야간보호, 단기보호, 복지용구) 중 한 가지 이상의 급여를 제공하고자 하는 자이다. 설치를 원하는 사람은 신고기관의 소재지를 관할하는 시·군·구에 재가장기요양기관 설치신고서와 구비서류 등을 제출하면 된다.

　　모든 시설에 공통적인 서류는 재가장기요양기관 설치신고서 1부, 일반현황 1부, 인력현황·시설현황 각 1부(서비스 유형별 1부), 자격증 사본(배치인력 중 자격보유가 필요한 간호사, 요양보호사, 물리치료사, 사회복지사 등), 사업계획서·운영규정 1부, (법인의 경우) 정관 1부, 법인 등기부등본 1부 등이다. 또한 주·야간보호, 단기보호시설은 위치도, 평면도, 설비구조내역서 각 1부, 시설을 설치할 토지 및 건물의 소유권 또는 사용권 증명서류 1부 등이며, 복지용구 관련 기관은 의료기기판매(임대)업 신고증명서 사본 1부이다. 참고로 방문요양과 주·야간보호, 단기보호를 제공하는 재가장기요양기관의 경우, 서비스별로 구분하여 인력현황, 시설현황 각 1부(총 3부)를 제출해야 한다. 시·군·구의 행정사항은 '시설급여 제공 장기요양기관'의 것과 유사하다.

　　재가장기요양기관을 설치할 수 있는 건축물의 용도는 노유자시설, 단독주택 또는 공동주택, 제2종 근린생활시설의 사무실 또는 업무시설이다. 방문서비스(방문요양, 방문간호, 방문목욕)의 경우에는 사회복지시설 또는 의료기관 등 기존 시설에 병설하여 시설 및 설비를 공용하는 경우 또는 기존 재가노인복지시설을 지정하는 경우에는 별도로 건축물의 용도를 심사하지 아니한다. 예를 들어, 의료기관에 방문간호사업소를 병설하고 사무실을 공용하는 경우에는 해당 사무실이 위치한 건축물의 용도를 별도로 심사하지 아니한다.

　시설을 확충하여 재가장기요양기관을 설치하는 경우의 민원신청 절차도를 보면 대체로 부지확보, 건축설계와 감리용역 업체 선정, 개발행위허가 필요 여부 판단(필요시 개발 행위 허가신청, 시·군·구청 도시계획과 처리기간 15일, 통상 30일 이상 소요), 시공업체 선정, 착공신고(시·군·구청 건축과, 처리기간 1일), 사용승인 신청(시·군·구청 건축과, 처리기간 7일), 재가장기요양기관 설치신고(시·군·구청 노인복지과, 처리기한 7일), 사업자신고(세무서 민원봉사실, 처리기한 7일) 등의 순이다.

　기존 건물을 활용하여 재가장기요양기관을 설치하는 경우에는 시설을 확충하여 재가장기요양기관을 설치하는 경우보다는 다소 간소하다. 건물확보(소유권 확보 또는 임대계약 체결), 건물용도 변경·리모델링(대수선) 필요 여부 판단, 필요시 용도변경 신청(시·군·구청 건축과, 처리기간 3~20일), 사용승인 신청(시·군·구청 건축과, 처리기간 7일), 재가장기요양기관 설치신고(시·군·구청 노인복지과, 처리기한 7일), 사업자신고(세무서 민원봉사실, 처리기한 7일) 등의 순이다.

3) 장기요양요원과 교육기관

(1) 장기요양요원

　「노인장기요양보험법」은 장기요양급여 종류별로 장기요양요원을 규정하고 있다. 방문요양에 관한 업무를 수행하는 요원은 요양보호사, 사회복지사이고, 방문목욕에 관한 업무를 수행하는 요원은 요양보호사이며, 방문간호에 관한 업무를 수행하는 요원은 간호사로서 2년 이상의 간호업무경력이 있는 자, 간호조무사로서 3년 이상의 간호보조

업무경력이 있고 보건복지부장관이 지정한 교육기관에서 소정의 교육을 이수한 자, 치과위생사(구강위생 업무를 하는 경우로 한정)이다. 주·야간보호와 단기보호 및 시설급여에 관한 업무를 수행하는 요원은 요양보호사, 사회복지사, 간호사, 간호조무사, 물리치료사, 작업치료사 등이다.

특히 요양보호사는 정신적·신체적 원인으로 독립적인 일상생활을 수행하기 어려운 노인들의 신체, 가사 및 일상생활 지원 서비스를 담당하는 요양전문인력 양성을 통해 질 높은 요양 서비스를 제공하기 위해 제도화되었다. 종전 「노인복지법」상 가정봉사원과 생활지도원보다 기능·지식 수준을 강화하여 노인장기요양보험제도의 성공적 도입과 복지수준 제고를 목적으로 한다.

(2) 요양보호사 교육기관

요양보호사의 법적 근거는 개정 「노인복지법」 제39조의2(요양보호사의 직무·자격증의 교부 등)에 따른다. 노인복지시설의 설치·운영자는 보건복지부령으로 정하는 바에 따라 노인 등의 신체활동 및 가사활동 지원 등의 업무를 전문적으로 수행하는 요양보호사를 두어야 한다. 요양보호사가 되려는 자는 「노인복지법」 제39조의3에 따른 요양보호사교육기관에서 교육과정을 마쳐야 한다. 시·도지사는 제2항에 따라 요양보호사 교육과정을 마친 자에게 요양보호사의 자격을 검정하고 자격증을 교부하여야 한다.

요양보호사의 교육대상은 학력, 연령 등의 제한이 없다. 교육시간 감면 대상은 국가자격(면허) 취득자와 경력자이다. 그중 국가자격(면허)은 사회복지사, 간호사, 물리치료사, 작업치료사, 간호조무사 등이다. 각 자격(면허) 소지자의 전공 분야를 고려하여 기 이수한 부분에 대해 면제한다.

승급대상은 요양보호사 2급 자격취득 후 업무경력 1년 이상인 자가 교육시간 60시간(이론 40시간, 실기 20시간) 이상을 이수하면 승급대상이 된다. 요양보호사 자격발급 절차는 교육신청, 교육, 교육수료자 명부 통보 및 제반서류 제출, 서류검정, 자격증 발급신청, 자격증 발급 순으로 이루어진다.

(3) 방문간호 간호조무사 교육기관

방문간호 장기요양요원은 「의료법」상 간호조무사로 최근 10년 이내 3년 이상 경력을 가지고 보건복지부장관이 정하는 교육이수자 혹은 「의료기사 등에 관한 법률」상 치과위생사(단, 치과 위생 업무를 하는 경우로 한정)이다. 간호사는 「의료법」상 간호사로 최근 10년 이내 2년 이상 경력을 가진 자이다. 방문간호는 장기요양요원인 간호사 등이 의사, 한의사 또는 치과의사의 지시서에 따라 수급자의 가정 등을 방문하여 간호, 진료의 보조, 요양에 관한 상담 또는 구강위생 등을 제공하는 장기요양급여이다.

방문간호의 재가급여 업무를 하기 위하여 간호조무사가 이수하여야 하는 교육을 받을 수 있는 자는 다음 분야, 즉 「의료법」에 의한 의료기관, 「노인복지법」에 의한 노인복지시설, 「지역보건법」에 의한 보건소·보건의료원 및 보건지소, 「농어촌 등 보건의료를 위한 특별조치법」에 의한 보건진료소 등에서 최근 10년 이내에 3년 이상의 업무 경험이 있는 간호조무사로 보건복지부장관이 지정하는 교육기관에서 교육과정 과목을 이수하여야 한다. 간호조무사 수료증 발급절차는 교육등록, 교육, 교육이수자 수료증 교부, 교육수료자 명단 통보와 제반서류 제출 등의 순으로 이루어진다.

6. 노인장기요양보험의 활용과 과제

노인장기요양보험은 5대 사회보험 중 가장 늦게 도입되었지만 수급자와 그 가족, 장기요양요원, 장기요양지정기관 등의 만족도가 높은 제도이다. 고령화로 노인인구가 늘고 핵가족화 등으로 가족이 일상생활에 어려움을 겪는 노인을 돌보기 어려운 상황에서 유용한 복지제도이기 때문이다. 노인장기요양보험의 지속적인 활용과 시민의 삶의 질 향상을 위해 제안하는 과제는 다음과 같다.

첫째, 전 국민을 대상으로 노인장기요양보험에 대한 기초교육을 실시해야 한다. 노인장기요양보험은 노인과 노인성 질환을 가진 사람을 위한 제도이지만 피보험자는 모든 국민이다. 수급자가 노인과 노인성 질환자이기에 노인만을 위한 사회보험으로 인식하기 쉬운데, 모든 국민이 적용을 받는다. 노인이 장기요양보험을 받으면 자녀인 중장년층과 손자녀도 영향을 받기에 모든 국민에게 노인장기요양보험에 대한 기초교육을 실시해야 한다. 노인장기요양보험의 급여는 본인이나 대리인(흔히 가족)이 장기요양인정 신청을 하여 요양등급판정을 받아야 하는데, 가족이 요양보험에 대한 기초 지식이 있어야 이를 활용할 수 있다.

둘째, 노인이 치매예방과 관리를 위해 개인과 가족, 보건소(치매안심센터), 국민건강보험공단의 역할을 이해하고 활용하도록 해야 한다. 노인장기요양보험의 수급자 중에는 치매를 동반하는 노인이 많다. 치매는 조기에 발견하여 약물관리 등을 체계적으로 하면 건강수명을 높일 수 있다. 치매가 의심되면 노인과 가족이 보건소에서 치매선별검사를 무상으로 받고, 소견이 나오면 보건소가 추천하는 병원에서 정밀검사를 무상으로 받을 수 있다. 치매관리를 위해 약을 먹으면 보건소에서 치매약값을 지원받고, 환자와 가족은 건강보험공단에 장기요양인정 신청을 할 수 있다. 치매환자는 45점 이상이면 요양등급(45점 미만이라도 인지지원등급)을 받아 장기요양급여를 이용할 수 있다. 이러한 사실을 널리 알려 노인과 가족이 치매국가책임제도와 노인장기요양보험을 활용할 수 있도록 안내해야 한다.

셋째, 요양등급에 맞는 재가급여와 시설급여의 활용을 안내하고 지원해야 한다. 요양등급은 5개 등급(+인지지원등급)으로 나뉘고, 전체 등급은 재가급여를 받고, 1~2등급은 시설급여도 받으며, 3등급도 적절한 가족보호자가 없으면 시설급여를 받을 수 있다. 수급자가 일상생활을 얼마나 할 수 있는지와 가족의 지지체계 등을 고려하여 먼저 재가급여를 활용하고 등급이 높아지면 시설급여를 활용하는 것이 방법이다. 수급자와 가족은 전국 어디에서나 장기요양지정기관을 이용할 수 있지만, 지역에 따라 요양지정기관의 분포가 다르고 이용정원이 찬 경우에는 대기해야 한다. 장기요양지정기관은 정기적으로 정부의 인증을 받고 있기에 수급자와 가족은 우수한 평가를 받는 기관을 이용하는 것도 한 방법이다.

넷째, 건강보험에 비교하여 차별적으로 적용되는 요양보험의 수가를 조정하여 수급자와 가족이 합리적으로 장기요양지정기관을 활용하도록 해야 한다. 수급자는 재가급여를 이용할 때 전체 이용료의 15%를 부담하고, 시설급여를 이용할 때에는 이용료의 20%와 식대·간식비의 전액을 부담해야 한다. 그런데 노인이 요양병원에 입원하면 입원비의 20%를 부담하고, 장기요양보험에서 간병비를 지원받는다. 요양병원의 환자는 식대도 건강보험의 적용을 받는데, 요양시설의 이용자는 전액 본인이 부담해야 한다. 요양시설의 이용자는 총액이 싼

요양병원으로 전원하길 희망하는 경우가 많다. 또한 건강보험에는 본인부담금 한도액이 있어서 가구 소득이 낮으면 연간 진료비 중 자부담액이 138만 원만 넘으면 모두 건강보험에서 처리하는데, 노인장기요양보험에는 본인부담금 한도액 제도가 없다. 장기요양보험과 건강보험 간에 차별적인 수가제도를 개선하고, 요양보험에도 본인부담금 한도액 제도를 도입하여 수급자가 비용이 아닌 욕구에 따라 선택할 수 있도록 해야 한다.

다섯째, 장기요양보험의 수가를 합리적으로 책정하여 장기요양요원이 질 좋은 서비스를 제공하도록 해야 한다. 건강보험공단은 건강보험과 장기요양보험을 관리운영하고 매년 각종 급여에 대한 수가를 정하고 있다. 최근 10여 년간 자료를 보면 건강보험공단은 건강보험을 실질적으로 운영하는 요양취급기관(병원)과 그곳에서 일하는 직원에 대한 처우를 위해 노력하였는데, 노인장기요양보험을 운용하는 장기요양요원의 급여와 근로조건은 열악한 상태로 방임하였다. 요양보호사의 처우는 건강보험공단이 주는 수가의 영향을 받을 수밖에 없다. 공단은 장기요양요원이 적절한 임금을 받고 「근로기준법」에 맞는 휴게시간, 휴가 등을 누릴 수 있도록 지원해야 한다.

여섯째, 장기요양요원이 인권에 기반한 서비스를 제공할 수 있도록 여건을 조성하고 모니터링을 통해 발전방안을 모색해야 한다. 장기요양보험의 수급자는 일상생활능력이 낮아서 다른 사람의 도움이 없이는 살기 어렵다. 특히 요양등급 1~2등급은 요양시설에서 살면서 하루 24시간 장기요양요원의 보살핌을 받게 된다. 소수 요양요원이 다수 수급자를 돌보고, 일부 수급자는 치매를 앓고 있기에 자기결정권을 포함한 많은 인권을 누리기 어렵다. 흔히 재가급여 수급자는 가족이 함께 사는 경우가 많고, 매일 확인할 수 있기에 인권침해 사례가 별로 없지만, 시설급여 수급자는 인권침해 사례가 생겨도 발견되기 어렵다. 이 때문에 시설장과 장기요양요원이 적극적으로 인권에 기반한 서비스를 하지 않으면 인권침해가 일어날 수도 있다. 이에 정부와 관련 단체는 장기요양요원에게 인권교육을 강화하고, 인권에 기반한 요양서비스를 하는지 모니터링해야 한다.

일곱째, 장기요양지정기관의 지속 가능한 발전을 지원하고, 제도를 오남용하는 기관을 모니터링하여 중대한 위법 행위를 하면 재진입을 방지해야 한다. 장기요양지정기관은 개인이나 단체가 시설과 인력 요건을 갖추어서 시·군·구에 신고하면 시·군·구청에서 장기요양지정기관으로 지정하고 있다. 장기요양기관을 설립한 개인과 단체는 이윤을 창출할 목적으로 이 사업에 투자하였지만, 현행 제도는 요양기관의 시설장이나 직원으로 인건비를 받을 수는 있지만, 시설의 투자비를 회수하거나 이윤을 창출하기는 어렵다. 이 때문에 시설장은 차입금의 원리금과 이윤을 위해 급량비의 일부를 횡령하거나 인력을 채용한 것처럼 꾸며 인건비를 착복하는 사례가 있다. 이에 장기요양지정기관이 지속 가능한 발전을 할 수 있도록 제도를 개선하고, 위법 행위를 한 경우에는 그 수준에 맞게 처벌해야 한다.

여덟째, 장기요양보험의 급여를 보다 충실히 하여 치매보험에 가입할 필요성을 줄여야 한다. 노인장기요양보험은 건강보험료의 12.95%를 요양보험료로 받아서 충당한다. 그런데 고령화로 치매에 대한 불안이 높기에 보험회사는 치매보험을 적극 판매한다. 치매보험은 급여율이 매우 낮아서 가입자의 입장에서는 효율성이 매우 낮다. 노인장기요양보험에서 식대와 간식비를 보험수가에 포함시키고, 건강보험에 있는 본인부담금 한도액 제도를 도입하여 자기부담액을 낮추면 굳이 치매보험에 가입할 필요성이 줄어든다. 장기요양보험의 보장성을 강화

하려면 요양보험료율을 조금 인상해야 하는데, 추가로 치매보험에 가
입하지 않아도 되므로 경제적인 대안이다.

단원 정리

　노인장기요양보험은 65세 이상의 노인과 65세 미만으로 노인성 질병
(치매, 뇌혈관성질환, 파킨슨 병 등)으로 인하여 6개월 이상 동안 혼자서
일상생활을 수행하기 어려운 요양보험 수급자에게 배설, 목욕, 식사, 취
사, 조리, 세탁, 청소, 간호, 진료의 보조 또는 요양상의 상담 등을 다양한
방식으로 장기요양급여를 제공한다. 우리나라 5대 사회보험 중 가장 늦
게 2008년 7월 1일부터 시행되었다.

　노인장기요양보험을 받으려면 장기요양인정 신청을 해서 장기요양인
정 및 장기요양등급판정을 받아야 한다. 등급판정의 기준과 절차는 인정
신청, 방문조사, 등급판정의 순으로 이루어진다. 건강보험공단이 조사결
과서, 신청서, 의사소견서, 그 밖의 심의에 필요한 자료를 장기요양등급
판정위원회에 제출하면 위원회에서 장기요양등급(1~5등급＋인지지원
등급)을 판정한다. 장기요양등급을 받은 후에야 장기요양인정서와 표준
요양이용계획서를 받고, 장기요양급여 이용기관을 선택하여 이용할 수
있다.

　장기요양보험 가입자는 건강보험 가입자와 동일하며, 국민건강보험
공단은 건강보험료액에 장기요양보험료율(2024년에 12.95%)을 곱해 보
험료를 징수한다. 국가는 매년 당해 연도 장기요양보험료 예상수입액의
20%에 상당하는 금액을 공단에 지원한다. 장기요양급여를 이용하는 노
인은 재가급여 비용의 15%, 시설급여 비용의 20%를 부담해야 한다. 기초
생활보장 수급자는 전액 면제되고, 저소득층은 일부 경감을 받는다.

장기요양기관이 수급자에게 재가급여 또는 시설급여를 제공한 경우 공단에 장기요양급여비용을 청구하여야 하며, 공단은 이를 심사하여 공단부담금(본인부담금을 공제한 금액)을 당해 장기요양기관에 지급한다. 비급여 항목과 월 한도액을 초과한 금액은 전액 본인이 부담한다. 비급여 항목은 식사 재료비, 상급침실 이용에 따른 추가비용, 이·미용비 등이다.

장기요양급여는 크게 재가급여, 시설급여, 특별현금급여로 나누어진다. 재가급여는 방문요양, 방문목욕, 방문간호, 주·야간보호, 단기보호, 기타 재가급여가 있다. 시설급여는 노인의료복지시설에 장기간 동안 입소하여 신체활동 지원, 심신기능의 유지·향상을 위한 교육·훈련 등을 제공하는 요양급여이다. 특별현금급여는 가족요양비, 특례요양비, 요양병원간병비가 있다.

노인장기요양보험은 국민건강보험공단이 관리운영하고, 보건복지부가 지도감독한다. 보건복지부는 장기요양위원회, 국가와 지방자치단체는 장기요양요원지원센터, 건강보험공단은 장기요양심사위원회를 둔다.

장기요양기관을 설치·운영하고자 하는 자는 관할 시장·군수·구청장으로부터 지정을 받아야 한다. 시설급여를 제공하는 기관은 노인요양시설, 노인요양공동생활가정이고, 재가급여를 제공하는 기관은 재가장기요양기관이다.

「노인장기요양보험법」은 장기요양급여 종류별로 장기요양요원을 규정하고 있다. 방문요양은 요양보호사, 사회복지사가 담당하고, 방문목욕은 요양보호사가 담당하며, 방문간호는 경력 있는 간호사, 간호조무사, 치과위생사가 담당하고, 주·야간보호와 단기보호 및 시설급여는 요양보호사, 사회복지사, 간호사, 간호조무사, 물리치료사, 작업치료사 등이 담당한다.

노인장기요양보험의 지속적인 활용과 시민의 삶의 질 향상을 위해 제안하는 과제는 다음과 같다. 전 국민을 대상으로 노인장기요양보험에 대한 기초교육을 실시해야 한다. 노인이 치매예방과 관리를 위해 개인과 가족, 보건소(치매안심센터), 국민건강보험공단의 역할을 이해하고 활용하도록 해야 한다. 요양등급에 맞는 재가급여와 시설급여의 활용을 안내하고 지원해야 한다. 건강보험에 비교하여 차별적으로 적용되는 요양보험의 수가를 조정하여 수급자와 가족이 합리적으로 장기요양지정기관을 활용하도록 해야 한다. 장기요양보험의 수가를 합리적으로 책정하여 장기요양요원이 질 좋은 서비스를 제공하도록 해야 한다. 장기요양요원이 인권에 기반한 서비스를 제공할 수 있도록 여건을 조성하고 모니터링을 통해 발전방안을 모색해야 한다. 장기요양지정기관의 지속 가능한 발전을 지원하고, 제도를 오남용하는 기관을 모니터링하여 중대한 위법 행위를 하면 재진입을 방지해야 한다. 장기요양보험의 급여를 보다 충실히 하여 추가적으로 치매보험에 가입할 필요성을 줄여야 한다.

 용어 정리

- **노인장기요양보험**: 노인장기요양보험은 「노인장기요양보험법」에 의해 2008년 7월 1일부터 시행된 사회보험이다. 고령이나 노인성 질병 등의 사유로 일상생활을 혼자서 수행하기 어려운 노인 등에게 제공하는 신체활동 또는 가사활동 지원 등의 장기요양급여에 관한 사항을 규정하여 노후의 건강증진 및 생활안정을 도모하고 그 가족의 부담을 덜어 줌으로써 국민의 삶의 질을 향상하도록 함을 목적으로 한다.

- **요양등급판정**: 노인장기요양보험을 받기 위해서는 요양등급판정을 받아야 한다. 등급판정의 기준과 절차는 인정 신청, 방문조사, 등급판정의 순으로 이루어진다. 본인 또는 대리인이 장기요양인정 신청서를 제출하면, 국민건강보

험공단 소속 직원이 신청인 거주지를 방문하여 조사한다. 장기요양등급판정위원회는 조사결과서, 신청서, 의사소견서, 그 밖의 심의에 필요한 자료를 바탕으로 요양등급을 판정한다.

- **장기요양등급판정위원회**: 장기요양등급판정위원회는 장기요양인정 및 장기요양등급판정을 위한 심의기구로서 시ㆍ군ㆍ구 단위에 설치된다. 위원은 「의료법」에 따른 의료인, 사회복지사, 장기요양에 관한 학식과 경험이 풍부한 자 등으로 위원장을 포함하여 15인이다.

- **장기요양보험료**: 장기요양보험 가입자는 건강보험 가입자와 동일하며, 국민건강보험공단은 장기요양보험료와 건강보험료를 통합하여 징수하여 각각 독립회계로 관리한다. 장기요양보험료는 건강보험료액에 장기요양보험료율(2024년에 12.95%)을 곱해 산정한다.

- **본인일부부담금**: 노인장기요양보험의 재정 일부는 본인일부부담금으로 충당된다. 장기요양급여를 이용한 노인은 재가급여 비용의 15%, 시설급여 비용의 20%를 부담해야 한다. 국민기초생활보장 수급자는 전액 면제되고, 의료급여 수급자, 소득ㆍ재산 등 보건복지부장관이 정하여 고시하는 일정금액 이하인 자는 본인부담금을 일부 경감한다.

- **장기요양급여**: 장기요양급여는 크게 재가급여, 시설급여, 특별현금급여로 나누어진다. 재가급여는 방문요양, 방문목욕, 방문간호, 주ㆍ야간보호, 단기보호, 기타 재가급여가 있다. 시설급여는 노인의료복지시설에 장기간 동안 입소하여 신체활동 지원, 심신기능의 유지ㆍ향상을 위한 교육ㆍ훈련 등을 제공하는 요양급여이다. 특별현금급여는 가족요양비, 특례요양비, 요양병원간병비가 있다.

- **장기요양기관**: 장기요양기관을 설치ㆍ운영하고자 하는 자는 관할 시장ㆍ군수ㆍ구청장으로부터 지정을 받아야 한다. 시설급여를 제공하는 기관은 노인요양시설, 노인요양공동생활가정이다. 재가급여를 제공하는 기관은 재가장기요양기관이고, 방문요양, 방문간호, 주ㆍ야간보호, 단기보호, 방문목욕 중 어느 하나 이상의 서비스 제공을 목적으로 하는 시설이다.

- **장기요양요원**: 「노인장기요양보험법」은 장기요양급여 종류별로 장기요양요원을 규정하고 있다. 방문요양은 요양보호사, 사회복지사가 담당하고, 방문목욕은 요양보호사가 담당하며, 방문간호는 경력 있는 간호사, 간호조무사, 치과위생사가 담당하고, 주·야간보호와 단기보호 및 시설급여는 요양보호사, 사회복지사, 간호사, 간호조무사, 물리치료사, 작업치료사 등이 담당한다.

- **요양보호사**: 요양보호사는 「노인복지법」에 근거한 국가자격증이다. 노인복지시설의 설치·운영자는 보건복지부령으로 정하는 바에 따라 노인 등의 신체활동 및 가사활동 지원 등의 업무를 전문적으로 수행하는 요양보호사를 두어야 한다. 요양보호사가 되려는 자는 요양보호사교육기관에서 교육과정을 마쳐야 한다. 시·도지사는 요양보호사 교육과정을 마친 자에게 요양보호사의 자격을 검정하고 자격증을 교부하여야 한다.

제7장

고용보험

1. 고용보험의 정의와 역사

　고용보험은 실업의 예방, 고용의 촉진 및 근로자의 직업능력의 개발과 향상을 꾀하고, 국가의 직업지도와 직업소개 기능을 강화하며, 근로자가 실업한 경우에 생활에 필요한 급여를 실시하여 근로자의 생활안정과 구직활동을 촉진함으로써 경제 · 사회 발전에 이바지하는 것을 목적으로 한 사회보험이다.

　한국 고용보험은 실직한 노동자에게 실업급여를 지급하는 전통적 의미의 실업보험 이외에 적극적인 직업소개 또는 직업훈련 지원을 통하여 재취업을 촉진하고 실업의 예방, 취업 기회의 확대, 노동자의 직업능력 향상, 기타 노동자의 복지증진을 목적으로 하는 사회보장제도인 동시에 인력정책이다.

　고용보험의 도입 여건은 누가 일하고 일하지 않는지를 알 수 있도록 노동시장이 투명해야 하고, 실업률이 비교적 낮아야 한다. 고용보험은 근로의욕의 저하와 실업의 장기화를 가져올 수도 있다는 우려가 있었지만, 1995년 7월에 도입된 후 적용대상이 빠르게 확장되었다. 최초 실업급여는 상시 노동자 30인 이상 사업장에, 고용안정사업과 직업능력개발사업은 상시 노동자 70인 이상 사업장에 적용되었다. 1997년 외환위기를 전후로 적용대상자가 크게 확대되어 도입 후 3년 3개월 만인 1998년 10월부터 1인 이상 모든 사업장까지 적용되었다.

고용보험에 필요한 재원은 대부분 보험료로 조달되고, 실업급여 보험료는 사용자와 노동자가 1/2씩 부담하고, 고용안정사업과 직업능력개발사업 보험료는 사업주가 부담한다. 보험료율은 실업급여는 1.8%, 고용안정사업 · 직업능력개발사업은 0.25~0.85%로 상시 노동자 수가 많은 사업장이 더 많이 부담하도록 설계되어 있다.

고용보험의 관리운영은 고용노동부가 관장하지만, 보험 가입자의 관리업무 등은 사업장을 대상으로 산업재해보상보험을 관리하는 근로복지공단에게 위임하고 있다. 고용보험과 산재보험은 사업장을 대상으로 한 사회보험이므로 고용노동부와 근로복지공단의 협력이 필수적이다.

* 고용노동부 http://www.molab.go.kr

* 근로복지공단 https://www.kcomwel.or.kr

2. 고용보험의 적용대상

1) 1인 이상 사업장 노동자

1인 이상을 고용한 사업장에서 일하는 모든 노동자가 고용보험의 적용대상이다. 다만, 가족종사자로 구성된 사업장, 5인 미만의 농업 사업장 등 일부는 적용을 받지 않는다. 「고용보험법」 제8조와 그 시행령 제2조는 적용제외 사업을 다음과 같이 규정한다.

1. 농업·임업 및 어업 중 법인이 아닌 자가 상시 4명 이하의 노동자를 사용하는 사업
2. 다음 각 목의 어느 하나에 해당하는 공사. 다만, 「고용보험법」 제15조 제2항 각 호에 해당하는 자가 시공하는 공사는 제외한다.
   가. 총 공사금액이 2천만 원 미만인 공사
   나. 연면적이 100제곱미터 이하인 건축물의 건축 또는 연면적이 200제곱미터 이하인 건축물의 대수선에 관한 공사
3. 가구 내 고용활동 및 달리 분류되지 아니한 자가소비 생산활동

2) 일용노동자

2004년 「고용보험법」 개정으로 모든 일용노동자의 고용보험 가입이 의무화되었다. 일용노동자란 1개월 미만의 기간 동안 고용되는 노동자로, 주로 건설노동자(비계공, 벽돌공, 목수, 용접공 등)가 해당되며, 그 외에 중국집 배달원, 급식 조리원, 식당 주방보조원, 백화점 세일기간 동안 고용된 사람 등이 해당된다. 다만, 임금 계산이나 지급이 일단위로 이루어진다 해도 근로계약기간이 1개월 이상인 경우는 일용노동자로 볼 수 없다.

3) 자영업자

49인 이하의 노동자가 있는 자영업자는 본인이 희망하는 경우에 고

용보험에 가입할 수 있다. 고용안정사업·직업능력개발사업, 실업급
여에 모두 가입해야 하고, 가입 후 모든 급여를 받을 수 있다.

4) 미적용대상자

고용보험은 적용사업에 고용된 모든 노동자에게 적용되나 다음 어
느 하나에 해당하는 자에게는 적용을 제외한다.

- 65세 이후 고용되거나 자영업을 개시한 자
- 1개월간 소정 근로시간이 60시간 미만인 자(1주간의 소정 근로시간
  이 15시간 미만인 자 포함), 다만 3개월 이상 계속하여 근로를 제공
  하는 자와 1개월 미만 동안 고용되는 일용노동자는 적용대상임
- 「국가공무원법」과 「지방공무원법」에 따른 공무원. 다만, 별정
  직·임기제 공무원은 본인의 의사에 따라 최초 임용된 날부터 3개
  월 이내 임의가입 가능(실업급여만 적용)
- 「사립학교교직원 연금법」의 적용을 받는 자
- 외국인노동자(외국인노동자의 경우 고용보험 적용제외 대상이나 일
  부 체류자격의 경우 당연, 임의, 상호주의로 구분 적용)
- 「별정우체국법」에 따른 별정우체국 직원

요약하면 1인 이상을 고용하는 사업장에서 일하는 모든 노동자는
고용보험의 적용을 받지만, 대체로 가족종사자로 구성된 사업장, 5인
미만의 농업 사업장, 2천만 원 미만 공사 등은 적용을 받지 않는다. 고
용보험이 적용되는 사업장에서 일하더라도 65세 이후 고용된 자, 단시
간 노동자, 공무원 등 특수직역 연금 대상자, 외국인노동자 등은 적용

되지 않는다.

3. 고용보험의 재원

고용보험의 재원은 대부분 보험료로 조달된다. 실업급여에 소요되는 재원은 노동자와 사용자가 각각 반씩 분담하고, 고용안정사업·직업능력개발사업은 사용자가 모두 부담한다. 보험료율은 조금씩 인상되는 경향이 있는데 실업급여의 보험료율은 2024년에 1.8%(노동자 0.9%＋사용자 0.9%)이다. 고용안정사업·직업능력개발사업의 보험료율은 종사자 수와 우선지원 대상기업 여부에 따라 다르다. 150인 미만 기업의 보험료율은 0.25%, 150인 이상 우선지원 대상기업은 0.45%, 150인 이상~1,000인 미만 우선지원 대상이 아닌 기업은 0.65%, 1,000인 이상 기업과 국가, 지방자치단체가 직접 행하는 사업은 0.85%이다.

우선지원 대상기업

1. 산업별 상시 노동자 수가 아래에 해당되는 사업
   - 제조업 500명 이하
   - 광업, 건설업, 운수업, 정보통신업, 사업시설관리 및 사업지원 서비스업, 전문·과학 및 기술 서비스업, 보건업 및 사회복지 서비스업 300명 이하
   - 도매 및 소매업, 숙박 및 음식점업, 금융 및 보험업, 예술·스포츠 및 여가 관련 서비스업 200명 이하

- 농업 · 임업 및 어업, 전기 · 가스 · 증기 및 수도사업, 하수 · 폐기물 처리 · 원료재생 및 환경복원업, 부동산업 및 임대업, 공공행정 · 국방 및 사회보장 행정, 교육 서비스업, 협회 및 단체, 수리 및 기타 개인서비스업, 가구 내 고용활동 및 달리 분류되지 않은 자가소비 생산 활동, 국제 및 외국기관 100명 이하

2. 「중소기업기본법」 제2조 제1항 및 제3항의 기준에 해당하는 기업

3. 위 1호 또는 2호에 해당하더라도 「독점규제 및 공정거래에 관한 법률」 제14조 제1항에 따라 지정된 상호출자제한기업집단에 속하는 회사는 그 지정된 날이 속하는 보험연도의 다음 보험연도부터 우선지원 대상 기업으로 보지 아니함

요약하면 우선지원 대상기업은 상시 노동자 수가 500인 이하 제조업, 300인 이하 광업 · 건설업 · 운수업 등, 200인 이하 도소매업 · 음식숙박업 등, 이에 속하지 않은 100인 이하 사업장 그리고 「중소기업기본법」에 의한 중소기업이다. 다만, 상시 노동자 수가 적은 중소기업이라도 시장지배력이 높은 상호출자제한기업집단(대기업그룹)에 속하는 곳은 우선지원 대상이 아니다.

정부는 10인 미만 사업장 노동자의 고용보험과 국민연금의 가입을 장려하기 위해 '두루누리'사업을 시행한다. 2024년에는 10명 미만 사업장에서 일하는 월평균소득 270만 원 미만 노동자의 보험료와 사용자의 보험료를 국가가 일부 지원한다. 지원내용은 국민연금과 고용보험 보험료 80%를 36개월 동안 국가에서 지원한다. 지원대상은 신청일 기준으로 지난 6개월간 국민연금과 고용보험 자격취득 이력이 없는 자, 신입사원이나 육아휴직 등 복직한 근로자이다.

* 두루누리 http://www.insurancesupport.or.kr

자영업자의 고용보험 보험료는 본인이 선택한 기준보수 7등급(2015년 이전은 5등급)에 보험료율을 곱한다. 실업급여 보험료율은 기준보수의 2.0%이고, 고용안정사업·직업능력개발사업 보험료율은 0.25%이다. 2024년 자영업자의 1등급 기준보수는 182만 원, 2등급 208만 원, 3등급 234만 원, 4등급 260만 원, 5등급 286만 원, 6등급 312만 원, 7등급 338만 원이다.

4. 고용보험의 급여

고용보험의 급여는 실업급여, 고용안정사업·직업능력개발사업, 육아휴직 급여와 출산전후휴가 급여 등이 있다. 실업급여는 구직급여, 취업촉진수당, 상병급여 등이 있다. 취업촉진수당은 조기재취업수당, 직업능력개발수당, 광역구직활동비, 이주비 등이 있다.

1) 실업급여

노동자가 퇴직 전 1년 6개월 사이에 여섯 달(180일) 이상 일하다 회사의 폐업, 도산, 인원감축 등 본인의 뜻과 달리 일자리를 잃으면 고용센터에 구직신청을 하여 실업급여(구직급여)를 받을 수 있다. 전직 등을 위해 자발적으로 퇴직한 경우에는 받을 수 없다. 구직급여는 고용보험에 가입하는 사업장에서 일한 노동자가 비자발적으로 실직하고, 고용센터에 구직신청을 하며, 구직활동을 성실히 할 때 정해진 기간 동안 받을 수 있다. 고용보험 보험료를 납부한 기간이 길고, 노동자의 연령이 높을 때 구직급여를 받을 수 있는 기간이 길다. 실업급여에는 구직급여와 취업촉진수당 등이 있다.

　구직급여는 실직 노동자의 생계안정과 재취직을 촉진하기 위하여 지급하는 것이기 때문에 노동자가 의사와 능력을 가지고 적극적으로 구직활동을 하여야 한다. 구직급여는 퇴직 당시의 연령과 보험가입기간에 따라 120~270일 동안 실직 전 평균임금의 60%를 받는다. 즉, 연령은 50세 미만, 50세 이상 및 장애인으로 나누어서 연령이 높을수록, 그리고 가입기간이 길수록 구직급여를 오래 받을 수 있다. 즉, 50세 미만으로 고용보험 가입기간이 1년 미만인 자의 실업급여 지급일수는 120일, 1~3년 미만은 150일, 3~5년 미만은 180일, 5~10년 미만은 210일, 10년 이상은 240일이다. 50세 이상과 장애인은 각각 120일, 180일, 210일, 240일, 270일로 가입기간이 1년 이상이면 50세 미만인 노동자보다 실업급여 지급일수는 30일 늘어난다.

　2019년 10월부터 연령 구분이 단순화되고(2019년 9월까지 30세 미만, 30~50세 미만, 50세 이상과 장애인으로 구분되었다), 지급기간이 한 달씩 연장되었으며, 평균임금의 50%에서 60%로 인상되었다. 구직급여액의 상한액과 하한액은 인상되는 경향이 있는데, 2019년 1월 이후 상한액은 1일 66,000원이고 하한액은 퇴직 당시 「최저임금법」상 시간급의 80%(다만, 하한액이 60,120원보다 낮으면 이를 적용)이다.

　구직급여를 받을 수 있는 사람이 질병·부상·출산으로 취업이 불가능한 경우에 구직급여 대신에 상병급여를 받고, 실업급여 수급자로서 재취업에 필요한 직업훈련을 받으면 구직활동을 하지 않아도 직업능력개발수당을 받을 수 있다. 만약 소정급여일수가 종료되어도 재취직을 하지 못한 사람에게는 특별연장급여(60일)와 개별연장급여(60일) 등이 지급될 수 있다. 특별연장급여 등은 노동시장이 크게 악화되어 고용노동부장관이 정한 경우로 한정되어 있다.

실업자가 구직급여를 받을 수 있는 기간에 취업을 할 경우에는 취업촉진수당을 받을 수 있다. 조기에 재취업하는 자에게는 구직급여 잔여일수의 1/2에 해당하는 금액만큼 일시금으로 조기재취업수당을 지급하며, 구직급여 수급자가 직업훈련을 받는 경우에 직업능력개발수당을 지급하며, 지방노동관서의 소개로 25km 이상 원거리에 직장 구직활동을 하는 경우 광역구직활동비를 지급하고, 원거리에 취업하는 경우에는 이주비를 지급한다.

2) 고용안정사업 · 직업능력개발사업

고용안정사업은 노동자를 감원하지 않고 고용을 유지하거나 실직자를 채용하여 고용을 늘리는 사업주에게 비용의 일부를 지원하여 고용안정을 유지할 수 있게 하는 일이다. 고용안정사업에는 고용창출지원사업, 고용조정지원사업, 고용촉진지원사업, 건설노동자 고용안정지원사업, 기타 고용안정 및 취업지원사업 등이 있다. 이러한 사업은 노동시장의 변화에 따라 세부 사업의 이름과 지원 조건이 달라지는 경향이 있다.

고용창출지원사업은 통상적 조건하에 취업이 어려운 취약계층을 고용하거나 교대제 개편, 실근로시간 단축, 시간선택제 일자리 도입 등 근무형태를 변경하여 고용 기회를 확대한 사업주를 지원하는 것으로 고용창출장려금 등을 지급한다. 사전에 사업참여신청서 및 사업계획서를 제출받아 고용센터 심사위원회의 심사를 거쳐 선정된 기업에 한하여 예산의 범위 내에서 지원한다. 단, 고용촉진장려금은 사업 참여 신청이 필요 없이 지급요건을 갖추어 장려금 지급 신청서를 제출하면 지원한다.

고용조정지원사업은 고용유지지원금, 전직지원장려금 등을 지원한다. 고용유지지원금은 경기의 변동, 산업구조의 변화 등으로 생산량·매출액이 감소하거나 재고량이 증가하는 등의 고용조정이 불가피하게 된 사업주가 노동자를 감원하지 않고 근로시간 조정, 교대제 개편, 휴업, 휴직과 같은 고용유지조치를 실시하고 고용을 유지하는 경우 임금(수당)을 지원하여 사업주의 경영 부담을 완화하고 노동자의 실직을 예방하기 위한 것이다.

고용안정장려금은 학업, 육아, 간병 등 생애주기별로 고용불안이 가속될 때 소정 근로시간 단축, 근로형태 유연화 등을 도입하여 노동자의 계속고용을 지원하거나 기간제 노동자 등을 정규직으로 전환하는 사업주를 지원하여 기존 노동자의 고용안정과 일자리 질 향상을 도모하는 것이다. 사전에 사업참여신청서 및 사업계획서를 제출받아 고용센터 심사위원회의 심사를 거쳐 선정된 기업에 한하여 예산의 범위 내에서 지원한다.

장년고용안정지원금은 고령자와 장년 미취업자의 고용촉진 및 안정을 도모하기 위해 사업주에게 지원금을 지원하여 기업의 임금부담을 완화하고, 일할 의욕이 있고 경험이 풍부한 직원을 채용할 수 있는 기회를 제공하는 것이다.

고용촉진지원사업은 지역고용촉진지원금, 고령자 고용촉진지원금, 임금체계 및 정년연장 지원금, 취업취약자 고용촉진지원금, 임신출산 여성 고용안정 지원사업 등이 있다. 그중 지역고용촉진지원금은 지역 노동시장 간 형평성 제고와 균형 있는 발전을 위해 고용사정이 현저히 악화된 지역을 고용위기지역으로 지정하고 지정지역에서 고용을 창출하는 사업주에게 지원금을 지급한다.

직업능력개발사업은 사업주가 노동자에게 직업훈련을 실시하거나 노동자가 자기개발을 위해 훈련을 받을 경우 사업주 · 노동자에게 일정 비용을 지원해 준다. 사업주를 지원하는 사업은 직업능력개발훈련 지원, 유급휴가훈련 지원, 직업능력개발훈련시설 · 장비 설치비용대부 등이 있다. 고용노동부장관은 사업주가 기간제 노동자, 단시간 노동자, 파견노동자, 일용노동자, 고령자 또는 준고령자 등에게 직업능력개발 훈련을 실시할 경우에는 우대 지원할 수 있다. 노동자를 지원하는 사업은 재직노동자훈련 지원(노동자 수강지원금 지원), 실업자훈련 지원(실업자재취직훈련 지원) 등이 있다.

직업능력개발훈련을 소개하면, 고용보험에 가입한 직장인은 2015년부터 직업능력개발훈련카드(근로자카드)를 발급받아 국비지원 교육과정을 수강할 수 있다. 근로자카드는 고용보험에 가입 중인 사람이 지원대상일 때, 본인이 인터넷으로 신청하면 된다. 이 카드를 발급받은 사람은 5년간 300만 원까지 교육훈련비로 쓸 수 있다. 근로자카드를 신청할 수 있는 사람은 우선지원 대상기업 노동자, 기간제 노동자, 단시간 노동자, 파견노동자, 일용노동자, 자영업자, 이직예정자, 무급휴직 · 휴업 중인 노동자, 50세 이상 노동자, 3년간 훈련이력이 없는 노동자 등이다. 이들 조건에 하나만 해당되면 누구든지 신청할 수 있다.

실업자 재취업훈련 지원은 고용보험 사업장에서 실직한 노동자가 재취업을 위해 훈련을 받는 경우 훈련비(전액 국비지원이나 일부 훈련의 정부지원훈련비 초과분은 훈련생 부담)와 훈련수당을 지원한다.

직장어린이집 지원은 직장어린이집 설치를 위한 사업주의 적극적인 참여를 유인하고 보육 서비스의 질적 제고를 위하여 직장보육교사 등의 인건비 및 중소기업 직장어린이집 운영비를 지원하는 것이다.

청년내일채움공제는 중소기업 등에 정규직으로 취업한 청년에게는 장기근속 및 목돈 마련의 기회를, 기업에는 우수인재 고용유지를 지원하는 제도이다. 지원대상은 신규 취업 청년(고용보험 가입이력 12개월 이내)과 5인 이상(5인 미만이라도 지식서비스산업·문화콘텐츠산업·벤처기업 등 예외적 허용) 중소·중견기업(중견기업 중 3년 평균 매출액 3천억 원 미만 기업만 가입 가능)이다. 지원내용은 2년형은 만기금 1,600만 원(청년 300＋기업 400〈정부지원〉＋정부 900)이고, 3년형은 만기금 3천만 원(청년 600＋기업 600〈정부지원〉＋정부 1,800)이다. 3년형은 「뿌리산업 진흥과 첨단화에 관한 법률」에 따른 뿌리산업에 해당하는 경우만 가입 가능(총 1만 명)하다. 즉, 청년이 2년형에 가입하여 매월 12.5만 원씩 적립하면, 기업과 정부가 1개월, 6개월, 12개월, 18개월, 24개월에 기여금과 지원금을 주어 2년 만기 시 1,600만 원 이상을 받을 수 있도록 하는 사업이다.

3) 모성보호

모성보호 관련 급여는 출산전후휴가, 육아휴직, 육아기 근로시간 단축, 고용보험 미적용자 출산급여, 배우자 출산휴가 등이 있다.

출산전후휴가는 임신·출산(유산·사산 포함) 등으로 인하여 소모된 체력을 회복시키기 위하여 부여하는 제도이다. 임신 중의 여성에 대하여는 출산 전과 출산 후를 통하여 90일(다태아 120일)의 출산전후휴가를 주되, 휴가기간의 배정은 출산 후에 45일(다태아 60일) 이상이 확보되도록 하여야 한다. 이는 출산한 여성노동자의 근로의무를 면제하고 임금상실 없이 휴식을 보장받도록 하는 제도이다. 우선지원 대상기업의 경우 90일(다태아 120일)의 급여가 고용보험에서 지급되고, 대규모 기업의 경우 최초 60일(다태아 75일)은 사업주가, 그 이후 30일(다태아 45일)은 고용보험에서 지급된다. 휴가가 끝난 날 이후 12개월 이내에 신청해야 하고, 그후에 신청하면 급여를 받을 수 없다. 출산전후휴가 급여는 휴가를 시작한 날의 통상임금으로 지급하되, 우선지원 대상기업 노동자의 통상임금이 고용보험에서 지원하는 금액(90일분 600만 원 한도, 120일분 800만 원 한도)보다 많을 경우 최초 60일(다태아 75일)에 대하여는 그 차액을 사업주가 지급하여야 한다. 사용자 측이 출산휴가를 위반하면 2년 이하의 징역 또는 1천만 원 이하의 벌금에 처해질 수 있다.

　육아휴직은 만 8세 이하 또는 초등학교 2학년 이하의 자녀를 가진 노동자가 그 자녀를 양육하기 위해 「남녀고용평등과 일·가정 양립 지원에 관한 법률」 제19조에 의한 육아휴직을 30일 이상 1년 이내로 부여받는다. 소정의 수급요건을 충족하는 경우 육아휴직 시작일부터 3개월까지는 통상임금의 80%(상한액 월 150만 원, 하한액 월 70만 원)를 육아휴직 급여액으로 지급하고, 4개월째부터 종료일까지 통상임금의 50%(상한액 월 120만 원, 하한액 월 70만 원)를 육아휴직 급여액으로 지급한다. 단, 육아휴직 급여액의 25%는 직장복귀 6개월 후에 지급요건을 확인한 후에 합산하여 일시불로 지급한다. 하지만 2025년부터 육아휴직 급여액은 월 250만 원까지 인상되고 매달 전액 지급된다.

　육아기 근로시간 단축제도는 육아휴직을 신청할 수 있는 노동자가 육아휴직을 대신해서 육아기 근로시간의 단축을 신청할 수 있는 것이다. 육아기 근로시간 단축은 1년(육아휴직 미 사용기간을 가산하는 경우 최대 2년까지) 이내의 기간으로 사용할 수 있다. 자녀 1명당 육아휴직과 육아기 근로시간 단축을 합산하여 최대 2년까지 사용할 수 있다. 2019년 10월 1일부터 육아기 근로시간 단축 시 매주 최초 5시간 분은 통상임금의 100%(상한액 200만 원, 하한액 50만 원), 나머지 근로시간 단축분은 통상임금의 80%(상한액 150만 원, 하한액 50만 원)이다.

고용보험 미적용자 출산급여는 소득활동을 하고 있으나 고용보험의 출산전후휴가급여를 지원받지 못하는 출산(유산·사산 포함) 여성에게 출산급여 지원(총 150만 원, 한 달에 50만 원씩 3개월분)을 통해 모성보호와 생계를 지원하는 제도이다. 출산 전 18개월 중 3개월 이상, 그리고 출산일 현재도 소득활동을 하고 있어야 하며 소득이 발생하여야 받을 수 있다. 대체로 출산급여의 조건을 미충족한 노동자, 1인 사업자, 특수형태 노동자와 자유계약자 등 그 밖에 소득활동을 하는 여성이다. 출산일로부터 1년 이내에 신청해야 하고 출산급여는 150만 원이다. 유산·사산의 경우에 임신기간에 따라 액수가 달라지는데, 15주까지는 30만 원, 16~21주는 50만 원, 22~27주는 100만 원, 28주 이상은 150만 원이다.

배우자 출산휴가 급여는 노동자의 배우자가 출산할 경우 배우자와 태아의 건강보호와 육아에 참여토록 하기 위해 「남녀고용평등과 일·가정 양립 지원에 관한 법률」 제18조의2에 의한 배우자 출산휴가를 부여받고, 소정의 수급요건을 충족하는 경우 우선지원 대상기업 소속 노동자에 한해 최초 5일분(상한액 382,770원, 하한액 최저임금)을 배우자 출산휴가 급여로 지급한다. 배우자 출산휴가 기간은 10일(유급)이다.

4) 일용노동자와 자영업자의 급여

일용노동자는 상용노동자와 달리 실업급여, 취업 알선, 훈련비와 훈련수당만 받을 수 있다. 일용노동자는 수급자격 인정 이직일 이전 18개월간 피보험 단위기간이 통산 180일 이상이고, 수급자격 신청일 이전 1개월간 일한 일수가 10일이 안 될 경우 실업급여를 청구하여 받을 수 있다. 재취업을 위하여 취업 알선을 받을 수 있고, 실업자 재취직 훈련을 받을 경우 훈련비와 훈련수당을 지원받을 수 있다.

자영업자는 노동자와 달리 구직급여, 직업능력개발수당, 광역구직
활동비, 이주비 등을 받을 수 있으나 연장급여, 조기재취업수당 등은
적용되지 않는다. 자영업자 실업급여는 보험료 납부 시 선택한 기준보
수의 60%이다.

5. 고용보험의 관리운영

고용보험은 고용노동부가 관리운영하고, 주요 지역마다 있는 고용
센터가 실직자의 구직활동 등을 지원한다. 최근에는 고용센터가 여성
새로일하기센터, 서민금융센터, 금융상담센터, 헬스케어 등 전문성을
가진 참여기관 등과 협력하여 고용・복지 분야 외에도 노후설계, 금
융, 법률, 기초의료 분야의 종합적인 상담 및 서비스를 동시에 지원하
기도 한다. 고용과 복지를 한곳에서 해결 가능한 고용복지플러스센터
는 실업급여, 복지상담, 신용회복상담 등을 제공한다. 과거에는 취업
상담이나 실업급여는 고용센터, 복지상담은 지방자치단체, 신용회복상
담은 서민금융센터로 흩어져 있었으나, 2013년에 관련 부처들이 협의
해 서비스를 한곳에서 받을 수 있도록 하였다. 이 센터는 전국에 100여
개가 있고 더욱 확대될 것이다.

고용복지플러스센터에서 재취업설계프로그램을 받으면 교육비는
무료이며 취업의사가 있는 여성 구직자는 5일 동안 하루 4시간씩 성격
검사, 직업선호도검사, 직업정보탐색, 취업계획수립, 업체유형별 자
기소개서 작성법, 면접방법 등을 교육받을 수 있다. 수료한 교육생은
1:1 맞춤상담을 통해 취업을 알선받고 주부 인턴십에도 참여하는 특전

을 받을 수 있다. 자신이 원하는 직업에 필요한 직업훈련이 무엇인지 알게 되면 정부 지원의 직업훈련도 받을 수 있다. 또한 저소득층, 취업 취약계층, 청년층, 중·장년층 등 취업에 애로사항을 겪고 있는 사람은 센터에서 종합적인 취업지원 서비스인 '취업성공패키지'를 이용할 수 있다. 교육을 받는 동안 소정의 수당을 지원받아 생계비로도 활용하는 등 복지서비스도 한꺼번에 받을 수 있다.

* 광주고용복지플러스센터 http://www.work.go.kr/gwangju

고용센터는 거주하는 주소지별로 관할 센터가 다른데, 광주광역시에 산다면 광주고용센터를 이용하면 된다. 일자리를 찾는 모든 시민은 고용노동부가 운영하는 고용24에서 해당 지역 정보만 검색하지 말고 출근이 가능한 인접 지역도 검색하면 취업 기회는 늘어난다. 고용24에서 일자리 정보를 지역별, 직종별, 특정 인구집단별(청년, 장년, 여성 등)로도 검색할 수 있다.

* 고용24 http://www.work24.go.kr

여성가족부는 재취업에 성공하도록 전국에 여성새로일하기센터를 운영하고, 경력단절여성 등이 새 일터에서 안착할 수 있도록 지원하기 위해 온라인 직장적응 상담서비스를 운영한다. 온라인 상담서비스는 재취업한 경력단절여성을 중심으로 개발되었지만, 여성 재직자라면 누구든지 무료로 이용할 수 있다. 서비스는 인터넷으로 이용하거나 전화상담을 통해 받을 수 있다. 이용자는 '온라인경력개발센터-꿈날개'를 검색하거나 글쓰기를 하면 된다. 전화는 1600-3680으로 걸면 여성가족부와 경기도가 함께 운영하는 경력개발센터와 연결된다.

직장적응 상담은 여성이 직장생활을 하면서 겪게 되는 노무·법률,

심리, 육아·보육 등 다양한 어려움에 대해 경력유지상담사의 1:1 상담과 전문가 조언을 제공하는 서비스이다. 이 사업은 경력단절여성 등의 사회복귀를 위한 온라인 취업지원 서비스로 시작되어 점차 취업·창업 역량진단에서 경력개발과 취업·창업지원, 고용유지 상담과 직장적응 교육 등이 포함된 사후관리지원도 추가되었다. 인터넷의 보편화와 스마트폰을 통한 모바일 서비스가 대중화되면서 상담 방식도 바뀌고 있다. 직장적응 상담은 온라인상담이 중심이고 전화상담도 병행되고 있다.

* 온라인경력개발센터-꿈날개 http://www.dream.go.kr

6. 고용보험의 활용과 과제

고용보험이 1995년에 도입된 후 짧은 기간 동안 적용대상 사업장이 1인 이상 모든 사업장으로 확대되었음에도 불구하고, 사각지대에 있는 노동자가 적지 않다. 또한 고용보험의 실업급여, 고용안정사업, 직업능력개발사업이 꾸준히 발전되었지만, 구직자의 입장에서 충분하지 못하다. 고용보험의 사각지대를 줄이고 급여를 확충하기 위해 다음 과제를 해결해야 한다.

첫째, 노동자 중 시간제 노동자, 일용노동자 등은 고용보험에 적용되지 않는 경우가 많아 대책을 세워야 한다. 사업장에서 구조조정 등으로 한번 배제된 노동자는 정규직으로 임용되기 어렵고, 일용직이나 시간제로 채용되기에 고용보험의 적용대상자에서 누락되기 쉽다. 이러한 노동자는 근로조건이 열악할 뿐만 아니라 실직 시 최소한의 사회적 안전망인 고용보험조차 받을 수 없다. 정부가 1인 이상 고용사업장에서 일하는 모든 노동자, 일용노동자, 자영업자 등 노동능력이 있고 노동할 의사가 있는 모든 국민이 고용보험에 가입하도록 하여 당연가입 대상자가 누락되지 않고, 임의가입 대상자에게 가입 촉진 동기를 부여해야 한다. 고용보험에 가입하지 않아도 되는 단시간 노동자를 오남용하지 못하도록 제도적 보완이 필요하다.

둘째, 고용보험은 주로 사용자를 위한 고용안정사업과 직업능력개발사업 그리고 노동자를 위한 실업급여와 직업능력개발사업이 있지만, 실직자의 입장에서 구직급여가 충분하지 못하다는 것이 가장 큰 문제이다. 만약 49세 노동자가 고용보험에 3~5년간 가입하였다면 구직급여를 받을 수 있는 기간은 180일이다. 퇴직 전에 평균임금이 360만 원이었다면, 실직 전 임금의 60%는 216만 원이더라도 한도액에 걸려 198만 원밖에 받지 못한다. 이마저도 6개월이 지나면 중단된다는 것은 장기 실직자에게 가혹하다. 2024년 실업급여의 하루 상한액이 66,000원이고 하한액이 63,104원인데, 이렇게 낮은 수준의 구직급여 상한액은 불합리하다. 보험료를 더 많이 낸 사람은 실업급여도 더 받을 수 있도록 상한액을 없애거나 합리적인 수준으로 높여야 한다.

셋째, 장기간 실업으로 생계가 어렵다면 개별연장급여와 특별연장급여를 받을 수 있는 조건을 완화시키고 그 기간을 늘려야 한다. 현재 연장급여는 최대 2개월인데, 실직자가 구직활동을 하기에 충분하지 못하다. 선진국에서는 실업급여가 끝난 후에 소득수준에 따라서 실업부조를 하는 경우가 많은데, 우리나라도 단기적으로 실업급여의 수준을 상향조정하고 장기적으로 실업부조를 도입해야 한다.

넷째, 고용노동부는 구인 업체와 구직자 간의 간극을 해결하기 위해 맞춤형 알선을 수행해야 한다. 고용보험을 수급받기 위해서 실직자는 고용센터에 구직신청을 하고 2주마다 노동관서에 출두하여 자신의 구직활동을 입증해야 한다. 사업장은 실질적 공채보다는 연고로 임용하는 경우가 많아서 실직자가 고용센터에 구직신청을 하더라도 일자리를 구하기 어렵다. 구직신청이 실업급여를 타기 위한 한 절차로 활용될 뿐, 직업 알선에 실질적인 도움이 되지 못한다면 직업 알선을 위한 사업에 더 역점을 두어야 한다. 노동부는 직업능력개발사업에 초점을 맞추어서 실직자가 각종 자격증을 취득하도록 교육비 등을 지원하지만, 취업에 연결되지 않는 자격증의 취득은 사실상 직업학교(학원)에게 혜택을 주는 셈이다. 실업자가 많지만 많은 중소기업체가 구인난을 겪고 있으므로 고용노동부는 직업 알선을 맞춤형으로 수행해야 한다.

다섯째, 사회복지사와 사회복지계는 노동시장의 발전과 고용보험의 활용에 전문적으로 개입해야 한다. 사회복지사는 18세 미만 아동, 65세 이상 노인, 중증장애인과 같이 노동시장에서 배제된 사람에게 우선 개입하고, 노동시장에서 활동하는 사람은 소극적으로 개입하였다. 과거에는 노동능력이 없어서 가난하여 복지 수급자가 되었지만, 현재는 노동능력이 있지만 적절히 팔지 못한 사람이 수급자로 편입되고 있다. 사회복지사는 노동시장을 파악하고, 모든 국민이 법에서 정한 적절한 근로조건에서 일하며 고용보험을 잘 활용하도록 교육하고 지원하는 일에 좀 더 역점을 두어야 한다. 노동자의 고충을 상담하고 옹호하며, 모든 시민이 고용보험 등 사회보험을 누리도록 교육하고 지원하는 능력을 키워야 한다.

여섯째, 2020년 7월부터 시행되는 국민취업지원제도를 고용보험과 연계시켜야 한다. 국민취업지원제도는 취업지원서비스와 소득지원으로 구성된다. 취업지원서비스는 취업이 곤란한 만 18~64세의 취업 취약계층을 대상으로 제공한다. 이들에게는 1:1 밀착 직업상담을 통해 취업 의욕을 돋우는 취업활동 계획을 만들고 일자리 훈련, 직업훈련, 취업 알선, 복지서비스 연계 등을 추진한다. 소득지원은 생활에 지원을 요하는 사람에게 구직촉진수당을 제공한다. 대상자에게는 최대 6개월간 매달 50만 원씩 지급하며, 이들이 취업에 성공하면 취업성공수당으로 최대 150만 원을 지급해 장기근속에 도움을 준다. 이 사업은 정부재정으로 이루어지는데, 지원을 받는 사람이 고용보험의 체계로 빨리 편입될 수 있도록 해야 한다.

* 온라인청년센터 https://www.youthcenter.go.kr

일곱째, 국가와 지방자치단체는 노동시장과 고용보험의 발전을 위해 다각적으로 노력해야 한다. 자본주의사회에는 노동자와 자본가가 있고, 노동자가 노동력을 적절한 조건으로 판매할 수 있을 때 발전할 수 있다. 자본가는 노동의 잉여로 성장하기에 노동시장에서 갈등은 상존한다. 정부는 노동자가 최소한 최저임금을 보장받고, 「근로기준법」에서 정한 근로조건을 보장받으며, 고용보험을 활용할 수 있도록 꾸준히 지원하고 불법이나 부당 행위가 일어날 때에는 적시에 개입하고 지원해야 한다. 고용보험의 가입과 활용에 대한 이력을 전 생애 간 관리하여 실업급여를 오남용하는 사례가 생기지 않도록 해야 한다.

단원 정리

1995년 7월에 도입된 고용보험은 실업의 예방, 고용의 촉진 및 노동자의 직업능력의 개발과 향상을 꾀하고, 국가의 직업지도와 직업소개 기능을 강화하며, 노동자가 실업한 경우에 생활에 필요한 급여를 실시하여 노동자의 생활안정과 구직활동을 촉진함으로써 경제·사회 발전에 이바지하는 것을 목적으로 한 사회보험이다.

고용보험의 당연가입 대상은 1인 이상을 고용한 사업장에서 일하는 모든 노동자이고, 2004년 「고용보험법」 개정으로 모든 일용노동자도 적용 대상이며, 49인 이하의 노동자가 있는 자영업자는 본인이 희망하는 경우에 가입할 수 있다. 다만, 가족종사자로 구성된 사업장, 5인 미만의 농업사업장 등 일부는 적용을 받지 않는다.

고용보험에 필요한 재원은 대부분 보험료로 조달된다. 보험료율은 실업급여는 1.8%(사용자 0.9% + 노동자 0.9%), 고용안정사업·직업능력개발사업은 상시 노동자 수의 규모와 우선지원 대상기업 여부에 따라 대규모 사업장이 더 많이 부담(0.25~0.85%)한다.

정부는 10인 미만 사업장 노동자의 고용보험과 국민연금의 가입을 장려하기 위해 '두루누리'사업을 시행한다. 2024년에는 10명 미만 사업장에서 일하는 월평균소득 270만 원 미만 노동자의 보험료와 사용자의 보험료를 국가가 일부(80%) 지원한다.

고용보험의 급여는 실업급여, 고용안정사업·직업능력개발사업, 육아휴직 급여와 출산전후휴가 급여 등이 있다. 실업급여는 구직급여, 취업촉진수당, 상병급여 등이 있다. 취업촉진수당은 조기재취업수당, 직업능력개발수당, 광역구직활동비, 이주비 등이 있다. 고용안정사업은 노동자를 감원하지 않고 고용을 유지하거나 실직자를 채용하여 고용을 늘리는 사업주에게 비용의 일부를 지원하여 고용안정을 유지할 수 있게 하는 일이다. 직업능력개발사업은 사업주가 노동자에게 직업훈련을 실시하거나 노동자가 자기개발을 위해 훈련을 받을 경우 사업주·노동자에게 일정 비용을 지원해 준다. 모성보호 관련 급여는 출산전후휴가, 육아휴직, 육아기 근로시간 단축, 고용보험 미적용자 출산급여, 배우자 출산휴가 등이 있다.

고용보험은 고용노동부가 관리운영하고, 주요 지역마다 있는 고용센터가 실직자의 구직활동 등을 지원한다. 고용센터가 여성새로일하기센터, 서민금융센터, 금융상담센터, 헬스케어 등 전문성을 가진 참여기관 등과 협력하여 고용·복지 분야 외에도 노후설계, 금융, 법률, 기초의료 분야의 종합적인 상담 및 서비스를 지원하는 고용복지플러스센터로 진화하고 있다.

고용보험은 꾸준히 발전되었지만 사각지대를 줄이고 급여를 확충하기 위해 다음 과제를 해결해야 한다. 시간제 노동자, 일용노동자 등은 고용보험에 적용되지 않는 경우가 많아 대책을 세워야 한다. 실직 노동자의 입장에서 구직급여가 충분하지 못하기에 보완해야 한다. 장기간 실업에 개별연장급여와 특별연장급여를 받을 수 있는 조건을 완화시키고 실업부조를 도입해야 한다. 고용노동부는 구인 업체와 구직자 간의 간극을 해결하기 위해 맞춤형 알선을 수행해야 한다. 사회복지사는 노동시장의 발전과 고용보험의 활용에 전문적으로 개입해야 한다. 정부는 국민취업지원제도를 고용보험과 연계시키고, 노동시장과 고용보험의 발전을 위해 다각적으로 노력해야 한다.

용어 정리

- **고용보험**: 고용보험은 실업의 예방, 고용의 촉진 및 근로자의 직업능력의 개발과 향상을 꾀하고, 국가의 직업지도와 직업소개 기능을 강화하며, 근로자가 실업한 경우에 생활에 필요한 급여를 실시하여 근로자의 생활안정과 구직활동을 촉진함으로써 경제 · 사회 발전에 이바지하는 것을 목적으로 한 사회보험이다.

- **고용보험 적용대상**: 1인 이상을 고용한 사업장에서 일하는 모든 노동자가 고용보험의 적용을 받는다. 모든 일용노동자의 고용보험 가입이 의무화되었고, 49인 이하의 노동자가 있는 자영업자는 본인이 희망하는 경우에 고용보험에 가입할 수 있다.

- **고용보험 보험료**: 고용보험의 재원은 주로 보험료로 조달된다. 실업급여에 소요되는 재원은 노동자와 사용자가 반씩 분담하고, 고용안정사업 · 직업능력개발사업은 사용자가 모두 부담한다. 2024년에 실업급여의 보험료율은 1.8%(노동자 0.9%＋사용자 0.9%)이고, 고용안정사업 · 직업능력개발사업의 보험료율은 종사자 수와 우선지원 대상기업 여부에 따라 0.25～0.85%이다.

- **우선지원 대상기업**: 우선지원 대상기업은 상시 노동자 수가 500인 이하 제조업, 300인 이하 광업 · 건설업 · 운수업 등, 200인 이하 도소매업 · 음식숙박업 등, 이에 속하지 않은 100인 이하 사업장 그리고 「중소기업기본법」에 의한 중소기업이다. 다만, 상시 노동자 수가 적은 중소기업이라도 시장지배력이 높은 상호출자제한기업집단에 속하는 사업장은 우선지원 대상이 아니다.

- **실업급여**: 노동자가 퇴직 전 1년 6개월 사이에 여섯 달(180일) 이상 일하다 비자발적으로 일자리를 잃으면 고용센터에 구직신청을 하여 실업급여(구직급여 등)를 받을 수 있다. 구직급여는 고용보험에 가입한 노동자가 비자발적으로 실직하고, 고용센터에 구직신청을 하며, 구직활동을 성실히 할 때 정해진 기간 동안 받을 수 있다. 구직급여는 퇴직 당시의 연령과 보험가입기간에 따라 120～270일 동안 실직 전 평균임금의 60%이다.

- **고용안정사업**: 고용안정사업은 노동자를 감원하지 않고 고용을 유지하거나 실직자를 채용하여 고용을 늘리는 사업주에게 비용의 일부를 지원하여 고용안정을 유지할 수 있게 하는 일이다. 고용안정사업에는 고용창출지원사업, 고용조정지원사업, 고용촉진지원사업, 건설노동자 고용안정지원사업, 기타 고용안정 및 취업지원사업 등이 있다.

- **직업능력개발사업**: 직업능력개발사업은 사업주가 노동자에게 직업훈련을 실시하거나 노동자가 자기개발을 위해 훈련을 받을 경우 사업주·노동자에게 일정 비용을 지원해 준다. 사업주를 지원하는 사업은 직업능력개발훈련 지원, 유급휴가훈련 지원, 직업능력개발훈련시설·장비 설치비용대부 등이 있다. 노동자를 지원하는 사업은 재직노동자를 위한 수강지원금 지원, 실업자를 위한 재취직훈련 지원 등이 있다.

- **출산전후휴가**: 출산전후휴가는 임신 중의 여성에 대하여는 출산(유산·사산 포함) 전과 출산 후를 통하여 90일(다태아 120일)의 출산전후휴가를 주되, 휴가기간의 배정은 출산 후에 45일(다태아 60일)이상이 확보되도록 부여하여야 한다. 우선지원 대상기업은 90일(다태아 120일)의 급여가 고용보험에서 지급되고, 대규모 기업은 최초 60일(다태아 75일)은 사업주가 그 이후 30일(다태아 45일)은 고용보험에서 지급된다.

- **육아휴직**: 육아휴직은 만 8세 이하 또는 초등학교 2학년 이하의 자녀를 가진 노동자가 그 자녀를 양육하기 위해 육아휴직을 30일 이상 1년 이내로 부여받는다. 소정의 수급요건을 충족하는 경우 육아휴직 시작일부터 3개월까지는 통상임금의 80%를 육아휴직 급여액으로 지급하고, 4개월째부터 종료일까지 통상임금의 50%를 지급한다.

- **육아기 근로시간 단축제도**: 육아기 근로시간 단축제도는 육아휴직을 신청할 수 있는 노동자는 육아휴직을 대신해서 육아기 근로시간의 단축을 신청할 수 있는 제도이다. 육아기 근로시간 단축은 1년(육아휴직 미사용 시 최대 2년까지) 이내의 기간으로 사용할 수 있다. 육아기 근로시간 단축 시 매주 최초 5시간분은 통상임금의 100%, 나머지 근로시간 단축분은 통상임금의 80%이다.

- **고용복지플러스센터**: 고용복지플러스센터는 실업급여, 복지상담, 신용회복 상담 등의 여러 서비스를 한곳에서 제공하는 기관이다. 과거에는 취업상담이나 실업급여는 고용센터, 복지상담은 지방자치단체, 신용회복상담은 서민금융센터로 흩어져 있었으나, 2013년에 관련 부처들이 협의하여 서비스를 한곳에서 받을 수 있도록 하였다.

- **고용24**: 고용24는 고용노동부가 구인 · 구직 정보를 제공하는 포털사이트이다. 구직자는 고용24에서 구인 정보를 검색하여 일자리를 찾을 수 있다. 일자리 정보를 지역별 · 직종별 · 인구집단별로 검색할 수 있다.

제8장

산업재해보상보험

1. 산재보험의 정의와 역사

    산업재해보상보험(이하 '산재보험'이라 한다)은 근로자의 업무상의 재해를 신속하고 공정하게 보상하고, 재해근로자의 재활 및 사회복귀를 촉진하기 위하여 이에 필요한 보험시설을 설치·운영하며 재해예방, 기타 근로자의 복지증진을 위한 사업을 행하는 사회보험이다. 건강보험이 일상생활 속에서 일어나는 부상과 질병에 대하여 요양급여를 제공하는 것이라면, 산재보험은 노동자가 업무수행 중 또는 업무수행과 관련하여 부상, 질병 또는 사망한 경우에 노동자 본인의 치료와 본인과 부양가족의 생계를 보장하기 위한 제도이다.

    산업재해란 사업장의 노동자가 업무상 발생하는 재해로 인해 부상, 질병, 신체장해, 사망을 당한 경우를 말한다. 아울러 업무수행 중의 사고뿐만 아니라 사업장의 설비 미비로 인한 사고, 업무수행을 위한 출장 중에 당한 사고, 출퇴근하다 당한 사고, 작업환경이나 근무조건 등 유해요인으로 인해 생기는 질병도 산업재해로 본다. 이러한 산업재해에 대해 치료비와 보상금을 지급하고 직업재활, 생활정착금 보조 등의 복지증진을 위해 국가가 관장하는 사회보험이 산재보험이다.

산업화 초기에는 산업재해에 대해서 노동자 또는 사업주가 스스로 책임을 졌다. 이때 노동자는 일을 하지 못하게 되어 임금을 받을 수 없어 생활하는 데 어려움이 따르게 되고, 회사는 또 산업재해 보상의 많은 비용부담으로 경영상의 어려움을 겪었다. 이러한 어려움을 평소에 대비하기 위해 공공기금을 마련하여 두었다가 사고나 재해가 발생할 때 이것을 재원으로 활용하게 되었다. 보험료는 사용자가 전액 납부하고, 산재가 발생하였을 때 노동자 혹은 그 가족은 요양급여, 휴업급여, 장해급여, 유족급여, 상병보상연금, 간병급여, 장의비 등을 받을 수 있다.

5대 사회보험 중 산재보험이 가장 먼저 도입되었는데, 1963년에 「산업재해보상보험법」이 제정되었고, 1964년 7월 1일부터 실시되었다. 500인 이상의 광업과 제조업 사업장 노동자에게 처음 적용하였고, 점차 적용사업장을 확대하여 2000년 7월부터 1인 이상을 고용하는 모든 사업장으로 확대시켰다. 적용되는 사업장이 산재보험에 가입하지 않았더라도, 산재를 당한 노동자가 근로복지공단에 요양급여 등을 요구하는 경우에는 산재처리를 하도록 되어 있다.

산재보험의 비용은 전액 고용주가 보험료로써 부담한다. 특정 사업장의 산재보험료는 업종별 재해율에 따라 결정되는 보험료율에 해당 사업장의 임금총액을 곱해서 결정한다. 보험료율의 결정은 고용주에게 매우 민감한 사안인데, 상시 30인 이상 노동자를 사용하는 사업장은 업종별 재해율을 감안하되, 최근 3년간의 보험수지율(보험료 수입액에 대한 보험급여비 지출액의 비율)이 85% 이상이거나 75% 이하인 때에는 업종별 요율의 20% 범위 내에서 할증 또는 할인하는 개별실적요율제도를 가미하고 있다. 이는 산업재해가 적은 사업장에게 보험료를 할인해 주는 것인데, 할인 혜택을 받기 위해서 명백한 산업재해를 산재로 처리하는 것을 기피하도록 부추기는 요인이 되기도 한다.

산재보험은 당초 고용노동부가 관리운영하였지만, 1995년에 고용보험을 실시하면서 산재보험의 정책업무와 집행업무로 구분하여, 보험료율의 결정, 보험급여수준의 결정 등 정책업무는 고용노동부에서 담당하고, 보험료의 징수, 보험급여의 지급 등 집행업무는 고용노동부 산하 근로복지공단이 담당하고 있다.

* 근로복지공단 http://www.kcomwel.or.kr

2. 산재보험의 적용대상

산재보험의 적용대상은 적용사업장에서 재해를 당한 노동자(그의 유족을 포함)이지만 산재보험의 적용 단위는 사업 또는 사업장이다. 여기에서 사업이란 어떤 목적을 위하여 업으로 행하여지는 계속적·사회적·경제적 활동 단위로서 그 목적은 영리성 여부와는 관계가 없다. 사업장이란 사업이 행하여지고 있는 인적·물적 시설이 존재하는 장소적 범위를 중심으로 본다. 사업 또는 사업장의 판단기준은 그것이 사업장이든 공장이든 그 자체에서 인사·회계운영 등이 최소한의 경영체제로서 독립성의 유지 여부이다.

산재보험의 적용사업장은 당연적용 사업장과 임의적용 사업장이 있다. 당연적용 사업장은 2000년 7월부터 상시 노동자 1인 이상의 모든 사업 또는 사업장이었다. 2018년 7월 1일부터는 '소규모 건설공사'와 '상시 1인 미만 사업장'에도 산재보험이 적용된다. 단, 농업, 임업(벌목업 제외), 어업, 수렵업은 상시 5인 이상 사업장이다. 당연적용 사업장의 노동자는 상용, 일용, 임시직 등 고용형태나 명칭과 상관없이 모두

가입 대상자가 된다.

다만, 「산업재해보상보험법 시행령」 제2조에서는 '적용제외사업'을 다음과 같이 규정하고 있다.

① 「산업재해보상보험법」(이하 '법'이라 한다) 제6조 단서에서 '대통령령으로 정하는 사업'이란 다음 각 호의 어느 하나에 해당하는 사업 또는 사업장(이하 '사업'이라 한다)을 말한다.

1. 「공무원 재해보상법」 또는 「군인 재해보상법」에 따라 재해보상이 되는 사업. 다만 「공무원 재해보상법」 제60조에 따라 순직유족급여 또는 위험직무순직유족급여에 관한 규정을 적용받는 경우는 제외한다.

2. 「선원법」, 「어선원 및 어선 재해보상보험법」 또는 「사립학교교직원 연금법」에 따라 재해보상이 되는 사업

3. 삭제

4. 가구 내 고용활동

5. 삭제

6. 농업, 임업(벌목업은 제외한다), 어업 및 수렵업 중 법인이 아닌 자의 사업으로서 상시 근로자 수가 5명 미만인 사업

② 제1항 각 호의 사업의 범위에 관하여 이 영에 특별한 규정이 없으면 「통계법」에 따라 통계청장이 고시하는 한국표준산업분류표에 따른다.

③ 삭제

2022년 12월 산재보험에 가입한 사업장은 290만 개소이고 노동자는 1,987만 명이다.

3. 산재보험의 재원

산재보험의 보험료는 사용자가 전액 납부하고 정부가 운영사업비의 일부를 부담하며, 사업장 재해 발생 위험도에 따라 차등부담원칙에 의거한다. 보험료는 당해 보험연도의 임금총액에 사업집단별 보험료율을 곱해서 산출한다.

임금총액은 사업주가 근로의 대상으로 노동자에게 임금·봉급, 기타 어떠한 명칭으로든지 지급하는 일체의 금품(「근로기준법」 제18조)을 말한다. 사업주가 모든 노동자에게 당해 보험연도 중에 지급 또는 지급하기로 결정한 일체의 금품으로서 현금 이외의 현물로 지급된 임금은 포함되나 근로의 대가가 아닌 은혜적·호의적·복리후생적 금품은 제외되어 평균임금 산정 시의 임금범위와 유사하다. 다만, 건설공사 또는 벌목업의 경우처럼 임금총액을 추정하기가 곤란할 경우에는 고용노동부장관이 따로 정하여 고시하는 노무비율에 의하여 산정한 임금액을 임금총액의 추정액으로 하여 보험료를 산정한다. 즉, '보험료=총 공사금액(총벌목재적량)×노무비율×보험료율'이다. 예컨대, 2020년도 건설공사 노무비율은 총 공사금액의 27%(하도급 공사는 30%)이고 건설업의 보험료율은 3.6%이다.

보험료율은 가입자의 보험료 부담과 직결되는 것으로서, 보험료 부담의 공평성 확보를 위하여 매년 9월 30일 현재 과거 3년간의 임금총액에 대한 보험급여총액의 비율을 기초로 보험급여지급율을 동등하다고 인정되는 사업집단별로 보험료율을 세분화하여 적용한다(매년 12월 31일 고시). 2023년에는 28개 업종으로 분류되고 평균 보험료율은 1.53%(업종별 일반요율 1.43%+출퇴근 재해요율 0.10%)이다.

한 적용사업장에 대하여는 하나의 보험료율을 적용하고, 하나의 사업장 안에서 보험료율이 다른 2종 이상의 사업이 행해지는 경우 그중 주된 사업에 따라 적용한다. 적용순위는 노동자 수가 많은 사업, 노동자 수가 동일하거나 그 수를 파악할 수 없는 경우에는 임금총액이 많은 사업이다.

한편, 사업장의 재해예방을 장려하기 위해서 '개별실적요율'을 추가로 활용한다. 당해 보험료액에 비추어 보험급여액의 비율이 85%를 넘거나 75% 이하인 사업에 대하여 그 사업에 적용하는 보험료율을 20%의 범위 안에서 인상 또는 인하하여 당해 사업에 대한 보험에 다음 보험연도의 요율로 하는 제도가 있다.

- 개별실적요율＝해당 사업종류의 일반요율±(해당 사업종류의 일반요율×수지율에 의한 증감비율)
- 수지율: 보험료액에 대한 보험급여액의 백분율
- 보험료액: 9월 30일 이전 3년간 납부한 보험료 총액
- 보험급여액: 9월 30일 이전 3년간 지급된 보험급여액

보험료의 신고와 납부는 매년 1월 1일(혹은 보험관계 성립일)부터 70일 이내에 근로복지공단에 보험료신고서를 제출하고 금융기관에 보험료를 납부해야 한다. 당연가입 대상업체가 신고를 태만히 한 기간 중에 산재가 발생하면 노동자에게 지급되는 보험금의 50% 징수, 과거 보험료 소급 징수, 연체금 및 가산금 징수 등을 하게 된다. 가입신고를 한 상태에서 보험료 납부를 태만히 하면 그 태납률에 따라 보험급여의 10%를 징수한다. 산재보험 당연적용 사업장의 사업주가 가입을 기피하면 불이익을 받게 되고, 설사 가입하지 않았더라도 당연 사업장의

노동자는 산업재해를 당하였을 때 근로복지공단에 산재보험 처리를 요구할 수 있다.

4. 산재보험의 급여

산재보험의 급여는 업무상 부상 또는 질병에 대한 요양급여와 간병급여, 일하지 못한 기간에 대한 휴업급여, 치료 후 폐질등급이면 휴업급여 대신에 상병보상연금, 치료 후 장해가 남는 경우에 장해급여, 간병급여, 사망 시 그 유족에게 지급하는 유족급여와 장의비가 있다.

1) 요양급여

요양급여는 업무상 부상 또는 질병에 걸려 4일 이상의 요양을 요할 때 의료기관에서 상병의 치료에 소요되는 비용을 치유될 때까지 지급하는 현물급여(지정 의료기관에서의 치료)이다. 다만, 긴급 및 기타 부득이한 사유로 요양 승인을 받지 않고 자비로 치료한 경우에는 요양비로 지급된다. 요양비를 받으려면 요양비청구서를 작성한 후에 근로복지공단에 제출하고, 청구내용에 관한 증빙서류와 위임의 경우 수령위임장을 첨부한다.

요양급여는 재해가 발생하였을 때 최초 요양, 의료기관을 옮기고자 할 때 전원요양, 계속 치료가 필요한 경우 치료기간을 연장하고자 할 때 요양연기, 요양치료 중 업무상 재해와 관련하여 새로운 상병이 발견되었을 때 추가상병, 치료 후 상병이 재발되었을 때 재요양을 포함한다. 각 요양급여를 받기 위해서는 요양신청 등을 하여야 한다.

　　최초 요양을 받기 위해서는 요양신청서에 재해자 및 사업주가 재해 발생 상황 및 인적사항을 기재하여 사업주와 재해노동자가 확인하여 날인하고, 뒷면에 의사의 초진소견서를 작성하여 의료기관장이 확인 날인하여 3부를 작성하며, 각각 의료기관, 사업장, 사업장 관할 소재지(건설공사의 경우에는 공사현장 소재지) 근로복지공단 지사에 1부씩을 제출하여야 한다.

　　근로복지공단은 요양신청서가 접수되면 재해 발생 경위를 검토하여 업무상 사유에 의한 재해가 명확한 경우 7일 이내에 요양승인 결정 후 재해자 및 사업주, 의료기관장에게 요양승인을 통보한다. 업무상 사유에 의한 재해 여부가 불분명한 경우 재해 발생 상황을 확인하여 업무상 재해 여부를 판단하고 결과를 통보한다. 「근로기준법」 및 「산업재해보상보험법」에 명시되지 아니한 질병 등 업무상 질병으로 인정된 바 없는 새로운 질병이 발병한 경우에는 업무와 질병 간의 인과관계를 확인하기 위하여 역학조사를 하여야 하기 때문에 업무상 재해 여부를 판단하는 데 상당한 시일(3~6개월)이 소요되는 경우도 있다.

　　요양신청과 관련하여 요양급여를 지급하며, 요양급여는 실제 의료행위에 해당되는 비용으로(현물급여) 하고 그 내용은 진찰비, 약제비(약값) 또는 진찰재료와 의지(보조기) 및 기타 보철구(의치 등)의 지급, 의료처치, 수술 및 기타의 치료, 의료기관의 입원·통원, 간병료(간병이 필요한 경우), 이송(통원비용) 및 기타 산재환자 치료를 위해 필요한 제반 비용이다. 요양급여의 범위, 비용 등 요양급여의 산정기준은 고용노동부령으로 정하여 고시한다. 부득이하게 공단에서 지정하는 의료기관이 아닌 다른 비지정의료기관에서 요양할 경우 응급조치 후 지정 의료기관으로 옮겨야 한다.

　　재요양은 치료가 다 되었다고 판단하고 요양을 마친 뒤 다시 생긴 질병에 대한 요양을 하는 것이다. 근로복지공단의 재요양 인정기준은 일반 상병으로서 당초의 상병과 재요양을 신청한 상병 간에 의학적으로 상당 인과관계가 인정되고, 재요양을 함으로써 치료 효과가 기대될 수 있다는 의학적 소견이 있는 경우, 내고정술에 의하여 삽입된 금속 핀 등 내고정물의 제거가 필요한 경우, 의지 장착을 위하여 절단 부위의 재수술이 필요하다고 인정되는 경우이다.

　재요양을 받으려면 재요양이 필요하다는 요양기관의 소견이 마련되어야 한다. 역시 요양신청과 마찬가지로 이때에도 회사의 확인이 필요하며, 서식과 절차도 동일하다.

　장해보상 이후에도 재요양이 되는가? 원래 장해보상은 어떤 치료를 해도 증세가 호전되지 않을 때 치료 종결을 하고 마지막으로 하는 보상 조치이므로 장해보상 이후의 재요양은 하지 않도록 되어 있다. 그러나 장해보상금의 수령 당시 요양기관의 판단이 잘못되었을 수도 있고, 또 보상금 수령 당시보다도 증세가 악화되었다면 다시 요양에 들어가는 것이 마땅하다. 따라서 이때에는 이미 받은 장해보상금은 반환하거나 재요양을 종결하고 난 다음 받는 보상금과의 차액을 반환한다는 조건으로 재요양을 할 수 있다. 대개 이런 경우 공단에서는 특정한 수술을 받아야 한다는 등의 조건부 재요양을 종용하기 쉬운데, 「산업재해보상보험법」 어디에도 그런 규정은 없으므로 거부할 수 있다.

2) 휴업급여

　휴업급여는 부상 또는 질병으로 인하여 취업하지 못하는 기간에 대하여 노동자와 그 가족의 생활보호를 위하여 임금 대신 지급하는 급여를 말한다. 요양기간 동안 일을 못하게 되면 1일 기준 평균임금(통상임금에 보너스 등이 포함되어 계산된 임금) 70% 상당의 금액을 보상받는데 일반적으로 받는 월급(통상임금)의 85% 내외이다.

　재해로 인하여 장기간 요양하는 중 원래의 직장에서 임금이 인상되었을 때는 재해노동자가 받는 보상금도 그에 맞추어 인상되는데, 그 조정방법을 평균임금의 개정이라 한다. 「근로기준법」에 따른 보상을 받고 있을 때는 동일직종 노동자의 통상임금 평균액이 재해 발생일에 비해 10% 이상 변동될 때에 개정하며, 「산업재해보상보험법」에 따른 보험급여를 받고 있을 때는 5% 이상 변동될 때 개정한다. 이를 식으로 나타내면 '평균임금의 개정=기존의 평균임금×(변동된 평균통상임금/기존의 평균통상임금)'이다.

　휴업급여를 청구하려면 노동자는 요양 후에 휴업급여 청구서 3부를 작성하여 의료기관, 회사, 근로복지공단에 제출하면 근로복지공단은 접수일로부터 7일 이내에 휴업급여를 산정하여 노동자가 희망하는 은행의 계좌에 입금하게 된다.

3) 장해급여

　장해급여는 업무상 재해의 완치 후 당해 재해와 상당 인과관계가 있는 장해가 남게 되는 경우 그 장해의 정도에 따라 지급하게 되는 급여를 말한다. 이때 장해라 함은 부상 또는 질병이 치유되었으나 신체에 잔존하는 영구적인 정신적 또는 육체적 훼손 상태로 인하여 생긴 노동력의 손실 또는 감소를 말한다. 영구적이라 함은 원칙적으로 치유 시 장래 회복의 가능성이 없다고 하는 정도를 의미한다. 그래서 장해급여의 결정에 있어서는 정신적 또는 육체적 훼손 상태가 존재함이 의학적으로 인정될 뿐이며 노동자의 연령, 직종, 지위 등 제반조건을 고려하지는 않는다.

　장해급여는 장해등급에 따라 장해보상연금이나 장해보상일시금 중 선택하여 보상을 받을 수 있다. 이때 장해보상연금을 받을 경우 종신 토록 지급되어 민사배상수준보다 높은 보상을 받을 수 있으며, 연금을 받는 사람이 사망할 경우 이미 지급한 연금합계액이 장해보상일시금 보다 적게 지급되었을 때 그 차액을 유족에게 지급한다. 장해보상연금 은 장해등급 1~7등급까지만 지급되고, 장해보상일시금은 4~14등급 까지 지급되며, 4~7등급은 연금과 일시금 중에서 선택할 수 있다.

　과거에는 장해급여를 일시금으로 받는 사람이 많았지만, 평균수명 이 늘어나고 이자율이 하락하면서 연금을 선호하는 경향이 있다. 장해

표 8-1　장해급여표

장해등급	장해보상연금	장해보상일시금
제1급	329일분	1,474일분
제2급	291일분	1,309일분
제3급	257일분	1,155일분
제4급	224일분	1,012일분
제5급	193일분	869일분
제6급	164일분	737일분
제7급	138일분	616일분
제8급		495일분
제9급		385일분
제10급		297일분
제11급		220일분
제12급		154일분
제13급		99일분
제14급		55일분

등급의 판정은 등급에 따라서 연금 혹은 일시금을 선택할 수 있고, 급여액수에 상당한 차이가 있기에 재해를 당한 노동자와 그 가족은 장해등급을 판정받을 때 신중해야 한다.

장해급여를 청구하려면 장해보상청구서 3부를 작성하여 근로복지공단, 회사, 의료기관에 제출해야 한다. 장해보상청구서를 받은 근로복지공단은 등급판정일을 통보하고, 청구자는 출석하여 등급심사결정(자문의)을 받은 후에 보상금을 통장으로 받게 된다. 청구자 혹은 수령위임자는 X선 사진 1매, 수령위임장(수령위임의 경우), 수령을 희망하는 은행 계좌번호 등을 구비서류로 갖추어야 한다.

2개 이상의 장해가 있을 경우에는 장해등급을 조정한다. 즉, 13급 이상의 장해가 2개 이상인 경우 중한 신체장해에 의하거나 또는 그중 한쪽의 등급을 1~3급 인상하여 결정한다. 다만, 조정의 결과 1급 초과하는 경우 1급으로 하고, 그 신체장해의 정도가 조정된 등급에 규정된 다른 장해의 정도에 비하여 낮다고 인정되는 경우에는 조정된 등급보다 낮은 등급으로 한다.

- 5급 이상 장해가 2개 이상인 경우 → 3개 등급 인상
- 8급 이상 장해가 2개 이상인 경우 → 2개 등급 인상
- 13급 이상 장해가 2개 이상인 경우 → 1개 등급 인상

장해등급은 신체장해등급을 그 장해의 정도에 따라 14등급, 140종으로 나누고 있다. 신체를 해부학적 관점에서 장해 부위별로 나누고 이를 생리학적인 기능상의 관점에서 다시 여러 종류의 장해군으로 나누어 놓은 것을 장해계열이라 하며, 장해를 노동능력의 상실 정도에 따라 일정한 순서로 배열한 것을 장해서열이라고 한다.

> **장해급여 계산 예시**
>
> • 예시: 평균임금 10만 원인 피재해노동자가 장해등급 제4급 판정을 받았을 때
> • 장해보상연금 계산: 매년 장해등급별 해당일수 × 재해노동자의 평균임금
>   224일 × 10만 원 = 22,400,000원/1년(연 4회 분할 지급)
> • 장해보상일시금 계산: 장해등급별 해당일수 × 재해노동자의 평균임금
>   1,012일 × 10만 원 = 101,200,000원

4) 유족급여

유족급여는 산재환자가 사망한 경우 그 유족의 생활을 돕기 위해 지급되는 급여로서 유족보상연금, 유족보상일시금 중 선택하여 보상을 받을 수 있다. 이때 필요한 절차는 유족보상일시금 청구서 또는 연금청구서에 사망진단서(사체검안서), 수급권자의 호적등본 및 주민등록표 등을 근로복지공단에 제출하여야 한다. 유족보상연금 수급자격자의 범위는 다음과 같다(「산업재해보상보험법」 제63조).

> ① 유족보상연금을 받을 수 있는 자격이 있는 사람(이하 '유족보상연금 수급자격자'라 한다)은 근로자가 사망할 당시 그 근로자와 생계를 같이 하고 있던 유족(그 근로자가 사망할 당시 대한민국 국민이 아닌 사람으로서 외국에서 거주하고 있던 유족은 제외한다) 중 배우자와 다음 각 호의 어느 하나에 해당하는 사람으로 한다. 이 경우 근로자와 생계를 같이 하고 있던 유족의 판단기준은 대통령령으로 정한다.

1. 부모 또는 조부모로서 각각 60세 이상인 사람

2. 자녀로서 25세 미만인 사람

2의2. 손자녀로서 19세 미만인 사람

3. 형제자매로서 19세 미만이거나 60세 이상인 사람

4. 제1호부터 제3호까지의 규정 중 어느 하나에 해당하지 아니하는 자녀·부모·손자녀·조부모 또는 형제자매로서 「장애인복지법」 제2조에 따른 장애인 중 고용노동부령으로 정한 장애 정도에 해당하는 사람

② 제1항을 적용할 때 근로자가 사망할 당시 태아(胎兒)였던 자녀가 출생한 경우에는 출생한 때부터 장래에 향하여 근로자가 사망할 당시 그 근로자와 생계를 같이 하고 있던 유족으로 본다.

③ 유족보상연금 수급자격자 중 유족보상연금을 받을 권리의 순위는 배우자·자녀·부모·손자녀·조부모 및 형제자매의 순서로 한다.

유족보상연금 수급자격자인 유족이 다음 각 호의 어느 하나에 해당하면 그 자격을 잃는다(「산업재해보상보험법」 제64조).

- 사망한 경우
- 재혼한 때(사망한 노동자의 배우자만 해당하며, 재혼에는 사실상 혼인관계에 있는 경우 포함)
- 사망한 노동자와의 친족관계가 끝난 경우
- 자녀가 25세가 된 때, 손자녀 또는 형제자매가 19세가 된 때
- 장애인이었던 자로서 그 장애 상태가 해소된 경우
- 노동자가 사망할 당시 대한민국 국민이었던 유족보상연금 수급자격자가 국적을 상실하고 외국에서 거주하고 있거나 외국에서 거

주하기 위하여 출국하는 경우
- 대한민국 국민이 아닌 유족보상연금 수급자격자가 외국에서 거주하기 위하여 출국하는 경우

유족보상일시금은 유족연금을 받을 수 없는 경우에 받을 수 있다.

유족보상연금을 받을 권리가 있는 유족보상연금 수급자격자가 그 자격을 잃은 경우에 유족보상연금을 받을 권리는 같은 순위자가 있으면 같은 순위자에게, 같은 순위자가 없으면 다음 순위자에게 이전된다. 유족보상연금 수급권자가 3개월 이상 행방불명이면 대통령령으로 정하는 바에 따라 연금 지급을 정지하고, 같은 순위자가 있으면 같은 순위자에게, 같은 순위자가 없으면 다음 순위자에게 유족보상연금을 지급한다.

유족 간의 수급권의 순위는 다음 각 호의 순서로 하되, 각 호의 자 사이에서는 각각 그 적힌 순서에 따른다. 이 경우 같은 순위의 수급권자가 2명 이상이면 그 유족에게 똑같이 나누어 지급한다(「산업재해보상보험법」 제65조).

- 노동자가 사망할 당시 그 노동자와 생계를 같이 하고 있던 배우자·자녀·부모·손자녀 및 조부모
- 노동자가 사망할 당시 그 노동자와 생계를 같이 하고 있지 아니하던 배우자·자녀·부모·손자녀 및 조부모 또는 노동자가 사망할 당시 노동자와 생계를 같이 하고 있던 형제자매
- 형제자매

부모는 양부모(養父母)를 선순위로, 실부모(實父母)를 후순위로 하

고, 조부모는 양부모의 부모를 선순위로, 실부모의 부모를 후순위로, 부모의 양부모를 선순위로, 부모의 실부모를 후순위로 한다.

수급권자인 유족이 사망한 경우 그 보험급여는 같은 순위자가 있으면 같은 순위자에게, 같은 순위자가 없으면 다음 순위자에게 지급한다. 이런 규정에도 불구하고 노동자가 유언으로 보험급여를 받을 유족을 지정하면 그 지정에 따른다.

유족보상연금은 수급권자의 사망 시까지 연 4회(2월, 5월, 8월, 11월) 지급된다. 급여의 액수는 기본금액이 급여기초년액의 47%이고, 수급권자 1인당 5%가 가산되며 수급권자는 4명까지 인정받을 수 있다. 유족보상 일시금은 평균임금의 1,300일분이다.

유족급여의 구비서류는 유족보상연금과 유족보상일시금일 때 조금 차이가 난다. 유족보상연금의 서류는 유족보상일시금의 ①, ②, ③, ④ 서류와 함께 국공립병원에서 발행하는 진단서 1부(연금 수급자격자로 장해 해당 시)이다. 유족보상일시금의 구비서류는 ① 노동자의 사망진단서 또는 시체검안서 1부, ② 노동자의 사체부검소견서 1부(사인 미상의 경우), ③ 주민등록등본 1통, ④ 호적등본 1통(주민등록등본으로 수급권자의 확인이 안 될 경우), ⑤ 수령위임장(수령위임의 경우) 등이다.

만약 사망추정으로 인한 보험급여 수령 후 생존이 확인된 경우에는 당해 노동자가 생존해 있다는 사실을 전혀 알지 못하여 보험급여를 받았을 때는 수령한 보험급여 전액을 반환한다. 그런데 당해 노동자가 생존해 있다는 사실을 알고 보험급여를 수령한 자는 수령한 보험급여의 2배에 달하는 액을 반환해야 한다.

유족급여 계산 예시

유족보상연금액은 「산업재해보상보험법」 제62조 제2항에 의한 별표 3에 따른 유족보상연금표에 따라 다음 방식으로 산출한다. 유족보상연금 수급자격자의 수는 4인까지만 계산한다.

- 유족보상연금액＝(기본금액)＋(가산금액)
  ＝{급여기초년액×(47/100)}＋{급여기초년액×(5/100)×
  (유족보상연금 수급자격자의 수)}
- 급여기초년액＝사망노동자 평균임금×365
- 예시: 사망한 노동자 1일 평균임금이 10만 원이고, 수급권자는 처, 수급자격자는 7세와 9세인 자녀, 65세 된 모, 70세 된 부인 경우(수급권자를 포함한 수급자격유족 수가 총 5인이나 가산금은 최대 4인까지만 부가)
- 계산: (10만 원×365일×47/100)＋(10만 원×365일×5/100×4)＝24,455,000원/1년

5) 상병보상연금

상병보상연금은 요양급여를 받는 노동자가 부상 또는 질병의 정도가 폐질등급 1~3급에 해당하고 요양 개시 후 2년이 경과되어도 치유되지 않은 경우 휴업급여 대신에 보상수준을 향상시켜 연금으로 지급하게 되는 것을 말한다. 폐질등급 1급은 평균임금의 329일분, 2급은 291일분, 3급은 257일분을 청구에 의하여 12등분하여 매 월별로 수령하게 되며, 사유 발생일로부터 14일 이내에 상병보상연금청구서를 작성하여 공단에 제출하여야 한다.

상병보상연금 계산 예시
• 예시: 1일 평균임금 10만 원인 노동자가 요양 중인 현재 폐질등급 제2급의 상태   • 한 달분의 상병보상연금 계산: 10만 원 × 291일 × 30/365 = 2,391,781원

일반적으로 연금으로 지급되는 보상급여는 연 4회 지급되는데, 상병보상연금만은 매월 단위로 계산하여 지급된다.

6) 간병급여

간병급여는 요양이 종결된 자가 의학적으로 상시 또는 수시로 간병이 필요하여 실제로 간병을 받는 자에게 지급된다. 지급대상은 상시간병급여 대상과 수시간병급여 대상으로 나뉜다.

상시간병급여 대상은 신경계통의 기능ㆍ정신기능 또는 흉복부 장기기능의 장해가 장해등급 제1급에 해당되는 자로서 상시간병을 받아야 하는 자, 두 눈ㆍ두 팔 또는 두 다리의 장해가 장해등급 제1급에 해당하는 장해와 함께 그 외의 부위에 장해등급 제7급 이상에 해당하는 장해가 있는 자이다. 수시간병급여 대상은 신경계통의 기능ㆍ정신기능 또는 흉복부 장기기능의 장해가 장해등급 제2급에 해당하는 자로서 수시간병을 받아야 하는 자, 신경계통의 기능ㆍ정신기능 또는 흉복부 장기기능 장해 외의 장해가 장해등급 제1급에 해당하는 자(다만, 조정에 의한 1급 장해는 제외), 두 눈, 두 팔 또는 두 다리의 장해가 장해등급 제2급에 해당하는 장해와 그 외의 부위에 장해등급 제7급 이상에 해당하는 장해가 있는 자이다.

간병급여는 실제로 행하여진 날에 대하여 월 단위로 지급하고, 간병급여 대상자가 재요양을 받는 경우에는 재요양한 날부터 재요양 종료 시까지에는 간병급여의 지급이 중지되나 간병급여 대신에 간병료를 지급받을 수 있다. 간병급여는 고용노동부장관이 고시하는데 2024년 전문간병인은 간병 1등급 67,140원, 간병 2등급 55,950원, 간병 3등급 44,760원, 가족·기타 간병인은 1등급 61,750원, 2등급 51,460원, 3등급 47,170원이다. 수시간병급여는 상시간병급여의 2/3이다.

한편, 요양 중인 산재노동자의 간병(개호)이 필요하다는 의학적 소견이 있는 경우에 해당되는 사람은 요양급여의 하나로 간병료를 지급받을 수 있다. 간병은 주간뿐만 아니라 필요할 경우 철야간병을 받을 수도 있다. 간병인의 자격은 「의료법」상 간호사 또는 간호조무사와 「노인복지법」에 의한 요양보호사 자격을 가진 사람이나, 위 자격을 가진 사람을 구할 수 없을 경우에는 간병에 필요한 지식을 가진 가족 아닌 타인, 위 타인을 구할 수 없는 경우에는 재해를 당한 노동자의 배우자(사실상 혼인관계에 있는 자도 포함), 부모, 13세 이상된 자녀 또는 형제도 간병인의 자격이 된다. 간병료는 그 전문성에 따라서 차등을 두고 있다.

7) 장의비

장의비는 노동자가 업무상 사유로 사망한 경우 그 장제에 소요되는 비용에 대하여 지급하는 것을 말한다. 장의비 청구서를 작성하여 근로복지공단에 제출하되 장의비 청구서식은 유족보상일시금 청구서와 같이 사용한다. 실제로 장제를 실행한 사람에게 평균임금의 120일분을 지급한다.

8) 특별급여제도

특별급여제도는 노동자가 업무상 사유로 사망하거나 신체장해를 입은 경우 사업주를 상대로 하는 민사상 손해배상의 번거로움을 방지, 신속한 해결을 위하여 산재보험에서 대불해 주고 그 지급상당액을 사업주가 직접 납부하는 제도로서 장애특별급여와 유족특별급여가 있다.

사업주가 고의 또는 과실로 재해가 발생하였음을 인정하고 수급권자가 「민법」 및 기타 법령에 의한 손해배상 청구에 갈음하여 청구하여야 하며 장해특별급여는 장해급여 1~3급에 해당하여야 한다. 장해(유족)특별급여청구서, 권리인낙 및 포기서, 인감증명서를 공단에 제출하면 되지만 이 특별급여제도는 사업주와 노동자 간의 민사상 손해배상을 합의한 것으로 간주함을 알아야 한다. 따라서 특별급여(흔히 '합의금'이라 부름)를 받으면 향후 동일한 사건으로 민사상 손해배상을 청구할 수 없으므로 이를 받고자 할 때에는 해당 분야에 전문성이 있는 변호사, 공인노무사, 사회복지사 등과 충분히 협의하는 등 신중하게 결정해야 한다.

장해특별급여는 평균임금 30일분에 신청장해등급에 따른 노동력 상실률과 취업가능기간에 대응하는 라이프니츠계수를 곱하여 산정된 액에서 장해급여액을 공제한 금액이다. 즉, '(평균임금 30일분×노동력 상실률×취업가능기간에 대응하는 라이프니츠계수)−장해급여액'이다.

「산업재해보상보험법 시행령」 제14조 제2항의 규정에 의한 장래 취업가능기간은 신체장해가 판정된 날부터 정년퇴직일까지로 하고, 정년을 정하지 아니한 때에는 55세까지로 한다.

장해특별급여 계산 예시

- 예시: 재해노동자의 생년월일은 1969년 7월 10일, 1일 평균임금 10만 원, 단체협약상 정년은 60세인데, 재해를 당하여 요양 중 2014년 6월 10일에 치료가 종결되었고 장해등급 3급 판정을 받음
- 당사자의 정년퇴직일: 1969년 7월 10일 + 60년 = 2029년 7월 9일
- 취업가능기간: 2029년 7월 9일 − 2014년 6월 10일 = 15년 1월 = 181월
- 취업가능기간에 대한 라이프니츠 계수: 126.9263
- 장해급여액(장해보상일시금) 계산: 10만 원 × 1,155일 = 115,500,000원
- 장해특별급여 계산: {10만 원 × 30일 × 100%(노동력 상실률) × 126.9263(계수)} − 115,500,000원(장해급여액) = 265,278,900원

유족특별급여는 평균임금 30일분에서 사망자 본인의 생활비를 공제한 후 취업가능기간에 대응하는 라이프니츠계수를 곱하여 산정된 액에서 유족급여액을 공제한 금액이다. 즉, '{평균임금의 30일분 − (평균임금의 30일분 × 본인의 생활비율)} × 취업가능기간에 대응하는 라이프니츠계수 − 유족급여액'이다. 취업가능기간은 장해특별급여 계산 때와 같다. 사망자 본인의 생활비는 평균임금에 동법 시행령 제24조 2의 규정에 따른 비율(부양가족이 없는 자 40%, 부양가족 1인 35%, 부양가족 2인

유족특별급여 계산 예시

- 예시: 재해노동자의 생년월일은 1969년 7월 10일, 1일 평균임금은 10만 원, 단체협약상 정년은 60세, 사망 연월일은 2014년 6월 10일, 부양가족 3인일 경우

- 당사자 정년퇴직일: 2029년 7월 9일−2014년 6월 10일=15년 1월=181월
- 취업가능기간에 대한 라이프니츠계수: 126.9263
- 유족급여(유족보상일시금) 계산: 10만 원×1,300일=130,000,000원
- 유족특별급여 계산: {(10만 원×30일)−(10만 원×30일×25%)}×
  126.9263−130,000,000원=155,584,175원

30%, 부양가족 3인 이상 25%)을 곱하여 계산한다.

대체로 「산업재해보상보험법」에 의한 산재보상은 「민법」에 의한 손해배상에 비교할 때 그 액수가 적을 수 있다. 산재보상은 요양비의 전액을 인정하고 평균임금의 70%를 휴업급여로 주며 장해보상을 장해등급에 따라 제공하지만, 민사상 손해배상은 요양비의 전액과 향후 치료비를 인정하고 치료기간 동안 임금의 전액을 주며 장해보상은 노동력 상실률을 고려하여 정년까지의 노동일수에 해당하는 호프만계수를 통해서 계산되기 때문이다.

그런데 「민법」에 의한 손해배상을 청구하기 위해서는 노동자 혹은 그 가족이 지방법원에 소송을 제기해야 하고 변호사의 도움을 받아서 장시간 동안 복잡한 절차를 거쳐서 승소해야만 한다. 또한 노동자의 과실이 있을 경우에는 과실률만큼 총배상액의 액수가 상계되기 때문에 과실상계가 없는 산재보험과 큰 차이가 있다. 따라서 민사상 손해배상을 청구할 때에는 산재보상과의 장단점, 노동자의 과실유무 등을 잘 검토하여 신중히 결정해야 한다.

표 8-2 산재보험 급여의 종류와 내용

종류		지급사유	청구자	청구시기	급여내용
요양급여		업무상 재해로 인한 부상 질병	지정의료기관, 노동자	요양 종결 후	완치시기까지 치료 일체
휴업급여		업무상 재해로 요양하기 위해 휴업한 기간	노동자	월 1회	1일당 평균임금의 70%
장해급여	일시금	업무상 재해가 치유된 후 장해등급 1~14급의 장해가 남은 때	노동자	치유 후 즉시	1급: 1,474일분 14급: 55일분
	연금	업무상 재해가 치유된 후 장해등급 1~7급의 장해가 남은 때	노동자	치유 후 사망 시까지 4회	1급: 313일분 7급: 131일분
유족급여	일시금	업무상 사망 시 유족이 일시금 청구	수급권자 (유족)	사망 즉시	평균임금의 1,300일분
	연금	업무상 사망 시 유족이 연금 청구	연금 수급 자격자 중	수급권자 사망	연 평균임금 1년치의 52~67%
상병보상 연금		2년간의 요양에도 완치되지 않고 폐질의 정도가 1~3급인 경우	노동자	요양 개시 후 2년	폐질 1급: 313일분 폐질 2급: 277일분 폐질 3급: 245일분
간병급여		요양이 종결된 후 간병급여가 필요한 경우	노동자	요양 종료 후 즉시	고용노동부장관이 고시한 간병급여
장의비		업무상 사망으로 장제를 실행한 경우	장제의 실행자	장제실행 직후	평균임금의 120일분
특별급여		보험 가입자의 고의 과실에 의한 재해 시 민사상 손해배상에 갈음할 경우	노동자 혹은 수급권자	특별급여에 합의 직후	노동력 상실률에 라이프니츠계수를 곱하여 산정

9) 시효와 이의신청 등

「산업재해보상보험법」에 의한 보험료와 기타 이 법에 의한 징수금을 징수하거나 그 반환을 받을 권리와 보험급여를 받을 권리는 3년간 행사하지 아니하면 소멸시효가 완성되어 보험급여를 지급하지 않으므로 급여를 받기 위해서는 3년 이내에 근로복지공단에 청구하여야 한다. 시효를 최초로 계산하는 시점인 기산점은 요양급여의 경우 요양을 받은 날, 유족급여는 노동자가 사망한 날이다. 기타 이 법에서 정하지 아니한 시효는 「민법」을 적용하여 계산된다.

근로복지공단 각 지역본부(지사)에서 행한 「산업재해보상보험법」상의 보험급여에 관한 결정에 불복이 있는 자는 권리구제를 위해 심사청구를 제기할 수 있다. 심사청구의 대상은 요양급여(간병료, 이송료 등 포함), 휴업급여, 장해급여, 간병급여, 유족급여 및 장의비, 상병보상연금 등 보험급여에 관한 결정이다.

청구인 또는 대리인(변호사, 공인노무사 등)은 각 지역본부(지사)의 보험급여에 관한 결정이 있음을 안 날부터 90일 이내에 원처분을 내린 각 지역본부(지사)에 심사청구서를 제출하여야 한다. 원처분 지사에 제출된 심사청구서는 공단본부에 송부된 날부터 60일 이내에 심리·결정을 하게 되며, 부득이한 사유로 인하여 그 기간 내에 결정을 할 수 없을 때에는 1차에 한하여 20일을 넘지 아니하는 범위 내에서 그 기간을 연장할 수 있다.

심사결정에 이의가 있는 자는 심사청구 방식과 같이 심사결정을 안 날부터 90일 이내에 원처분을 내린 각 지역본부(지사)에 재심사청구서를 제출하면 고용노동부 산재심사위원회에서 60일 이내에 심리·결정하게 된다. 심사와 재심사청구서는 공단 각 지역본부(지사)에 비치되어 있고 공단 홈페이지에서 내려받을 수 있다.

또한 「산업재해보상보험법」상 보험급여에 관한 결정 또는 심사결정에 불복이 있는 경우 결정(심사결정)이 있음을 안 날부터 90일 이내에 심사 및 재심사청구를 거치지 아니하고 행정소송을 제기할 수 있다.

산재보험에 대한 시효와 심사결정, 재심사결정, 행정소송제기 등은 법으로 정한 기한이 있기 때문에 해당기일 안에 청구서의 제출 등을 해야 한다.

10) 산재 발생 후 보험급여에서 꼭 확인할 사항

사유: 업무상 재해 발생

- **지정의료기관으로 이송 치료 중 요양신청**: 완치 시까지 무료로 치료받는다.
  - 산재지정병원에서 치료 시 병원에서 치료비 등 요양급여를 보험기관에 직접 신청한다.
  - 요양비 청구: 비지정의료기관에서 치료받았을 때 청구한다. 산재보험적용사업장에서 재해를 당하였음에도 산재 처리가 안 되어 본인부담으로 치료하였을 때도 보험기관에 청구하여 그 비용을 받을 수 있다.
  - 전원요양신청: 치료하는 병원을 바꿀 때 신청한다.
  - 재요양신청: 치료 후 재발 시 신청한다. 단, 민사소송을 하여 향후 치료비를 받았을 때는 재요양신청이 불가하다.
- **요양기간 동안 휴업급여 청구**: 치료가 완료될 때까지 매월 평균임금의 70%를 받는다.
  - 평균임금 개정 신청: 재해를 입은 회사가 임금에 변동이

있을 때 신청한다.

- 상병보상연금 청구: 요양 중 요양기간이 2년을 넘어설 당시에 폐질등급 3급 이상인 자는 휴업급여를 대체할 상병보상연금을 청구한다.

• 치료 후 장해가 남았을 때: 장해보상급여를 연금, 일시금의 형태 중 선택한다.

- 연금: 연 4회 지급하는데, 장해등급 1~3등급은 연금형태만 지급, 4~7등급은 연금과 일시금 중 선택이 가능하고, 8~14등급은 일시금만 선택할 수 있다.

• 사망하였을 때: 장의비 및 유족급여를 청구한다.

- 유족급여는 일시금과 연금 중 선택할 수 있다.

5. 산재보험의 관리운영

산업재해와 관련된 보험업무의 관리운영은 근로복지공단이 한다. 산재보험은 원래 고용노동부에서 직접 수행하였는데, 보험재정 팽창과 보험대상 적용의 확대 등으로 업무가 과다해져서 산재사업의 효율적인 운영을 위해 기존의 근로복지공사를 근로복지공단으로 개편하여 산재업무 및 노동자 관련 업무를 전담하도록 하였다.

근로복지공단은 울산에 본사를 두고 전국 6개 지역본부와 54개 지사를 운영하고 있다. 공단은 산하에 10개의 병원(인천, 태백, 창원, 순천, 대전, 안산, 동해, 정선, 대구병원, 경기요양병원)과 근로복지연구원, 직업환경연구원, 재활공학연구소 등을 보유하고, 산재지정 병·의원은 전국에 3천여 개소가 있다. 근로복지공단은 「산업재해보상보험법」에 의거하여 사업주로부터 보험료를 징수하고, 산재사고 시 피해노동자 또는 그 가족에게 적당한 기준에 의한 서비스를 제공하고 있다.

또한 근로복지공단은 산재 노동자와 그 가족을 위한 복지사업을 수행하고 있다. 산재 노동자는 대다수가 부양가족을 거느린 30~40대 가장으로서 뜻하지 않게 발생한 산업재해는 한 가정에게 커다란 정신적 · 경제적 어려움을 안겨 준다. 당장의 치료비, 생활비는 물론 자녀의 양육비, 교육비 등의 부담으로 고통스러워하고 각종 생활상의 문제가 발생한다. 근로복지공단은 산재보험으로 불행을 극복하도록 도울 뿐 아니라 근로자들의 생활안정지원과 생계비용융자를 통해 안정되고 더 큰 행복을 위해 근로자복지서비스를 제공한다. 대표적인 근로자복지서비스로는 융자사업, 문화 · 여가지원, 공단운영어린이집, 신용보증지원, 임금채권보장, 체불청산지원사업주융자, 산재근로자복지지원, 사내 · 공동근로복지기금지원, 기업복지상담, 근로자지원프로그램(EAP), 직장보육지원센터, 퇴직연금 등이 있다.

산재보험의 적용대상 사업장이 영세 사업장으로 확대되면서 사업주의 보험사무를 지원하는 보험사무조합의 역할이 커지고 있다. 1987년에 도입된 산재보험사무조합은 사업주 등을 구성원으로 하는 단체로서 특별법에 의하여 설립된 단체 또는 「민법」 제32조 규정에 의하여 고용노동부장관의 허가를 받아 설립된 법인, 기타 대통령이 정하는 기준에 해당하는 단체가 중소영세사업주의 위탁을 받아 보험료 신고 등 위탁사업주의 각종 보험사무를 대행하여 주는 제도이다. 보험사무조합은 보험 가입자(사업주)의 위탁을 받아 개산보험료, 추가개산보험료, 증가개산보험료, 확정보험료의 보고 · 납부, 연체금, 가산금, 기타 징수금의 납부, 보험관계의 성립, 변경, 소멸의 신고, 기타 보험사무를 행할 수 있다.

6. 산재보험의 활용과 과제

산재보험은 시행 반세기를 넘기면서 산업사회에 꼭 필요한 사회보험으로 발전하고 있지만, 다음과 같은 문제점에 대한 제도 개선방안이 모색되어야 할 것이다.

첫째, 2022년 12월 산재보험의 가입 사업장은 290만 개소이고 노동자는 1,987만 명으로 늘어났지만 전체 노동자의 상당수는 산재보험에 가입되어 있지 않다. 법적으로 당연가입 대상이지만 영세 제조업, 음식숙박업 등의 사업주가 수많은 비정규직 노동자를 산재보험에 가입시키지 않기 때문이다. 이는 상시 1인 이상 고용사업체만 당연가입을 원칙으로 하고 있기 때문인데, 가입의 기피를 막기 위해서는 모든 사업장을 당연가입으로 해야 한다.

둘째, 산재보험의 급여를 합리적으로 받기 위해서는 적용을 받는 노동자가 산재보험에 대한 기초적인 지식과 권리의식을 갖도록 교육해야 한다. 산업재해가 발생하면 사업주는 산재로 처리하는 것을 꺼리기에 노동자와 그 가족이 산재보험에 대한 지식을 갖고 급여를 청구할 수 있는 방법을 잘 알아야 하는데 현재 이에 대한 기초교육이 거의 없는 상태이다. 사용주는 명백한 산업재해를 건강보험으로 처리하여 노동자의 권리를 부당하게 침해하고 건강보험의 재정을 압박하기도 한다. 산재보험에 가입한 전체 노동자에게 산재보험에 대한 기초교육을 매년 정기적으로 실시하고, 『알아야 챙기는 산재보험』과 같은 안내책자를 널리 보급해야 한다.

셋째, 산재보험의 보험료율은 28개 업종으로 분류되고 평균 보험료율은 1.53%(업종별 일반요율 1.43%＋출퇴근 재해요율 0.10%)이다. 지난 3년간 보험급여지급율에 따라서 보험료율을 산정하기에 공평한 것처럼 보이지만, 최고와 최저 보험료율의 격차가 크기에 사보험 방식에 가깝다. 예컨대, 연간 임금총액이 100억 원 규모 건설업은 산재보험료만 3억 6천만 원을 내야 한다. 산업재해의 예방을 장려하기 위해서 보험급여지급율을 고려해야 하겠지만 사업집단별 보험료율의 지나친 차이를 줄이는 방향으로 제도를 개선해야 한다.

넷째, 산재보험의 급여가 꾸준히 향상되고 있지만 그 수준이 재해를 당한 노동자와 가족에게 충분하지 못하다. 휴업급여의 경우 OECD 국가들은 임금의 전액이나 80% 수준인데 비하여 한국은 70%이고, 장해급여의 판정도 정신적 또는 육체적 훼손 상태만 고려하고 노동자의 연령, 직종, 지위 등 제반조건이 고려되지 않는다는 것은 상식과 배치된다. 예컨대, 한 손 새끼손가락을 제대로 못 쓰게 된 사람은 14등급을 판정 받아서 평균임금의 55일분을 받는데, 청년 피아니스트라면 직업활동에 심각한 영향을 받을 것이다. 급여의 적절성이 낮기에 사용자의 과실이나 관리소홀로 생긴 산업재해는 대부분 별도로 민사상 손해배상 청구의 대상이 된다. 시민의 생활양식의 변화와 기대수준에 맞게 산재보험의 급여를 적절히 향상시켜야 한다.

다섯째, 급여를 합리적으로 제공하는 것도 매우 중요하다. 현재 유족급여의 수급자 중에서 배우자가 있으면 가장 선순위자이고, 그다음은 자녀, 부모 등의 순이다. 그런데 기혼 남성 노동자가 사망할 경우 아내에게는 남편, 자녀에게는 아버지, 부모에게는 자식으로 누구에게나 소중한 존재이지만 유족급여는 선순위자가 전액 수령한다. 아내가 자녀를 양육하면 큰 문제가 아니지만 자녀 양육을 태만히 할 때에도 근로복지공단은 급여를 지급하는 데 그친다. 유족급여에 대하여 수급자 간의 다툼이 있는 경우에는 「민법」의 상속조항을 준용하여 적절히 배분하는 것도 한 방안이다.

여섯째, 산재보험은 국민연금이나 건강보험에 비교할 때 보험료를 납부하는 사용주와 적용대상자인 노동자가 보험료의 책정, 장해급여의 판정, 기금의 관리운영, 지정 병의원에 대한 감시 등에 참여하기 위한 제도적 장치가 거의 없다. 최근 장해급여, 유족급여 등 장기급여가 늘어나기에 기금의 관리운영에 대해서도 이해당사자와 외부 전문가의 참여가 매우 절실하다. 아울러, 산재보험과 고용보험의 적용사업장이 중복되기에 양 보험의 통합 등을 포함한 중장기발전계획을 세우고, 장기급여의 증가를 고려한 안정적 재정운용으로 미래세대에게 부담을 주어서는 안 된다.

* 노동건강연대 http://laborhealth.or.kr

🔅 단원 정리

산업재해보상보험(산재보험)은 근로자의 업무상의 재해를 신속하고 공정하게 보상하고, 재해근로자의 재활 및 사회복귀를 촉진하기 위하여 이에 필요한 보험시설을 설치·운영하며 재해예방, 기타 근로자의 복지증진을 위한 사업을 행하는 사회보험이다.

산업재해란 사업장의 노동자가 업무상 발생하는 재해로 인해 부상, 질병, 신체장해, 사망을 당한 경우를 말한다. 아울러 업무수행 중의 사고뿐만 아니라 사업장의 설비 미비로 인한 사고, 업무수행을 위한 출장 중에 당한 사고, 출퇴근하다 당한 사고, 작업환경이나 근무조건 등 유해요인으로 인해 생기는 질병도 산업재해로 본다.

1963년에 「산업재해보상보험법」이 제정되었고, 산재보험은 1964년 7월 1일부터 500인 이상의 광업과 제조업 사업장 노동자에게 처음 적용되었다. 이후 점차 적용사업장을 확대하여 2000년 7월부터 1인 이상을 고용하는 모든 사업장으로 확대시켰다. 당연적용 사업장이 산재보험에 가입하지 않았더라도, 산재를 당한 노동자가 근로복지공단에 요양급여 등을 요구하는 경우에는 산재처리를 하도록 되어 있다.

산재보험의 비용은 전액 고용주가 보험료로써 부담한다. 특정 사업장의 산재보험료는 업종별 재해율에 따라 결정되는 보험료율에 해당 사업장의 임금총액을 곱해서 결정한다.

산재보험의 급여는 업무상 부상 또는 질병에 대한 요양급여, 일하지 못한 기간에 대한 휴업급여, 치료 후 폐질등급이면 휴업급여 대신에 상병보상연금, 치료 후 장해가 남는 경우에 장해급여, 간병급여, 사망 시 그 유족에게 지급하는 유족급여와 장의비가 있다.

근로복지공단은 「산업재해보상보험법」에 의거하여 사업주로부터 보험료를 징수하고, 산재사고 시 피해노동자 또는 그 가족에게 적당한 기준에 의한 서비스를 제공하고 있다.

산재보험은 시행 반세기를 넘기면서 산업사회에 꼭 필요한 사회보험으로 발전하고 있지만, 다음과 같은 문제점에 대한 제도 개선방안이 모색되어야 할 것이다. 당연가입을 하지 않는 사업장의 가입을 독려해야 한다. 적용을 받는 노동자가 산재보험에 대한 기초적인 지식과 권리의식을 갖도록 교육해야 한다. 산재보험의 보험료율은 28개 사업집단별로 세분화되고, 평균 1.53%인데 사업집단별 보험료율의 격차를 줄어야 한다. 산재보험의 급여수준을 재해를 당한 노동자와 가족에게 충분하게 향상시켜야 한다. 유족급여를 포함하여 전체 급여를 합리적으로 제공하는 것도 매우 중요하다. 보험료를 납부하는 사용주와 적용대상자인 노동자의 참여를 늘리고 안정적 재정운용으로 미래세대에게 부담을 주어서는 안 된다.

용어 정리

- **산업재해보상보험**: 산업재해보상보험은 근로자의 업무상의 재해를 신속하고 공정하게 보상하고, 재해근로자의 재활 및 사회복귀를 촉진하기 위하여 이에 필요한 보험시설을 설치·운영하며 재해예방, 기타 근로자의 복지증진을 위한 사업을 행하는 사회보험이다.

- **산업재해**: 산업재해란 사업장의 노동자가 업무상 발생하는 재해로 인해 부상, 질병, 신체장해, 사망을 당한 경우를 말한다. 아울러 업무수행 중의 사고 뿐만 아니라 사업장의 설비 미비로 인한 사고, 업무수행을 위한 출장 중에 당한 사고, 출퇴근하다 당한 사고, 작업환경이나 근무조건 등 유해요인으로 인해 생기는 질병도 산업재해로 본다.

- **산재보험료**: 산재보험료는 사용자가 전액 납부하고 정부가 운영사업비의 일부를 부담하며, 사업장 재해 발생 위험도에 따라 차등부담원칙에 의거한다. 보험료는 당해 보험연도의 임금총액에 사업집단별 보험료율를 곱해서 산출한다.

- **산재보험 급여**: 산업재해보상보험의 급여는 업무상 부상 또는 질병에 대한 요양급여, 일하지 못한 기간에 대한 휴업급여, 치료 후 폐질등급이면 휴업급여 대신에 상병보상연금, 치료 후 장해가 남는 경우에 장해급여, 간병급여, 사망 시 그 유족에게 지급하는 유족급여와 장의비가 있다.

- **요양급여**: 업무상 부상 또는 질병에 걸려 4일 이상의 요양을 요할 때 의료기관에서 상병의 치료에 소요되는 비용을 치유될 때까지 지급하는 현물급여(지정 의료기관에서의 치료)이다. 다만, 긴급 및 기타 부득이한 사유로 요양 승인을 받지 않고 자비로 치료한 경우에는 요양비로 지급된다.

- **휴업급여**: 부상 또는 질병으로 인하여 취업하지 못하는 기간에 대하여 노동자와 그 가족의 생활보호를 위하여 임금 대신 지급하는 급여를 말한다. 요양 기간 동안 일을 못하게 되면 1일 기준 평균임금의 70%를 지급한다.

- **장해급여**: 업무상 재해의 완치 후 당해 재해와 상당 인과관계가 있는 장해가 남게 되는 경우 그 장해의 정도에 따라 지급하게 되는 급여를 말한다. 이때 장해라 함은 부상 또는 질병이 치유되었으나 신체에 잔존하는 영구적인 정신적 또는 육체적 훼손 상태로 인하여 생긴 노동력의 손실 또는 감소를 말한다.

- **유족급여**: 유족급여는 산재환자가 사망한 경우 그 유족의 생활을 돕기 위해 지급되는 급여로서 유족보상연금, 유족보상일시금 중 선택하여 보상을 받을 수 있다. 유족이 여러 명이면 배우자, 자녀, 부모, 손자녀 순으로 받을 수 있다.

- **상병보상연금**: 상병보상연금은 요양급여를 받는 노동자가 부상 또는 질병의 정도가 폐질등급 1~3급에 해당하고 요양 개시 후 2년이 경과되어도 치유되지 않은 경우 휴업급여 대신에 보상수준을 향상시켜 연금으로 지급하게 되는 것을 말한다. 폐질등급 1급은 평균임금의 329일분, 2급은 291일분, 3급은 257일분을 청구에 의하여 12등분하여 매 월별로 수령한다.

- **간병급여**: 간병급여는 요양이 종결된 자가 의학적으로 상시 또는 수시로 간병이 필요하여 실제로 간병을 받는 자에게 지급된다. 지급대상은 상시간병급여 대상과 수시간병급여 대상으로 나뉜다.

- **장의비**: 장의비는 노동자가 업무상 사유로 사망한 경우 그 장제에 소요되는 비용에 대하여 지급하는 것을 말한다. 실제로 장제를 실행한 사람에게 평균임금의 120일분을 지급한다.

- **특별급여제도**: 특별급여제도는 노동자가 업무상 사유로 사망하거나 신체장해를 입은 경우 사업주를 상대로 하는 민사상 손해배상의 번거로움을 방지, 신속한 해결을 위하여 산재보험에서 대불해 주고 그 지급상당액을 사업주가 직접 납부하는 제도로서 장애특별급여와 유족특별급여가 있다.

- **근로복지공단**: 근로복지공단은 「산업재해보상보험법」에 의거하여 사업주로부터 보험료를 징수하고, 산재사고 시 피해노동자 또는 그 가족에게 적당한 기준에 의한 서비스를 제공하고 있다. 근로복지공단은 울산에 본사를 두고 전국 6개 지역본부와 54개 지사를 운영하고 있다.

제9장

국민기초생활보장

1. 기초생활보장의 정의와 역사

국민기초생활보장(기초생활보장)은 생활이 어려운 사람에게 필요한 급여를 실시하여 이들의 최저생활을 보장하고 자활을 돕는 것을 목적으로 한 사회복지제도이다. 이 제도는 1962년부터 시행되었던 「생활보호법」이 폐지되고 1999년에 제정된 「국민기초생활 보장법」에 근거하여 2000년 10월부터 시행되고 있다(김희성, 이재법, 2020).

1997년 외환위기 때 대량실업으로 인한 이혼, 가출, 노숙, 자살, 결식아동 증가 등의 사회문제는 생활보호제도로는 대처하기 어려웠다. 당시 생활보호제도는 18세 미만 아동, 65세 이상 노인, 중증장애인과 같이 노동능력이 없고 가족의 보호를 받기 어려운 국민의 생활보호에 집중하고, 노동능력이 있는 국민의 빈곤대책을 체계적으로 세우지 못하였다. 정부는 한시적 생활보호와 공공근로 확대 등을 하였지만 대량실업과 생존권 위기를 해결하지 못하였다. 이에 1998년에 참여연대를 중심으로 45개 단체가 입법운동을 벌여 시민단체 · 정당 · 정부가 합의하여 1999년 9월 7일에 「국민기초생활 보장법」을 제정하였다.

기초생활보장은 극히 일부 요보호 국민에 대한 시혜적인 복지에서 모든 국민의 기초생활을 보장하는 제도로의 전환을 의미한다. 최저생활에 미치지 못한 국민에 대한 국가적 책임을 강화하여 「헌법」상 규정된 '인간다운 생활을 할 권리'를 모든 국민이 누리는 것을 지향하였다. 하지만 이 법의 부양의무자 등 일부 독소조항은 많은 사람이 복지급여를 받지 못하도록 가로막고 있다.

기초생활보장은 일할 능력이 있으면 자활 관련 사업에 참여한다는 조건 아래 생계급여를 받도록 하고 있다. 이 제도는 일할 수 있는 사람에게는 일자리를 제공하고 생활이 어려운 사람에게는 최저생활을 보장하는 '생산적 복지' 철학을 담고 있다. 정부는 소득이 일정한 수준에 미달하는 대상자(기준 중위소득의 50% 이하) 중 근로능력이 없는 사람에게 조건 없이 지원하고, 근로능력자에게 직업훈련 등 자활에 참여하는 것을 조건으로 지원한다. 이 제도는 생계급여, 주거급여, 해산급여, 장제급여를 현금으로, 의료급여, 교육급여를 현물급여로 준다.

기초생활보장제도는 소득 불평등을 완화시켰지만, 수급자의 근로의욕 상실을 가져와 빈곤에서 벗어나려는 의지를 저하시킨다고 비판을 받기도 한다. 지난 20여 년간 생계급여 수급자 선정기준은 국민의 생활수준에 비교하여 낮아 근로의욕을 저하시킬 정도라고 보기는 어렵다.

정부는 2014년에 발생된 송파 세 모녀 자살 사건을 계기로 2015년 7월부터 기초생활보장 급여를 개별 급여로 전환하였다. 가구 소득인정액이 최저생계비에 미치지 못한 사람을 수급자로 선정하는 방식에서 기준 중위소득의 일정한 비율을 미치지 못한 가구를 생계급여, 의료급여, 주거급여, 교육급여 수급자로 선정하는 방식으로 바꾸었다. 이른바 '맞춤형 복지'를 통해 전반적으로 개선되었지만 모든 국민이 인간다운 생활을 할 권리를 누리기에는 부족함이 많다.

기초생활보장제도의 재원은 세금으로 조달된다. 대부분 예산은 국비로 조성되고, 일부는 해당 지방자치단체가 분담한다. 기초생활보장제도는 국가와 지방자치단체에서 사회복지전담 공무원과 관련 공무원이 담당한다. 시·군·구와 읍·면·동 행정복지센터 복지팀이 위기가구를 발굴하고, 수급자를 선정하며, 복지급여를 제공한다.

기초생활보장 수급권은 생활이 어려워졌을 때 정부로부터 지원을 받아 최소한의 생계를 유지할 수 있도록 모든 국민에게 부여된 권리이다. 수급권은 노인이나 장애인 등 특별한 사람만 받는 것이 아니라 모든 국민 중 가구 소득인정액이 수급자 책정기준 이하이면 신청하여 받을 수 있다. 생계급여와 의료급여는 부양의무자가 없거나 있더라도 부양능력이 낮아야 받을 수 있고, 주거급여와 교육급여는 부양의무자와 상관없이 받을 수 있다. 기초생활보장제도는 일곱 가지 원칙을 가지고 있다.

- **최저생활보장 원칙**: 최저한의 경제적 생활을 보장하는 수준으로 급여액을 결정한다.
- **보충급여 원칙**: 각 급여의 선정기준과 소득인정액의 차이만큼 보충해 준다(생계급여의 경우에 그렇고, 주거급여는 일부 연계되어 있다).
- **자활지원 원칙**: 근로능력이 있는 사람에게는 자활사업에 참여하는 조건으로 급여를 지급한다.
- **개별성 원칙**: 급여수준을 정할 때 개별적 특수상황을 반영한다.
- **가족부양우선 원칙**: 정부의 지원 이전에 부양능력이 있는 부양의

무자에게 우선 부양받아야 한다.

- **타급여우선 원칙**: 급여신청자가 다른 법령으로 보호받을 수 있는 경우는 「국민기초생활 보장법」보다 우선해서 다른 법령으로 보호한다.
- **보편성 원칙**: 「국민기초생활 보장법」이 규정한 요건을 충족하는 국민은 누구나 수급권을 인정한다.

2. 기초생활보장의 수급자

당초 기초생활보장 수급자는 가구 소득인정액이 최저생계비 이하이고 당사자나 가족이 읍·면·동에 신청할 때 선정될 수 있었다. 2015년 7월부터 선정기준이 최저생계비에서 기준 중위소득의 일정한 비율(50%) 이하로 바뀌었다. 이전에는 수급자로 선정되면 모든 급여를 받을 수 있었으나 개정 이후 생계급여 수급자, 의료급여 수급자, 주거급여 수급자, 교육급여 수급자로 바뀌었다.

기초생활보장 수급자 선정기준이 절대 빈곤선인 최저생계비에서 상대 빈곤선인 기준 중위소득으로 바뀐 것이다. 기준 중위소득이란 중앙생활보장위원회의 심의 의결을 거쳐 고시된 국민가구소득의 중위값을 말한다. 전체 가구를 순서대로 줄을 세울 때 중위값에 해당되는 소득으로 평균소득보다는 낮다. 가구 소득인정액이 증가하여 중위소득의 30%(2025년 32%)를 넘으면 생계급여는 받지 못하더라도 의료급여, 주거급여, 교육급여 등은 받을 수 있다.

맞춤형 개별급여로 변경되어도 수급자가 되기는 쉽지 않다. 가구원의 근로의무, 소득, 재산, 부양의무자 기준을 통과해야만 수급자가 될 수 있다. 다만, 생계급여와 의료급여 수급자는 근로능력평가를 하고 부양의무자 기준이 있어서 선정되기 어렵지만, 주거급여와 교육급여 수급자는 근로능력 평가를 하지 않고 부양의무자 기준도 폐지되어 수급자로 선정될 가능성이 높다.

* 복지로 http://www.bokjiro.go.kr

1) 기준 중위소득

정부는 2015년 7월부터 기초생활보장제도를 맞춤형 복지로 바꾸었다. 2025년 현재 가구 소득인정액과 부양비의 합계액이 기준 중위소득의 32% 이하인 가구는 생계급여 수급자, 32%를 넘고 40% 이하인 가구는 의료급여 수급자가 될 수 있다. 가구 소득인정액이 기준 중위소득의 40%를 넘고 48% 이하인 가구는 주거급여 수급자, 48%를 넘고 50% 이하인 가구는 교육급여 수급자가 될 수 있다.

생계급여와 의료급여 수급자는 부양의무자 기준이 있고 부양비를 계산하여 가구의 소득인정액과 부양비를 합친 금액이 해당 급여 기준 이하일 때 선정될 수 있다. 따라서 사회복지사를 포함한 모든 시민은 기준 중위소득, 가구, 소득인정액, 소득평가액, 재산의 소득환산액, 부양의무자와 부양비를 정확히 알아야 기초생활보장제도를 활용할 수 있다.

2) 가구(가구원, 별도가구)

기초생활보장제도는 가구 단위로 급여를 제공하되 필요하다고 인정된 경우에 개인 단위로 줄 수 있다. 가구는 수급자 선정, 급여액 결정,

급여 지급의 기본단위이다. 소득평가액을 산정하거나 재산의 소득환산액을 계산할 때 가구를 단위로 한다. 가구에 속하는 사람은 주민등록표상에 기재되고 실제로 생계와 주거를 같이하는 가족이다. 부부와 미혼의 자녀로 구성되는 가구는 계산하기 쉽지만, 친족 등 동거인이 있는 경우에는 가구에 포함될 수도 있고 그렇지 않을 수도 있다.

30세 미만의 미혼자녀는 학교를 다니거나 다른 사정으로 따로 사는 경우에도 한 가구원으로 본다. 다만, 별도로 거주하는 30세 미만 취업 자녀는 가구원이 아니라 부양의무자로 본다. 만약 한부모가족에서 자녀가 직업을 가지면 소득이 높아져서 수급자에서 탈락되기 쉬운데, 자녀가 따로 살면 다른 가구이고 한 가구로 보지 않아서 수급자로 남을 수도 있다. 군대에 입대하면 가구원으로 계산되지 않지만, 사회복무요원은 가구원으로 본다.

행방불명이나 가출한 자는 경찰에 가출인 신고를 하고 한 달 이상이 되면 가구원에서 제외된다. 행방불명되어도 가출인으로 신고하지 않으면 가구원으로 간주되고, 경제활동능력을 가진 연령이면 소득 행위를 할 것으로 본다. 법적으로 이혼하지 않으면 한 가구로 보는데, 별거하여 생계를 달리한 경우에는 읍 · 면 · 동 복지공무원과 상담하면 제외시킬 수도 있다.

주민등록상 한 가구이고 함께 살더라도 별도가구로 인정받을 수도 있다. 별도가구란 부모와 자녀가구가 함께 살아도 별도로 사는 것으로 간주하여 부모 혹은 자녀가구가 수급자가 될 수도 있다. 흔히 부모와 사는 30세 이상의 배우자가 없는 중증장애인은 별도가구로 간주된다. 결혼한 자녀의 집에 사는 부모, 결혼한 형제자매의 집에서 사는 경우에도 별도가구로 간주하여 수급자로 지원해 줄 수도 있다. 가구원 수가 많으면 공적 지원을 받을 수 있는 기준 중위소득도 높아지므로 어

떤 사람을 가구원에 포함시킬 것인지 여부를 정확히 확인하는 것이 중
요하다.

3) 가구 소득인정액

가구 소득인정액은 월 단위로 계산된 소득평가액에 재산의 소득환
산액을 합친 금액이다. 가구원 중에서 소득을 버는 사람이 많고 액수
가 많으면 소득평가액이 높아진다. 근로소득, 사업소득, 재산소득, 이
전소득 등을 합산한 금액이 소득평가액이다. 재산은 일반재산(이 중 주
거용 재산, 주거용 재산을 뺀 일반재산), 금융재산, 승용차 등으로 세분된
다. 재산은 유형별로 소득으로 환산되는 방식이 다르기에 환산율이 높
은 자동차가 있거나 예금이 많으면 소득환산액이 높아진다. 가구 소득
인정액이 복지급여를 받을 수 있는 조건이 되면 거주지 관할 읍·면·
동 행정복지센터에 기초생활보장을 신청할 수 있다.

4) 소득평가액

소득평가액은 가구원이 버는 모든 소득의 합산 금액에서 공제되는
소득을 제외한 금액이다. 부부소득뿐만 아니라 자녀의 아르바이트를
포함하여 모든 근로소득, 사업소득, 재산소득(임대소득, 이자소득 등),
이전소득(공적 이전소득, 사적 이전소득)을 합치고 이를 12개월로 나눈
금액이다.

근로소득은 가구원의 소득 전부를 합산한다. 상시 노동자는 급여 외
에 상여금, 성과금 등이 포함된 금액이다. 일용직은 3개월 평균소득을
보는데 본인이 소득확인서를 고용주에게 확인받아 제출한다. 2020년

부터 근로소득은 30%를 공제한 후 소득평가액으로 계산한다. 근로소득은 세금, 사회보험료 등을 내기 전의 세전 소득을 말한다. 150만 원을 벌면 30%인 45만 원을 공제한 후 105만 원을 소득평가액으로 본다.

대학생의 아르바이트 소득은 40만 원을 우선 공제하고 나머지 금액 중 30%를 뺀 금액만 소득평가액으로 간주된다. 예를 들면, 월 50만 원을 벌면 40만 원＋3만 원을 제외한 7만 원만 소득평가액으로 계산된다. 나머지 금액도 교재비, 학원비, 학교등록금 등으로 지출한 영수증을 첨부하면 공제받을 수 있다.

근로능력자(18세 이상 65세 미만)가 일하지 않는 경우에는 소득을 추정한다. 대개 하루 최저임금액으로 15일 내외 일한 것으로 보아 확인소득을 추정한다(2020년에는 8,590원의 8시간분인 6만 8,720원으로 15일간 일하면 103만 800원 내외). 건강상의 이유로 일하기 어려우면 근로무능력자로 평가받아야 한다. 다만, 미취학 어린이를 양육하는 사람, 질병이나 장애로 거동이 곤란한 가구원을 보호하는 사람, 구직등록을 하고 구직 중인 사람, 대학생 등은 확인소득을 추정하지 않으니 해당되는 사람은 적극적으로 해명하기 바란다.

재산소득은 임대소득, 이자소득, 연금소득(민간 연금보험, 연금저축 등), 적은 이자라도 전부 소득으로 산정한다.

공적 이전소득은 정부나 지방자치단체 등 공공의 영역에서 받은 금품으로 국민연금, 실업급여, 산재보험으로 받는 급여 등을 소득으로 산정한다. 다만, 이전소득 중 지자체가 조례에 의하여 수급자나 생활이 어려운 저소득층에 지급하는 금품은 소득산정에서 제외한다. 아동수당, 장애인의 장애인연금과 장애수당, 장애아동수당, 한부모가정의 아동양육비, 소년소녀가정(세대) 지원금, 위탁아동 양육보조금, 대학생 장학금 등은 부가급여로서 소득으로 산정하지 않는다.

사적 이전소득은 부모나 형제, 친척, 친구 등의 도움을 연간 5회 이상 받으면 소득으로 산정한다. 친지, 이웃 등의 일시적인 생활비 보조금은 소득으로 산정하지 않는다. 부모나 형제 또는 친구 집에 무료로 사는 경우에는 소득이 생기는 것으로 보아 사용대차 사적 이전소득을 산정한다.

시·군·구 등 보장기관은 소득의 종류에 따라 매월 혹은 연 1회 이상 확인조사를 하는데, 사회보장정보시스템을 통해 조회된 공적자료를 우선 적용한다. 소득이 상당히 있어도 공적자료로 확인되지 않으면 계산에서 누락될 수 있는데, 노점상 등은 해당 가구의 생활수준을 고려하여 '지출실태조사'로 소득수준을 가늠할 수 있다.

수급자가 국민연금에 가입하면 연금보험료의 50%를 소득에서 공제하니, 이처럼 공제되는 소득이 무엇인지를 꼭 확인하기 바란다. 실제소득에서 공제소득을 제외한 금액이 소득평가액이다.

5) 재산의 소득환산액

재산은 가구원 명의로 된 모든 재산이고 크게 일반재산, 금융재산, 자동차로 구분하여 조사된다. 일반재산은 자가이면 집값(시가표준액)과 땅값, 전세·월세이면 보증금(계약서상의 95%), 입주권·분양권 등을 합친 금액이다. 계약서는 반드시 확정일자를 검인받아야 된다.

기본재산액(2024년에는 생계급여·의료급여·주거급여·교육급여 수급자는 서울 9,900만 원, 경기 8,000만 원, 광역·세종·특례시 7,700만 원, 그 외 지역 5,300만 원)을 공제한 나머지 금액에 4.17%(연 50.04%)를 곱한다. 공제하고 남은 일반재산이 주거용 재산(주거용 재산 한도액은 서울 1억 7,200만 원, 경기 1억 5,100만 원, 광역·세종·특례시 1억 4,600만 원, 그 외

지역 1억 1,200만 원)이면 1.04%(연 12.48%)로 환산한다.

금융재산은 금융기관에 있는 예금, 적금, 주식, 채권, 보험 등을 포함한다. 예금은 3개월 평균 잔액, 연금저축은 불입금, 일반보험은 해약환급금을 기준가로 산정한다. 금융재산에서 생활준비금 500만 원을 공제한 후에 월 6.26%(연 75.12%)를 곱한다. 금융재산의 합계가 1,000만 원이라면 500만 원을 공제한 후 500만 원의 6.26%인 313,000원의 소득환산액으로 계산된다.

자동차는 자동차보험 차량가격의 100%(연 1,200%)가 소득으로 환산된다. 보험기준 100만 원의 차량은 월 100만 원의 소득환산액으로 계산된다. 다만, 3급 이상의 장애인이 가진 2,000cc 미만 자동차, 자동차를 생계수단으로 활용한 경우에 1,600cc 미만이면서 10년이 넘은 차량은 일반재산으로 간주된다. 자동차의 소득환산율은 완화되고 있다.

재산의 소득환산율은 시중의 이자에 비교하여 매우 높다. 승용차의 보험회사 기준 차량가격이 200만 원이면 소득인정액이 월 200만 원, 공제 후 통장에 200만 원이 있으면 월 125,200원, 전세금이 200만 원이 남으면 월 83,400원(주거용 재산기준에 해당될 경우 월 20,850원)으로 간주된다. 이것은 기초연금에서 200만 원 초과 재산(집, 전세금, 예금, 승용차 등)에 대한 소득인정액이 월 8,333원인 것에 비교할 때 매우 불합리하다.

기초연금에서 소득인정액을 산정할 때에는 모든 소득을 합친 후에 일정액을 공제하고, 나머지 재산에 4%를 곱한 후에 12로 나누어서 계산한다. 정부가 합리적인 소득인정액 산정 방식을 알면서도 기초생활보장 수급자 선정 시 재산의 소득환산액을 과도하게 산정한다. 이를 수정하지 않으면 약간의 재산이 있다는 이유로 기초생활보장 수급자가 되지 못하는 문제점이 지속될 것이다.

따라서 당사자가 자동차가 있으면 팔고, 예금이 많으면서 월세로 살면 예금을 찾아서 월세보증금을 올려 주는 것이 합리적이다. 소득인정액은 '복지로'를 클릭하고 '복지서비스 모의계산'을 하면 짐작할 수 있다. 모의계산으로 복지급여를 받을 수 있으면 129로 전화하거나 읍·면·동 행정복지센터나 휴대폰 앱 '복지로'에서 신청하기 바란다. 저소득층이 부양의무자 기준이 없는 주거급여 혹은 교육급여를 신청하면 수급자로 선정될 가능성이 높다.

6) 부양의무자

기초생활보장제도 생계급여와 의료급여 수급자는 가구 소득인정액과 부양의무자의 부양비를 합산하여 결정한다. 2촌 이내로 함께 사는 가족은 부양의무가 있고, 함께 살지 않더라도 1촌(부모, 자녀와 그 배우자)은 부양의무가 있으므로 소득인정액이 기준보다 낮더라도 부양의무자가 부양능력이 없거나 약할 때만 복지급여(생계급여, 의료급여)를 받을 수 있다.

부양의무는 부모와 자식 간에 동일하다. 자녀는 부모를 부양할 의무가 있고, 부모도 결혼한 자식이 어렵게 살면 부양할 의무가 있다. 부양의무는 1촌 간에만 있고 2촌(형제, 자매)은 함께 사는 경우에만 있다. 부양의무자가 부양을 포기하겠다거나 관계가 단절되었다고 주장하는 경우가 있으나 인정받기 어렵다. 다만, 어린 시절부터 부모와 자녀의 관계가 단절된 경우에 성장한 자녀가 부모에 대한 부양의무를 이행할 수 없다는 것과 같은 사례는 시·군·구에 사유서를 제출하여 인정을 받기도 한다.

7) 부양비

부양의무자의 부양비는 가구 소득인정액이 부양비 산정기준을 넘으면 그것의 10%로 산출된다. 과거 부양비는 따로 사는 미혼 자녀는 중위소득 초과액의 30%, 기혼 자녀 중 아들(과 며느리)은 30%, 기혼 자녀 중 딸(과 사위)은 15%이었지만, 이는 성차별이라는 비판을 받아 2020년부터 10%로 통일되었다. 또한 부양의무자의 소득인정액을 산정하는 방식은 수급자의 소득인정액을 산정하는 방식과 다르다. 소득평가액에서 공제하는 소득이 더 많고, 재산의 소득환산액도 더 낮게 산출되어 결국 소득인정액이 낮게 산정된다. 부양의무자가 용돈조차 주지 않아도 국가는 부양비를 산출하여 공공부조를 하지 않는다. 이 때문에 부양의무자에게 생활비를 받지 못한 가난한 사람은 공공부조의 사각지대에 방치되기 쉽다.

표 9-1 기초생활보장 급여별 자격 조사와 지급범위

구분	생계급여	의료급여	주거급여	교육급여
근로능력평가	○	○	×	×
소득조사	○	○	○	○
재산조사	○	○	○	○
부양의무자 조사	○	○	×	×
해산급여지급	○	○	○	○
장제급여지급	○	○	○	×

3. 기초생활보장의 급여

　기초생활보장제도의 급여는 생계급여, 의료급여, 주거급여, 교육급여, 자활급여, 해산급여, 장제급여가 있다. 수급자는 생계급여 수급자, 의료급여 수급자, 주거급여 수급자, 교육급여 수급자로 구분되어 있다. 생계급여 수급자는 생계급여, 의료급여, 주거급여, 교육급여를 받고, 의료급여 수급자는 의료급여, 주거급여, 교육급여를 받으며, 주거급여 수급자는 주거급여와 교육급여를 받고, 교육급여 수급자는 교육급여만 받을 수 있다. 또한 생계·의료·주거급여 수급자는 해산급여, 장제급여를 받을 수 있다.

　수급자로 선정되면 매월 20일에 생계급여는 가구의 소득인정액과 기준 중위소득의 32% 간 차액을 수급자 이름의 통장으로 받고, 주거급여는 각 지역별 기준임대료를 고려하여 받는다. 의료급여와 교육급여는 수급자가 의료기관과 교육기관을 이용할 경우에 해당 의료기관과 교육기관이 받는다.

표 9-2 기초생활보장 수급자 선정기준(2025년)

가구원 수	1인 가구	2인 가구	3인 가구	4인 가구	5인 가구
중위소득	2,392,013	3,982,658	5,025,353	6,097,773	7,108,192
생계급여(32%)	765,444	1,258,451	1,608,113	1,951,287	2,274,621
의료급여(40%)	956,805	1,573,063	2,010,141	2,439,109	2,843,277
주거급여(48%)	1,148,166	1,887,676	2,412,169	2,926,931	3,411,932
교육급여(50%)	1,196,007	1,966,329	2,512,677	3,048,887	3,554,096

1) 생계급여

생계급여는 가구 소득인정액이 기준 중위소득의 32% 이하이고, 부양의무자가 없거나 있더라도 부양능력이 미약할 때(즉, 소득인정액＋부양비의 합계액이 기준 중위소득의 32% 이하) 받을 수 있다. 기준 중위소득은 매년 인상되는 경향이 있기에 수급자의 책정기준도 인상된다. 생계급여액은 생계급여 선정기준에서 수급자 가구의 소득인정액을 공제한 금액이다.

2) 의료급여

의료급여는 생활유지능력이 없거나 생활이 어려운 저소득 국민의 의료문제를 국가가 보장하는 제도로, 건강보험과 함께 국민 의료보장의 중요한 수단이다. 의료급여는 주로 경제적으로 어려운 국민에게 발생하는 질병, 부상, 출산 등에 대해 의료서비스를 현물로 제공한다. 의료급여는 가구 소득인정액과 부양비의 합계액이 기준 중위소득의 40% 이하일 때 선정되어 필수 의료서비스를 낮은 본인부담으로 받을 수 있다. 의료급여 수급권자는 1종과 2종으로 구분된다. 1종 수급권자는 18세 미만, 65세 이상, 중증장애인 등 근로무능력자로 구성된 세대이다. 여기에 이재민, 의사상자, 국가유공자, 무형문화재보유자, 북한이탈주민, 광주민주화보상자, 입양아동(18세 미만), 행려환자 등이 포함된다. 2종 수급권자는 기초생활보장 수급권자 중 1종 수급권자 기준에 해당되지 않는 사람이다. 대체로 18세 이상 65세 미만으로 일하여 돈을 버는 사람이 있는 세대이다.

의료급여는 진찰, 검사, 약재, 치료, 예방, 입원, 재활 등에 대한 비용

을 지원한다. 근로능력이 없는 1종 가구는 외래진료에 1,000~2,000원
을 내고 입원은 무료이며, 근로능력이 있는 2종 가구는 외래진료비와
입원진료비의 10~15%를 낸다. 하지만 2025년부터 본인부담체계는
정률제로 개편된다. 1종 외래의 본인부담이 의원은 진료비의 4%이고,
병원·종합병원은 6%, 상급종합병원은 8%, 약국은 2%이며, 2종 외래
의원은 4%이다. 다만, 2.5만 원 이하 구간은 정액제를 유지하고, 약국
은 본인부담금 상한(5천 원)이 적용된다. 의료급여 수급자는 건강보험
료를 내지 않기에 싼값으로 의료를 이용할 수 있다. 의료급여 수급자
라도 비급여 청구분은 전액 본인이 부담해야 한다.

의료급여는 건강보험 보장성 강화 계획과 연계해 보장성을 확대하
였다. 6~15세 이하 아동에 대한 본인부담금도 10%에서 3% 수준으로
낮추었다. 노인 수급자의 틀니·임플란트 본인부담을 대폭 경감하고
(틀니 1종 의료급여는 20%에서 5%로, 2종 의료급여는 30%에서 15%로, 임
플란트는 1종 20%에서 10%로, 2종 30%에서 20%로), 중증 치매환자에 대
한 본인부담도 함께 완화[2종 입원 10%에서 5%로, 외래(병원급 이상) 15%
에서 5%로]하였다.

의료급여 수급자는 본인부담 보상제와 본인부담 상한제로 부담을
줄일 수 있다. 본인부담 보상제는 의료급여 수급자의 본인부담금이 기
준금액을 초과한 경우 초과금액의 50%를 돌려주는 제도이다. 노인틀
니는 제외하고 2천 원 미만은 지급하지 않는다. 1종 수급자는 30일간
2만 원을 초과한 경우 초과금액의 50%를 지급하고, 2종 수급자는 30일
간 20만 원을 초과한 경우 초과금액의 50%를 지급한다. 1종 수급자가
한 달간 입원 또는 외래진료비가 10만 원인 경우 2만 원을 초과한 8만
원의 50%인 4만 원을 본인부담 보상제로 환급받을 수 있다. 입원진료
비 외에 외래진료비와 약제비도 지원한다. 그러나 식대 중 본인부담비

와 비급여 항목은 지원하지 않는다. 환급절차는 의료비를 병원에 지급하고 그 영수증을 관할 시·군·구에 제출하면, 시·군·구가 확인하고 보상금을 수급자 계좌에 넣어 준다.

　본인부담 상한제는 의료급여 수급자의 본인부담금이 기준금액을 초과한 경우 초과금액의 50%를 돌려주는 제도이다. 노인 틀니는 제외하고 2천 원 미만의 금액은 지급하지 않는다. 1종 수급자의 입원진료비·외래진료비·약제비를 포함하여 30일간 5만 원을 초과한 경우 초과 금액의 50%를 지급한다. 2종 수급자는 연간 80만 원을 초과한 경우 초과 금액의 50%를 지급한다. 본인부담 보상제를 먼저 적용하고도 의료비 부담액이 앞과 같을 때에 지급한다.

3) 주거급여

　2015년 7월부터 주거급여가 별도로 실시되고 있다. 그 이전에는 주거급여 금액이 적었고 받을 수 있는 사람도 기초생활보장 수급자로 한정되었다. 2015년 7월 이후 가구 소득인정액이 기준 중위소득의 43%까지 주거급여를 받았고, 2025년에는 중위소득의 48% 이하일 때 지역별 기준임대료를 받을 수 있다. 주거급여는 실제 임대료에 비교하여 점차 현실화되고, 2018년 10월부터 부양의무자 기준이 폐지되어 해당 가구의 소득인정액만으로 수급자로 선정될 수 있다.

　모든 형태의 임차료(전세, 월세, 보증부 월세, 사글세 등)를 지원한다. 임대차계약서상 보증금과 월 임대료를 합쳐서 산정하는데 보증금에는 연 4% 이율을 적용해 월 임대료로 환산한다. 전세보증금이 8천만 원이면 이를 연 4%의 이자로 환산하면 320만 원의 이자가 나오고 12개월로 나누면 월 266,666원이 임대료이다. 계약서가 없어도 주거급여를 받

을 수 있다. 고시원이나 여인숙과 같은 곳에 살아도 입금 확인이 가능
하거나 영수증이 있으면 이를 인정하여 지급한다. 또 부모나 형제 집
에 살아도 전부는 아니나 일부를 지급한다. 기본원칙은 수급자가 부담
하는 실제 임차료를 지원해 준다는 것이다. 다만, 사는 지역과 가구원
수에 따라 상한을 정한 것이 기준임대료이다. 기준임대료보다 싼 곳에
살면 실제 임대료를, 기준임대료와 같거나 더 비싼 곳에 살면 기준임
대료를 지원해 준다. 이에 따라 민간 임대주택에 사는 가구의 주거급
여액이 공공임대주택보다 높은 경향이 있다.

기초생활보장 수급자가 받는 생계급여는 전국이 같지만 주거급여
는 거주지역과 가구원 수에 따라 금액이 달라진다. 세입자의 월 기준
임대료는 서울, 경기 · 인천, 광역시, 그 외 지역 등 4급지로 나뉘고, 가
구원 수가 증가되면 증액된다. 2025년 주거급여의 지역별 기준임대료
는 서울 1인 가구 352,000원, 2인 가구 395,000원, 3인 가구 470,000원,
4인 가구 545,000원이다. 경기 · 인천은 각각 281,000원, 314,000원,
375,000원, 433,000원이고, 광역시는 228,000원, 254,000원, 302,000원,
351,000원이며, 그 외 지역은 191,000원, 215,000원, 256,000원,
297,000원이다.

주거급여 액수는 지역별 기준임대료, 해당 가구가 실제 지불하는 임
차료 등으로 결정된다. 가구의 소득인정액이 생계급여 선정기준(기준
중위소득의 32%) 이하인 경우 기준임대료 범위 내에서 해당 가구가 실
제 부담하는 임차료(실제임차료) 전액을 받고, 소득인정액이 생계급여
선정기준을 초과하는 경우에는 기준임대료(또는 실제임차료)에서 자기
부담분(소득인정액에서 생계급여선정기준을 뺀 금액의 1/2)을 차감한다.

주거급여는 다른 용도로 쓰는 것을 막기 위해 3개월 이상 임대료를
연체하면 넉 달째부터는 임대인, 즉 집주인에게 직접 급여를 지급한

다. 연체한 금액을 상환하면 그때부터 다시 수급자에게 급여를 지급한다. 특수한 임대차 관계에 대해 특례를 적용한다. 수급자가 임차료 대신 현물이나 노동 등으로 대가를 지불하는 경우 기준임대료의 60%를 지급한다. 정부 지원이 이뤄지지 않는 미신고 사회복지시설에 사는 경우에도 기준임대료의 60%를 준다. 수급자가 부모나 자녀 등 부양의무자(부양하는 사람)와 같이 살면서 부양의무자와 임대차 계약을 맺은 경우도 기준임대료의 일부를 지급한다.

자가 가구에게는 주거급여액 중 일부만 현금으로 지원하고 일부는 공제하여 주거환경 개선을 위한 주택개량으로 지원한다. 3년, 5년, 7년을 기준으로 각 주기에 맞는 개량범위를 정하여 낡은 주택을 개량해 준다. 금액은 350~950만 원 내에서 지급하는데 대상자의 소득인정액에 따라 전혀 소득이 없는 자는 100%, 중위소득 35% 이하는 90%, 중위소득 48% 이하는 80%를 지원한다.

기초생활보장 수급자는 주거급여와 별도로 공공임대주택 등에 우선 입주할 수 있거나 가산점이 있어서 이를 활용할 수 있다. 공공임대주택에는 영구임대주택, 행복주택, 전세임대주택, 매입임대주택, 국민주택, (분양조건형) 공공임대주택 등이 있기에 본인의 소득과 재산 그리고 부담능력을 고려하여 적합한 공공주택에 입주하면 삶의 질을 높일 수 있다. 수급자는 입주 시 우대를 받고, 임대료의 일부를 할인받기도 하기에 한국토지주택공사 홈페이지에 나온 정보를 잘 활용하기 바란다.

4) 교육급여

교육급여는 가구 소득인정액이 기준 중위소득의 50% 이하일 때 신청하면 선정되어 고등학교 입학금·수업료와 초·중·고등학교의 부

교재비와 학용품비 등을 받을 수 있다. 교육급여는 부양의무자의 소득과 재산에 상관없이 해당 가구의 소득인정액에 따라 받을 수 있다. 소득과 재산은 국세청 등을 통해 파악할 수 있는 '공부상 기준'이므로 경제적으로 어려운 가구는 일단 신청하기 바란다.

교육급여는 중·고등학생에게만 지급하던 학용품비를 2018년부터 초등학생에게도 추가 지원하고 지급액을 인상하였다. 2025년에 교육활동비는 초등학생은 487,000원이고, 중학생은 679,000원이며, 고등학생은 768,000원이다. 추가로 고등학생은 교과서대, 수업료, 입학금을 전액 지급한다.

2019년 하반기에 고등학교 3학년에게 무상교육이 시행되었고, 2020년에는 2학년과 3학년에게, 2021년에는 전 학년에게 무상교육이다(자립형 사립고 등 일부 학교는 적용되지 않는다). 교육급여 수급자는 대학교에 특례로 입학하고, 국가장학금을 받아 빈곤에서 벗어날 계기를 만들 수 있다.

5) 자활급여

자활급여는 수급자의 자활을 돕기 위해 필요한 금품의 지급과 대여, 근로능력의 향상과 기술 습득의 지원, 취업 알선, 근로 기회의 제공 등을 포함하여 일을 조건으로 받는다. 자활급여는 일을 통한 복지이고, 생산적 복지의 상징처럼 인식되었다.

자활급여 수급자는 가구 소득인정액이 낮으면서 근로능력이 있을 때 지정되었다. 근로능력이 있는 사람은 18세 이상(학생은 근로의무가 면제됨)이고 65세 미만이면서 심신이 건강한 자로 규정되어 있다. 이들은 자활사업 등 일하는 것을 조건으로 수급자로 선정되었기에 조건부 수급자로 불린다. 이들이 참여하는 일자리를 통칭하여 자활사업이라 한다. 자활사업에는 자활근로, 취업·알선 등 취업 지원, 개인 창업 지원, 직업훈련 지원, 타 자활 프로그램 참여 의뢰 등이 있다.

자활근로사업은 저소득층에게 일할 기회를 제공하여 자활기반을 조성하는 사업으로 한시적인 공공근로사업과 다르다. 수급자가 일을 통해 스스로 살아갈 수 있도록 능력을 배양하는 데 역점을 둔다. 자활사업은 간병·집수리·청소·폐자원재활용·음식물재활용 사업 등 5대 전국표준화사업을 중점 수행하고, 정부재정사업의 자활사업 연계 활성화 및 영농·도시락·세차·환경정비 등 지역 실정에 맞는 특화된 사업을 추진하고 있다.

자활근로의 시간은 1일 8시간(근로유지형은 5시간), 주 5일 참여를 원칙으로 한다. 지급액은 시장진입형, 복지·자활도우미, 인턴형, 사회복지시설도우미, 사회서비스형, 근로유지형 등으로 나뉜다. 대체로 시장진입형의 급여가 높고, 다음은 사회서비스 일자리형이며, 근로유지형은 노동시간도 적기에 낮은 편이다. 지급액은 매년 인상되는 경향이 있기에 해당 연도에 확인하기 바란다.

6) 해산급여

해산급여는 조산 및 분만 전과 분만 후에 필요한 조치와 보호를 위해 급여를 실시한다. 소득인정액이 기준 중위소득의 48% 이하인 생계·의료·주거급여 수급자가 1인을 출산하면 70만 원, 쌍둥이를 출산하면 140만 원을 받는다.

7) 장제급여

장제급여는 시체의 검안, 운반, 화장 또는 매장, 기타 장제조치를 행하는 데 필요한 금품을 지급한다. 생계·의료·주거급여 수급자가 사망한 경우 1구당 80만 원을 유족이 받을 수 있다.

8) 특례수급자

기초생활보장 특례수급자의 종류에는 근로무능력가구에게 주는 재산기준특례, 질병이 있는 개인에게 주는 의료급여특례, 자활참여자에게 주는 자활급여특례가 있다. 재산기준특례자에게는 일반 근로하는 가구보다 재산기준을 높여 주고 재산을 소득으로 환산하지 않아 노인이나 장애인 등 사회적 약자가 약간의 재산이 있다는 이유로 사회복지에서 배제되지 않도록 배려한다. 인정금액은 서울 1억 4,300만 원, 경기 1억 2,500만 원, 광역·세종·특례시 1억 2,000만 원, 그 외 지역 9,100만 원이다. 재산기준특례자가 되려면 금융재산이 지역별 기본재산을 넘지 않아야 하고, 승용차가 없는 가구여야 한다. 이 금액이 넘으면 일반수급자 가구와 동일한 기준을 적용한다.

의료급여특례자는 실제 소득에서 6개월 이상 지속적으로 지출되는 본인부담 의료비를 공제하면 의료급여 수급자로 선정되나 선정 이후에는 의료급여를 받으므로 소득인정액이 의료급여 수급자 기준을 넘는 가구의 가구원에게만 급여를 제공한다. 전체가구원이 아닌 의료비가 발생하는 가구원만 보장하며 의료급여 1종은 희귀난치성 질환 및 중증질환 등록자이고 그 외에는 의료급여 2종이 된다.

자활급여특례자는 수급자가 자활사업에 참가하여 발생한 소득으로 인하여 소득인정액이 중위소득의 40%를 초과하는 경우에 의료급여, 교육급여, 해산급여, 장제급여 등을 지급한다. 이 경우에 의료급여는 희귀난치성질환자는 1종이고 나머지 가구원은 2종이다. 교육급여는 중·고등학생에 대해서만 급여를 지급한다. 해산급여, 장제급여는 특례자 가구의 모든 가구원에게 지급한다.

4. 기초생활보장의 관리운영

　기초생활보장은 국가와 지방자치단체가 관리운영한다. 가구 소득인정액이 기준 중위소득의 50% 이하인 사람은 읍·면·동 행정복지센터에 기초생활보장 수급자 신청을 할 수 있다. 가구의 소득과 재산만 보는 주거급여와 교육급여 수급자 신청은 복지로 홈페이지나 휴대폰으로 복지로 앱을 내려받아 신청할 수 있지만, 부양의무자의 부양비를 고려하여 선정되는 생계급여와 의료급여 수급자는 읍·면·동 행정복지센터에 신청해야 한다. 당사자가 신청하기 어려운 경우에는 읍·면·동 행정복지센터 복지공무원이 직권으로 조사할 수도 있다.

　국민이 기초생활보장 수급자 신청을 하면 시·군·구 복지공무원은 해당 가구의 소득과 재산을 조사하고, 부양의무자의 유무와 부양능력 등을 파악하여 수급권자로 선정하고 각종 복지급여를 제공한다. 수급자 선정기준에서 벗어난 경우에는 긴급복지 등 다른 지원 대책을 강구할 수도 있다.

　기초생활보장의 재원은 국가와 지방자치단체의 세금으로 조달된다. 기초생활보장 수급자의 신청과 선정은 긴급복지와 밀접히 연결되어 있다. 긴급복지를 신청한 국민에게 긴급복지를 실시하면서 가구의 소득과 재산 등을 고려하여 기초생활보장 수급자로 선정하기도 한다. 기초생활보장 수급자의 소득과 재산에 변동이 있으면 수급자에서 제외시키고 당분간 긴급복지를 제공하기도 한다. 기초생활보장의 관리운영은 다음에 다룰 긴급복지와 연계되어 있다.

5. 기초생활보장의 활용과 과제

기초생활보장제도는 「헌법」상에 규정된 모든 국민이 '인간다운 생활을 할 권리'를 누리기 위한 사회보장 · 사회복지의 핵심 기제이다. 기초생활보장제도는 과거 생활보호제도에 비교하여 진일보한 복지제도이지만, 이를 적정하게 활용하고 미흡한 점을 개선해야 한다.

첫째, 기초생활보장제도의 복지급여는 국민이 신청할 때만 받을 수 있으므로 신청 역량을 키워야 한다. 국민이 정부에 신청하면 받을 수 있는 복지급여가 360가지가 넘는데, 대부분 당사자나 가족이 신청할 때만 받을 수 있다. 저소득층은 아동, 노인, 장애인 등으로 정보접근권이 약하므로 사회복지전담 공무원이 직권으로 조사하여 수급권자를 적극 발굴해야 한다. 시 · 군 · 구와 읍 · 면 · 동도 주민을 대상으로 복지교육을 실천하여 모든 국민이 복지로 홈페이지에서 소득인정액을 모의계산할 수 있고 온라인으로도 급여를 신청할 수 있다는 것을 알려 주어야 한다.

둘째, 부양의무자 기준이 폐지된 주거급여와 교육급여를 신청하도록 적극 안내해야 한다. 기초생활보장제도의 급여는 부양의무자가 있으면 받을 수 없다고 알려져 있다. 생계급여와 의료급여는 부양의무자 기준이 있지만, 주거급여와 교육급여는 부양의무자 기준이 폐지되었다. 어떤 노인이 어렵게 산다면 따로 사는 자녀의 소득이나 재산과 무관하게 신청하면 주거급여를 받을 수 있고, 한부모가족은 시부모나 친정부모와 상관없이 교육급여를 받을 수 있다. 주거급여를 신청하면 기준임대료의 범위에서 임차료를 받고, 교육급여를 받으면 고등학교와 대학교를 사실상 무상으로 다닐 수도 있다. 부양의무자 기준이 폐지된 주거급여와 교육급여를 널리 알려 많은 사람이 받을 수 있도록 해야 한다.

셋째, 소득인정액의 산정 방식을 합리적으로 바꾸어 수급자를 선정하고 적정한 급여를 제공해야 한다. 2020년부터 소득평가액은 근로소득의 30%를 공제하고 나머지 70%만 산정한다. 근로소득을 벌기 위해 들어간 교통비, 식대 등을 공제하여 실제 소득을 소득평가액으로 잡은 것이다. 그런데 재산의 소득환산액은 적은 재산에서 많은 소득이 발생하는 것으로 산출된다. 이는 기초연금에서 재산의 소득환산액에 비교하여 불합리하므로 시급히 개선되어야 한다.

넷째, 기초연금을 이전소득으로 간주하여 소득평가액으로 산출하는 것은 다른 이전소득에 비교하여 형평성이 낮으므로 개선해야 한다. 이전소득 중 아동수당, 장애인연금 등은 소득평가액에 포함시키지 않으면서 기초연금은 전액 소득평가액으로 잡아 62만 명 이상 노인이 매달 기초연금을 받고 다음 달 그만큼 생계급여를 받지 못한다. 이른바 '줬다 뺏는 기초연금'의 문제를 해결하기 위해 기초연금을 소득평가액에 반영하지 않거나, 기초연금의 일부(예: 50%)만 소득평가액으로 간주하는 개선방안을 강구해야 한다.

다섯째, 생계급여와 의료급여에서 중장기적으로 부양의무자 기준을 폐지해야 한다. 2020년부터 자녀의 부양비는 결혼유무와 성별에 차이 없이 10%로 통일시켰다. 과거 15~30%인 것에 비교하여 많이 완화되었지만, 자녀를 둔 부모의 입장에서는 단 한 명의 자녀만 부양비 산정 기준 이상으로 살아도 생계급여나 의료급여를 받기 어렵다. 중장기적 으로 부양의무자 기준을 폐지하고, 단기적으로 부양비를 산정할 때 한 자녀가구당 부양비의 최대액을 월 20만 원 정도로 제한시켜야 한다. 자녀가 다소 여유 있게 살더라도 부모에게 매달 생활비를 무한정 주는 경우는 많지 않기 때문이다.

여섯째, 생계급여 수급자의 선정기준을 기준 중위소득의 32% 이하 에서 점진적으로 인상하여 35% 이하로 정한다. 생계급여 수급자 선정 기준은 국민의 평균적인 생활수준을 반영하지 못하고, 매년 물가상승 률을 인상하는 수준이었다. 기준 중위소득의 32%에서 매년 1%포인트 씩 높여 35%로 인상하면, 수급자 수를 조금 늘리고 생계급여액을 보다 현실화시킬 수 있다.

일곱째, 의료급여는 오남용이 심각하므로 합리적으로 규제하는 방 안을 강구해야 한다. 의료급여는 수급자가 요양취급기관을 이용하면 거의 무한대로 쓸 수 있다. 수급자가 과도하게 이용할 때에는 이용일 수를 제한할 수 있지만, 사후에 활용하는 방식이기에 오남용을 줄이 기 어렵다. 의료급여 수급자에게 전자식 의료급여카드를 지급하여 의 료기관 이용 시에 오남용을 선제적으로 제한할 수 있고, 오남용이 의 심된 경우에는 의료급여 관리사가 상담하고 재발할 때에는 본인부담 률을 높이는 방안을 강구해야 한다. 고혈압, 당뇨병과 같은 만성질환 은 단골 병의원을 등록하게 하고, 응급환자가 아닐 때에는 요양취급 기관을 단계적으로 활용하는 전달체계를 엄격히 지키도록 해야 한다. 2025년부터 의료급여 본인부담금 정률제 시행 이후 이를 모니터링하 여 수급자의 건강권을 보장하면서 의료급여의 오남용을 개선하는 방 안을 모색해야 한다.

여덟째, 주거급여와 공공임대주택을 잘 연계하여 수급자가 기준임대료를 지원받는 수준에서 벗어나 적절한 주거생활을 하도록 지원해야 한다. 기초생활보장 수급자는 생애주기와 가족구성원에 맞게 적절한 주거에서 삶의 질을 누릴 수 있어야 한다. 소득이 거의 없는 노인, 중증장애인은 주거비가 적게 드는 영구임대아파트에서 사는 것도 괜찮지만 한부모가족은 행복주택이나 매입임대주택에서 살다, 소득과 재산이 늘면 국민주택이나 분양조건형 공공임대주택으로 갈아타는 것이 합리적이다. 임차료를 지원받는 수준에서 벗어나 괜찮은 집에서 안정되게 살고 내 집 마련도 가능한 방법을 찾을 수 있도록 지원해야 한다.

아홉째, 교육급여와 교육비 지원사업을 통합하여 교육급여 수급자를 늘려야 한다. 교육급여는 가구 소득인정액이 기준 중위소득의 50% 이하이고, 교육비 지원사업은 대체로 중위소득의 60% 이하이다. 2021년에 고등학교 의무교육이 완성된 후 예산에 여유가 있기에 교육급여 수급자를 기준 중위소득의 60%로 높여도 감당할 수 있다. 교육급여와 대학생 국가장학금을 연계하여 저소득층은 대학교를 사실상 무상으로 다닐 수 있다. 교육급여는 인재를 양성하는 사업이고 그 인재가 경제활동을 통해 세금을 내면 생산적 복지이다.

....

    국민기초생활보장제도는 생활이 어려운 사람에게 필요한 급여를 실시하여 이들의 최저생활을 보장하고 자활을 돕는 것을 목적으로 한 사회복지제도이다. 이 제도는 1962년부터 시행되었던 「생활보호법」이 폐지되고 1999년에 제정된 「국민기초생활 보장법」에 근거하여 2000년 10월부터 시행되고 있다.

    초기 기초생활보장 수급자는 가구 소득인정액이 최저생계비 이하이고 당사자나 가족이 읍·면·동에 신청할 때 선정될 수 있었다. 2015년 7월부터 선정기준이 최저생계비에서 기준 중위소득의 일정한 비율(50%) 이하로 바뀌었다.

    기초생활보장제도는 가구 단위로 급여를 제공하되, 필요하다고 인정된 경우에 개인 단위로 줄 수 있다. 가구는 수급자 선정, 급여액 결정, 급여 지급의 기본단위이다. 소득평가액을 산정하거나 재산의 소득환산액을 계산할 때 가구를 단위로 한다. 가구에 속하는 사람은 주민등록표상에 기재되고 실제로 생계와 주거를 같이하는 가족이다.

    가구 소득인정액은 월 단위로 계산된 소득평가액에 재산의 소득환산액을 합친 금액이다. 소득평가액은 가구원이 버는 근로소득, 사업소득, 재산소득, 이전소득 등 모든 소득을 합산 금액에서 공제되는 소득을 제외한 금액이다. 재산의 소득환산액은 가구원 명의로 된 모든 재산을 일반재산, 금융재산, 자동차로 구분하여 조사된다.

    기초생활보장제도 생계급여와 의료급여 수급자는 가구 소득인정액과 부양의무자의 부양비를 합산하여 결정한다. 2촌 이내로 함께 사는 가족은 부양의무가 있고, 함께 살지 않더라도 1촌(부모, 자녀와 그 배우자)은 부양의무가 있으므로 소득인정액이 기준보다 낮더라도 부양의무자가 부양능력이 없거나 약할 때만 복지급여를 받을 수 있다. 부양의무자의 부양비는 가구 소득인정액이 부양비 산정기준을 넘으면 그것의 10%로 산출된다.

기초생활보장제도의 급여는 생계급여, 의료급여, 주거급여, 교육급여, 자활급여, 해산급여, 장제급여가 있다. 생계급여 수급자는 생계급여, 의료급여, 주거급여, 교육급여를 받고, 의료급여 수급자는 의료급여, 주거급여, 교육급여를 받으며, 주거급여 수급자는 주거급여와 교육급여를 받고, 교육급여 수급자는 교육급여만 받을 수 있다. 또한 생계 · 의료 · 주거급여 수급자는 해산급여, 장제급여를 받을 수 있다.

생계급여는 가구 소득인정액이 기준 중위소득의 32% 이하이고, 부양의무자가 없거나 있더라도 부양능력이 미약할 때 받을 수 있다. 생계급여액은 생계급여 선정기준에서 수급자 가구의 소득인정액을 공제한 금액이다.

의료급여는 주로 경제적으로 어려운 국민에게 발생하는 질병, 부상, 출산 등에 대해 의료서비스를 현물로 제공한다. 의료급여는 가구 소득인정액과 부양비 합계액이 중위소득의 40% 이하일 때 선정되어, 필수 의료서비스를 낮은 본인부담으로 받을 수 있다. 의료급여 수급권자는 1종과 2종으로 구분된다.

주거급여는 가구 소득인정액이 중위소득의 48% 이하일 때 지역별 기준임대료를 받을 수 있다. 2018년 10월부터 부양의무자 기준이 폐지되어 해당 가구의 소득인정액만으로 수급자가 선정된다. 모든 형태의 임차료(전세, 월세, 보증부 월세, 사글세 등)를 지원한다. 주거급여 중 월 기준임대료는 서울, 경기 · 인천, 광역시, 그 외 지역 등 4급지로 나뉘고, 가구원 수가 증가되면 증액된다.

교육급여는 가구 소득인정액이 기준 중위소득의 50% 이하일 때 선정되어, 고등학교 입학금 · 수업료와 초 · 중 · 고등학교의 교육활동비 등을 받을 수 있다.

자활급여는 수급자의 자활을 돕기 위해 필요한 금품의 지급과 대여, 근로능력의 향상과 기술 습득의 지원, 취업 알선, 근로 기회의 제공 등을 포함하여 일을 조건으로 받는다. 자활급여는 일을 통한 복지이고, 생산적 복지의 상징처럼 인식되었다.

해산급여는 조산 및 분만 전과 분만 후에 필요한 조치와 보호를 위해 급여를 실시한다. 소득인정액이 기준 중위소득의 48% 이하인 생계·의료·주거급여 수급자가 1인을 출산하면 70만 원, 쌍둥이를 출산하면 140만 원을 받는다.

장제급여는 시체의 검안, 운반, 화장 또는 매장, 기타 장제조치를 행하는데 필요한 금품을 지급한다. 생계·의료·주거급여 수급자가 사망한 경우 1구당 80만 원을 유족이 받을 수 있다.

기초생활보장 특례수급자의 종류에는 근로무능력가구에게 주는 재산기준특례, 질병이 있는 개인에게 주는 의료급여특례, 자활참여자에게 주는 자활급여특례가 있다.

기초생활보장제도는 「헌법」상 규정된 모든 국민이 '인간다운 생활을 할 권리'를 누리기 위한 사회보장·사회복지의 핵심 기제이다. 기초생활보장제도는 과거 생활보호제도에 비교하여 진일보한 복지제도이지만, 이를 적정하게 활용하고 미흡한 점을 개선해야 한다. 국민이 신청할 때만 받을 수 있으므로 신청 역량을 키우고, 특히 부양의무자 기준이 폐지된 주거급여와 교육급여를 신청하도록 안내해야 한다. 소득인정액의 산정 방식을 합리적으로 바꾸어 수급자를 선정하고 적정한 급여를 제공하고, 특히 기초연금을 이전소득으로 간주한 것은 다른 이전소득에 비교하여 형평성이 낮으므로 개선해야 한다. 수급자를 선정할 때 중장기적으로 부양의무자 기준을 폐지하고, 생계급여 수급자의 선정기준을 중위소득의 35% 이하로 인상해야 한다. 의료급여는 오남용이 심각하므로 합리적으로 규제해야 한다. 주거급여와 공공임대주택을 잘 연계하여 수급자가 적절한 주거생활을 하도록 지원하고, 교육급여와 교육비 지원사업을 통합하여 교육급여 수급자를 늘려야 한다.

용어 정리

- **국민기초생활보장**: 국민기초생활보장은 생활이 어려운 사람에게 필요한 급여를 실시하여 이들의 최저생활을 보장하고 자활을 돕는 것을 목적으로 한 사회복지제도이다. 이 제도는 1962년부터 시행되었던 「생활보호법」이 폐지되고 1999년에 제정된 「국민기초생활 보장법」에 근거하여 2000년 10월부터 시행되고 있다.

- **기준 중위소득**: 기준 중위소득이란 중앙생활보장위원회의 심의 의결을 거쳐 고시된 국민가구소득의 중위값을 말한다. 전체 가구를 순서대로 줄을 세울 때 중위값에 해당되는 소득으로 평균소득보다는 낮다.

- **수급자**: 가구 소득인정액과 부양비의 합계액이 중위소득의 32% 이하인 가구는 생계급여 수급자, 중위소득의 40% 이하인 가구는 의료급여 수급자가 될 수 있다. 가구 소득인정액이 중위소득의 48% 이하인 가구는 주거급여 수급자, 중위소득의 50% 이하인 가구는 교육급여 수급자로 선정될 수 있다. 생계급여와 의료급여 수급자는 부양의무자 기준이 있고, 주거급여와 교육급여 수급자는 부양의무자 기준이 폐지되었다.

- **가구**: 기초생활보장은 가구 단위로 급여를 제공하되, 필요하다고 인정된 경우에 개인 단위로 줄 수 있다. 가구는 수급자 선정, 급여액 결정, 급여 지급의 기본단위이다. 소득평가액을 산정하거나 재산의 소득환산액을 계산할 때 가구를 단위로 한다. 가구에 속하는 사람은 주민등록표상에 기재되고 실제로 생계와 주거를 같이하는 가족이다.

- **별도가구**: 주민등록상 한 가구이고 함께 살더라도 별도가구로 인정받을 수도 있다. 별도가구란 부모와 자녀가구가 함께 살아도 별도로 사는 것으로 간주하여 부모 혹은 자녀가구가 수급자가 될 수도 있다.

- **가구 소득인정액**: 가구 소득인정액은 월 단위로 계산된 소득평가액에 재산의 소득환산액을 합친 금액이다. 가구 소득인정액이 복지급여를 받을 수 있는 조건이 되면 거주지 관할 읍·면·동 행정복지센터나 복지로 홈페이지 그

리고 휴대폰 복지로 앱에서 기초생활보장을 신청할 수 있다.

- **소득평가액**: 소득평가액은 가구원이 버는 모든 소득의 합산 금액에서 공제되는 소득을 제외한 금액이다. 부부소득뿐만 아니라 자녀의 아르바이트를 포함하여 모든 근로소득(30% 공제), 사업소득, 재산소득(임대소득, 이자소득 등), 이전소득(공적 이전소득, 사적 이전소득)을 합치고 이를 12개월로 나눈 금액이다.

- **재산의 소득환산액**: 재산은 가구원 명의로 된 모든 재산이고 크게 일반재산, 금융재산, 자동차로 구분하여 조사된다. 일반재산은 자가이면 집값(시가표준액)과 땅값, 전세 · 월세이면 보증금(계약서상의 95%), 입주권 · 분양권 등을 합친 금액이고 기본재산액을 공제한 나머지 금액에 4.17%(연 50.04%)를 곱한다. 금융재산은 금융기관에 있는 예금, 적금, 주식, 채권, 보험 등을 포함한 금액에서 생활준비금 500만 원을 공제한 후에 월 6.26%(연 75.12%)를 곱한다. 자동차는 자동차보험 차량가격의 100%(연 1,200%)가 소득으로 환산된다.

- **부양의무자**: 기초생활보장 생계급여와 의료급여 수급자는 가구 소득인정액과 부양의무자의 부양비를 합산하여 결정한다. 2촌 이내로 함께 사는 가족은 부양의무가 있고, 함께 살지 않더라도 1촌(부모, 자녀와 그 배우자)은 부양의무가 있다.

- **부양비**: 부양의무자의 부양비는 가구 소득인정액이 부양비 산정기준을 넘으면 그것의 10%로 산출된다. 과거 부양비는 따로 사는 미혼 자녀는 중위소득 초과액의 30%, 기혼 자녀 중 아들(과 며느리)은 30%, 기혼 딸(과 사위)은 15%이었지만, 2020년부터 10%로 통일되었다.

- **기초생활보장 급여**: 기초생활보장제도의 급여는 생계급여, 의료급여, 주거급여, 교육급여, 자활급여, 해산급여, 장제급여가 있다. 생계급여 수급자는 생계급여, 의료급여, 주거급여, 교육급여를 받고, 의료급여 수급자는 의료급여, 주거급여, 교육급여를 받으며, 주거급여 수급자는 주거급여와 교육급여를 받고, 교육급여 수급자는 교육급여만 받을 수 있다. 생계 · 의료 · 주거급여 수급자는 해산급여, 장제급여를 받을 수 있다.

- **생계급여**: 생계급여는 가구 소득인정액과 부양비의 합계액이 기준 중위소득의 32% 이하이고, 신청하면 받을 수 있다. 생계급여액은 생계급여 선정기준에서 수급자 가구의 소득인정액을 공제한 금액이다.

- **의료급여**: 의료급여는 주로 경제적으로 어려운 국민에게 발생하는 질병, 부상, 출산 등에 대해 의료서비스를 현물로 제공한다. 의료급여는 가구 소득인정액과 부양비의 합계액이 기준 중위소득의 40% 이하일 때 신청하면 선정되어, 필수 의료서비스를 낮은 본인부담으로 받을 수 있다. 의료급여 수급권자는 1종과 2종으로 구분된다.

- **주거급여**: 가구 소득인정액이 기준 중위소득의 48% 이하일 때 지역별 기준임대료를 받을 수 있다. 2018년 10월부터 부양의무자 기준이 폐지되어 해당 가구의 소득인정액만으로 수급자가 선정된다. 모든 형태의 임차료(전세, 월세, 보증부 월세, 사글세 등)를 지원한다. 주거급여는 거주지역과 가구원 수에 따라 금액이 달라진다. 세입자의 월 기준임대료는 서울, 경기·인천, 광역시, 그 외 지역 등 4급지로 나뉘고, 가구원 수가 증가되면 증액된다.

- **교육급여**: 교육급여는 가구 소득인정액이 기준 중위소득의 50% 이하일 때 신청하면 선정되어, 고등학교 입학금·수업료와 초·중·고등학교의 교육활동비 등을 받을 수 있다.

- **자활급여**: 자활급여는 수급자의 자활을 돕기 위해 필요한 금품의 지급과 대여, 근로능력의 향상과 기술 습득의 지원, 취업 알선, 근로 기회의 제공 등을 포함하여 일을 조건으로 받는다. 자활급여는 일을 통한 복지이고, 생산적 복지의 상징처럼 인식되었다.

제 10 장

긴급복지지원

1. 긴급복지지원의 정의와 역사

긴급복지지원제도는 생계곤란 등의 위기상황에 처하여 도움이 필요한 사람을 신속하게 지원함으로써 이들이 위기상황에서 벗어나 건강하고 인간다운 생활을 하게 함을 목적으로 한 사회복지제도이다. 긴급복지를 받을 수 있는 위기사유 인정요건은 다양하다. 주된 소득자의 사망 · 실직 · 구금시설 수용 등의 사유로 소득 상실, 부(副)소득자의 휴업 · 폐업과 실직, 가구 구성원의 중한 질병 또는 부상, 가구 구성원에 의한 방임 · 학대 · 성폭력 피해, 화재 등으로 인한 거주지에서의 생활 곤란, 기초생활보장 수급자 탈락, 단전 · 단수 · 건강보험료가 체납된 경우 등이다.

긴급복지는 해당 가구가 위기상황에 처하였다고 인정을 받으면 즉시 도움을 받을 수 있다. 「긴급복지지원법」은 '불로동 아동 아사 사건'으로 제정되었고, '송파 세 모녀 사건' 등을 계기로 개정되었다. 2004년 12월 대구 '불로동 아동 아사 사건'은 30대 저소득층 부부의 네 살 아이가 장롱 안에서 숨진 채 발견된 것으로, 아이는 심하게 굶주린 듯 전신이 깡마른 상태였다. 이를 계기로 위기상황에 처한 저소득층에 대한 신속 지원 필요성이 대두되어 2005년 12월 23일에 「긴급복지지원법」이 제정되고, 석 달 만인 2006년 3월 24일에 시행되었다.

'송파 세 모녀 사건'으로 이 제도가 미흡하다는 비판이 커졌다. 2014년 2월 서울 송파구 석촌동의 단독주택 지하 1층에 살던 박모 씨와 두 딸이 생활고로 고생하다 목숨을 끊었다. 셋방에 살던 세 모녀는 질병을 앓고 수입도 없어 동행정복지센터에 도움을 요청하였지만, 노동능력이 있다는 이유로 복지급여를 받지 못하였다. 이들은 마지막 집세와 공과금 70만 원, "주인 아주머니께…… 죄송합니다. 마지막 집세와 공과금입니다. 정말 죄송합니다."는 유서를 남겼다. 이를 계기로 긴급지원대상자 선정기준을 바꾸고 소득과 재산기준이 조금 넘더라도 담당 공무원이 선지원하고 후조사하는 원칙을 세웠다.

긴급복지지원의 기본원칙은 선지원 후조사 원칙, 단기지원 원칙, 타 법률 지원 우선의 원칙을 적용한다. 선지원 후조사 원칙은 현장 확인을 통해 지원 필요성을 포괄적으로 판단하여 우선지원 후 소득·재산 등을 조사하고 지원의 적정성을 심사한다. 단기지원 원칙은 위기가구에 대한 긴급지원은 1개월 또는 1회 지원을 원칙으로 하며 위기상황에 따라 연장하도록 한다. 타 법률 지원 우선의 원칙은 타 법률(「재해구호법」, 「국민기초생활 보장법」, 「의료급여법」, 「사회복지사업법」, 「가정폭력방지 및 피해자보호 등에 관한 법률」, 「성폭력방지 및 피해자보호 등에 관한 법률」 등)에 의해 동일한 내용의 구호 또는 보호 등을 받고 있는 경우 긴급복지를 하지 아니한다.

2. 긴급복지지원의 대상자

긴급복지지원은 원칙적으로 긴급한 사유, 소득요건, 재산요건을 모두 갖추어야 받을 수 있다. 긴급지원대상자는 위기상황에 처한 사람으로서 「긴급복지지원법」에 따른 지원이 긴급하게 필요한 사람이다. 국내에 체류하는 외국인도 대통령령으로 정하는 사람은 대상자로 선정될 수 있다. 외국인의 범위는 대한민국 국민과 혼인 중인 사람, 국민인 배우자와 이혼하거나 그 배우자가 사망한 사람으로서 한국적을 가진 직계존비속을 돌보고 있는 사람, 난민으로 인정된 사람, 본인의 귀책사유 없이 화재, 범죄, 천재지변으로 피해를 입은 사람, 그 밖에 보건복지부장관이 긴급한 지원이 필요하다고 인정하는 사람이다.

「긴급복지지원법」에서 위기상황이란 본인 또는 본인과 생계 및 주거를 같이하고 있는 가구 구성원이 다음 어느 하나에 해당하는 사유로 인하여 생계유지 등이 어렵게 된 것이다. 법 제정 시에는 '주소득자가 소득을 상실한 경우'에 강조점을 두었지만, 개정 법률에서 배우자, 자녀 등 '부소득자가 소득을 상실한 경우'까지 확대되었다. 저소득층은 세대주와 가구원이 함께 일하는 경우가 많은데, 부소득자의 소득 상실로 가구의 생계유지가 어렵다면 긴급복지지원의 대상으로 선정될 수 있다.

- 주소득자가 사망, 가출, 행방불명, 구금시설에 수용되는 등의 사유로 소득을 상실한 경우
- 중한 질병 또는 부상을 당한 경우
- 가구 구성원으로부터 방임 또는 유기되거나 학대 등을 당한 경우

- 가정폭력을 당하여 가구 구성원과 함께 원만한 가정생활을 하기 곤란하거나 가구 구성원으로부터 성폭력을 당한 경우
- 화재 또는 자연재해 등으로 인하여 거주하는 주택 또는 건물에서 생활하기 곤란하게 된 경우
- 주소득자 또는 부(副)소득자의 휴업, 폐업 또는 사업장의 화재 등으로 인하여 실질적인 영업이 곤란하게 된 경우
- 주소득자 또는 부소득자의 실직으로 소득을 상실한 경우
- 보건복지부령으로 정하는 기준에 따라 지방자치단체의 조례로 정한 사유가 발생한 경우
- 그 밖에 보건복지부장관이 정하여 고시하는 사유가 발생한 경우

같은 법 시행규칙(제1조의2)에서 '보건복지부령으로 정하는 기준'에 해당되는 것은 다음과 같다.

- 가구원의 보호, 양육, 간호 등의 사유로 소득활동이 미미한 경우
- 「국민기초생활 보장법」에 따른 급여가 중지된 경우
- 「국민기초생활 보장법」에 따라 급여를 신청하였으나 급여의 실시 여부와 내용이 결정되기 전이거나 수급자로 결정되지 아니한 경우
- 수도, 가스 등의 공급이 그 사용료의 체납으로 인하여 상당한 기간 동안 중단된 경우
- 사회보험료, 주택임차료 등이 상당한 기간 동안 체납된 경우
- 그 밖에 제1호부터 제5호까지에 준하는 사유가 있는 경우

긴급복지가 필요한 긴급한 사유에 「국민기초생활 보장법」에 따른 급여가 중지된 경우, 급여를 신청하였으나 급여의 실시 여부와 내용이

결정되기 전, 공공요금·사회보험료·주택임차료의 체납 등이 포함되었다. 생계가 어려워지면 생활에 꼭 필요한 비용조차 부담할 수 없다는 것을 나타내는 대표적인 징후가 생길 때 긴급지원대상자를 선정하기 위해서이다.

위기가구로서 소득요건, 재산요건, 금융재산요건 등 세 가지를 모두 충족해야 긴급복지를 받을 수 있다. 소득요건은 가구원의 총소득이 기준 중위소득의 75% 이하이어야 한다. 2025년 1인 가구는 월 소득이 1,794,010원 이하, 2인 가구는 2,949,494원, 3인 가구는 3,769,015원, 4인 가구는 4,573,330원 이하일 때 긴급지원대상자로 선정될 수 있다.

긴급복지에서 소득은 가구 구성원이 버는 모든 '근로소득＋사업소득＋재산소득＋이전소득'의 합계액에서 일부 공제를 한 금액이다. 기초생활보장 수급자 선정 시 소득평가액의 경우 근로소득은 총액에서 30%를 공제 후 나머지만 소득평가액으로 보는데, 긴급지원대상자 선정 시 소득은 모든 근로소득이라는 점에서 차이가 있다. 다만, 소득에서 공제하는 지출은 만성질환 등의 치료 요양 재활로 인하여 6개월 이상 지출되는 의료비, 중고등학생의 입학금·수업료, 월세로 매월 지출되는 임차료, 사회보험료, 신용회복 또는 개인회생으로 납부하고 있는 채무상환금과 금융부채로 지출되고 있는 원금과 이자비용이다. 긴급지원대상자로 선정될 사람은 부채가 있고, 만성질환자와 학생 등이 있다면 이를 공제받을 수 있는 증빙서류를 잘 갖추어야 한다.

재산요건은 집, 전세금, 토지 등 재산의 평가액이 2025년에 대도시는 2억 4,100만 원, 중소도시는 1억 5,200만 원, 농어촌은 1억 3,000만 원 이하이고, 은행통장 등에 있는 금융재산이 600만 원 이하(주거지원은 800만 원 이하)인 가구만 지원을 받을 수 있다. 긴급지원대상자로 선정되려면 금융재산이 600만 원(주거지원은 800만 원)을 넘지 않고, 금융재산을 포함한 전체 재산이 한도액 이내이어야 한다.

재산의 평가액은 일반재산＋예금＋보험·청약저축·주택청약 종합저축을 모두 합친 금액에서 부채를 뺀 금액이다. 부채는 은행권의 담보대출, 신용대출 등을 합친 금액이고 통장에서 마이너스 대출, 개인 간의 채무(차용증) 등은 인정되지 않는다. 최근 재산기준이 완화되었지만 자기 집이나 농지만 있어도 긴급지원대상자로 선정되지 못하는 한계는 여전하다.

담당공무원은 통장 잔액이 600만 원 이하이고, 재산이 기준에 맞는지를 확인한 후에 48시간 안에 지원 여부를 결정하고, 24시간 안에 대상자에게 생계비, 의료비, 주거비 등을 지원한다. 긴급복지는 선지원 후조사를 원칙으로 하여 다소 예외를 인정하는 경향이 있다. 시·군·구 지역사회보장협의체에서 사례관리를 하는 경우에 기준보다 조금 넘어도 지원하고, 기초자치단체장이 필요하다고 인정한 경우에도 일단 지원하고, 사후에 긴급지원심의위원회에서 심의를 받아 계속 지원 여부를 결정한다.

* 빈곤사회연대 http://antipoverty.kr

3. 긴급복지지원의 급여

긴급복지지원의 종류는 금전 또는 현물 등의 직접 지원, 민간기관·단체와의 연계 등의 지원이 있다. 금전 또는 현물 등의 직접 지원은 생계지원, 의료지원, 주거지원, 사회복지시설의 이용 지원, 교육지원, 그 밖의 지원(연료비 등)이 있다. 시장·군수·구청장은 보건복지부장관이 정하여 고시하는 금액의 범위에서 지원금을 긴급지원대상자에게

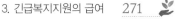

지급하여야 한다. 지원의 성격상 현금을 지급하는 것이 적절하지 아니하다고 판단되는 경우에는 긴급지원대상자에게 현물을 제공할 수 있다.

1) 생계지원

생계지원은 식료품비·의복비 등 생계유지에 필요한 비용 또는 현물 지원이다. 긴급복지의 지원내용은 필요한 최소한의 금액이다. 2025년 생계지원은 식료품비, 의복비 등 1개월 생계유지비로 1인 가구 765,400원, 2인 가구 1,258,400원, 3인 가구 1,608,100원, 4인 가구 1,951,200원 등이고, 6회까지 받을 수 있다. 생계지원은 현금(지원대상자 통장으로 입금하거나 금융기관이나 체신관서가 없는 지역에 거주하는 사람에게는 현금으로 지급)으로 주지만, 대상자가 거동이 불편하여 물품 구매가 곤란한 경우 등에는 현물을 지급할 수 있다. 생계지원액은 매년 인상되는 경향이 있지만, 인간다운 생활을 하기에는 미흡하다. 4인 가구 생계지원액 1,951,200원은 기준 중위소득의 32%로 기초생활보장 생계급여인 중위소득의 32% 수준이다. 생계지원은 일시적으로 주는데도 중위소득의 32%에 불과한 것은 불합리하다.

2) 의료지원

의료지원은 각종 검사 및 치료 등 의료서비스이다. 의료지원은 본인부담금과 비급여 항목을 포함하여 300만 원 이내이고, 필요한 경우에 2회까지 지원받을 수 있다. 입원 시 본인부담금은 의료기관 진료비의 20%이므로 전체 진료비 1,500만 원(희귀난치병은 3,000만 원, 암은 6,000만 원) 상당을 지원받을 수 있다는 뜻이다. 의료지원을 받기 위해서는 병원에 진료비를 지불하기 전에 신청해야 한다.

3) 주거지원

주거지원은 임시거소 제공 또는 이에 해당하는 비용 지원이다. 주거지원은 국가·지방자치단체 소유 임시거소 제공 또는 타인 소유의 임시거소 제공, 제공자에게 거소사용 비용 지원이다. 2024년 주거지원 금액은 지역(대도시, 중소도시, 농어촌)과 가구원 수(1~2인 가구, 3~4인 가구, 5~6인 가구)로 나누어 지급한다. 대도시와 다인가구의 주거지원 금액이 더 많은데, 대도시 1~2인 가구는 월 398,900원이고, 3~4인 가구는 662,500원이며 12회까지 지원받을 수 있다. 필요한 경우에는 복지시설을 이용할 수 있다.

4) 사회복지시설의 이용 지원

사회복지시설의 이용 지원은 「사회복지사업법」에 따른 사회복지시설 입소 또는 이용 서비스 제공이나 이에 필요한 비용 지원이다. 시장·군수·구청장은 긴급지원대상자가 사회복지시설에 입소하거나 사회복지시설을 이용하게 하고, 시설의 입소자 수 또는 이용자 수 등을 고려하여 보건복지부장관이 정하여 고시하는 금액의 범위에서 사회복지시설의 입소 또는 이용에 필요한 비용을 해당 사회복지시설을 운영하는 자에게 지급하여야 한다. 다만, 사회복지시설을 운영하는 자에게 지급하는 것이 적절하지 아니하다고 판단되는 경우에는 사회복지시설의 이용에 필요한 금액을 긴급지원대상자에게 지급할 수 있다.

5) 교육지원

교육지원은 초·중·고등학생의 수업료, 입학금, 학교운영지원비 및 학용품비 등 필요한 비용 지원이다. 시장·군수·구청장은 긴급지원대상자에게 학교 또는 시설의 종류 등을 고려하여 수업료, 입학금, 학교운영지원비 및 학용품비 등을 금전이나 물품으로 지급하여야 한다. 금전을 지급하는 경우에는 해당 금액을 금융기관이나 체신관서에 개설된 긴급지원대상자의 계좌에 입금하여야 한다. 2024년 지원금액은 1인당 초등학생 127,900원, 중학생 180,000원, 고등학생 214,000원과 소정의 수업료 및 입학금이다. 지원은 2회가 원칙이지만 필요한 경우 4회까지 연장할 수 있다. 그 금액은 매년 조금씩 인상되는 경향이 있다.

6) 그 밖의 지원

긴급지원대상자는 그 밖에 10월부터 3월까지 동절기에는 연료비를 월 150,000원씩 지원받을 수 있다. 자녀를 출산한 경우에는 해산비로 70만 원(쌍둥이 140만 원), 장례를 치른 경우에는 장제비 80만 원, 전기요금이 체납된 경우 50만 원을 각각 1회씩 받을 수 있다. 전기요금의 지원에는 소전류 제한기 부설과 재공급 수수료가 포함된다.

시·군·구가 필요하다고 인정한 경우에는 사회복지공동모금회, 대한적십자사 등 민간 자원을 연계하고, 상담·정보제공, 그 밖의 지원을 해 줄 수 있다. 누구든지 갑작스러운 위기상황에 처한 사람이나 이들을 알고 있는 사람은 일단 시·군·구에 긴급복지를 신청하기 바란다. 더 자세한 사항은 '복지로'를 검색하여 확인할 수 있다.

4. 긴급복지지원의 관리운영

1) 시 · 군 · 구청

긴급복지지원은 국가와 지방자치단체가 관리운영한다. 갑작스러운 위기상황에 처한 저소득 위기가구라면 시 · 군 · 구청이나 보건복지상담센터(국번 없이 129)로 전화하여 긴급복지를 신청하면 지원받을 수 있다. 당사자나 가족이 신청하기 어려운 경우에는 친인척이나 이웃, 복지시설 · 기관 · 단체의 장이나 사회복지사 등이 신청할 수 있다.

* 보건복지부 보건복지상담센터 http://www.129.go.kr

2) 복지로

보건복지부는 중앙정부와 지방자치단체가 제공하는 대부분의 복지급여를 '복지로' 홈페이지에서 검색할 수 있도록 하고 있다. 긴급복지지원을 포함하여 중앙정부가 제공하는 복지급여가 360가지인데, 대부분 복지로에서 검색이 가능하다. '한눈에 보는 복지정보'는 임신출산, 영유아, 아동 · 청소년, 청년, 중장년, 노년 등의 생애주기별과 장애인, 한부모, 다문화, 저소득 등의 인구집단별 그리고 교육, 고용, 주거, 건강, 서민금융, 문화 등의 생활영역별로 범주화되었다. 해당 분야 복지사업을 클릭하여 주요 내용을 확인할 수 있다.

누구든지 휴대폰으로 복지로를 검색하고 일부 복지급여를 신청할 수도 있다. 인터넷이나 휴대폰으로 바로 신청할 수 있는 복지급여는 아동수당, 기초연금, 교육급여, 고교학비지원 등으로 확대되고 있다.

필요한 사람은 어떤 상황에서 어떤 복지급여를 받을 수 있는지를 확인하고 신청하기 바란다.

* 복지로 http://www.bokjiro.go.kr

3) 전달체계

위기상황으로 생계유지가 곤란한 사람은 국번 없이 129 보건복지상담센터에 전화로 신청, 거주지 시·군·구청이나 읍·면·동 행정복지센터를 방문하여 신청, 복지로 홈페이지에서 온라인 신청을 할 수 있다.

신고를 접수하면 시·군·구 담당 공무원은 48시간 이내에 현장을 확인하고, 시장·군수·구청장은 신속하게 지원 여부를 결정한다. 시장·군수·구청장은 긴급지원요청 또는 신고를 받거나 위기상황에 처한 사람을 찾아낸 경우에는 지체 없이 긴급지원담당공무원으로 하여금 긴급지원대상자의 거주지 등을 방문하여 위기상황을 확인하여야 한다. 지원을 요청할 때 또는 긴급지원담당공무원이 위기상황을 확인할 때에 그 긴급지원대상자 및 가구 구성원은 필요한 자료 또는 정보의 제공에 대하여 동의한다는 서면 동의서(금융정보 등의 제공동의서)를 제출하여야 한다. 다만, 긴급지원대상자가 의식불명 등 대통령령으로 정하는 사유에 해당하여 서면 제출이 사실상 불가능하다고 긴급지원담당공무원이 확인한 경우에는 지원을 받은 후에 제출할 수 있다.

시장·군수·구청장은 긴급지원대상자의 신청이 있는 경우에는 긴급지원대상자에게 지급하는 금전(긴급지원금)을 긴급지원대상자 명의의 지정된 계좌(긴급지원수급계좌)로 입금하여야 한다. 다만, 불가피한 사유로 긴급지원수급계좌로 이체할 수 없을 때에는 현금 지급 등을 할 수 있다. 해당 금융기관은 긴급지원금만이 긴급지원수급계좌에 입금 되도록 하고 이를 관리하여야 한다. 「긴급복지지원법」에 따라 긴급지 원대상자에게 지급되는 금전 또는 현물은 압류할 수 없다. 긴급지원 대상자는 이 법에 따라 지급되는 금전 또는 현물을 생계유지 등의 목 적 외의 다른 용도로 사용하기 위하여 양도하거나 담보로 제공할 수 없다.

시·군·구청은 지원대상자의 소득과 재산 등을 조사하여 지원의 적정성을 심사한다. 적정하면 계속 지원 여부를 결정하고, 적정하지 않으면 지원을 중단한다. 시장·군수·구청장은 지원을 받았거나 받 고 있는 긴급지원대상자에 대하여 소득 또는 재산 등 대통령령으로 정 하는 기준에 따라 긴급지원이 적정한지를 조사하여야 한다. 긴급지원 심의위원회는 시장·군수·구청장이 한 사후조사의 결과를 참고하여 긴급지원의 적정성을 심사한다. 긴급지원연장 결정, 긴급지원의 적정 성 심사, 긴급지원의 중단 또는 지원비용의 환수 결정, 그 밖에 긴급지 원심의위원회의 위원장이 회의에 부치는 사항을 심의·의결하기 위 하여 시·군·구에 긴급지원심의위원회를 둔다. 시·군·구에 생활 보장위원회가 있는 경우 그 위원회는 조례로 정하는 바에 따라 긴급지 원심의위원회의 기능을 대신할 수 있다.

시장·군수·구청장은 심사결과에서 거짓이나 그 밖의 부정한 방법 으로 지원을 받은 것으로 결정된 사람에게는 긴급지원심의위원회의 결정에 따라 지체 없이 지원을 중단하고 지원한 비용의 전부 또는 일 부를 반환하게 하여야 한다. 또한 지원기준을 초과하여 지원받은 사람 에게는 그 초과 지원 상당분을 반환하게 할 수 있다. 시장·군수·구 청장은 반환명령에 따르지 아니하는 사람에게는 지방세 체납처분의 예에 따라 징수한다. 시장·군수·구청장은 심사결과 긴급지원대상자에 대한 지원이 적정하지 아니한 것으로 결정된 경우에도 긴급지원 담당공무원의 고의 또는 중대한 과실이 없으면 이를 이유로 긴급지원 담당공무원에 대하여 불리한 처분이나 대우를 하여서는 아니 된다.

　지원 결정이나 반환명령에 이의가 있는 사람은 그 처분을 고지받 은 날부터 30일 이내에 해당 시장·군수·구청장을 거쳐 특별시장· 광역시장·도지사·특별자치도지사에게 서면으로 이의신청할 수 있 다. 이 경우 시장·군수·구청장은 이의신청을 받은 날부터 10일 이내 에 의견서와 관련 서류를 첨부하여 시·도지사에게 송부하여야 한다. 시·도지사는 송부를 받은 날부터 15일 이내에 이를 검토하고 처분이 위법·부당하다고 인정되는 때는 시정, 그 밖에 필요한 조치를 하여야 한다.

4) 재원

　긴급복지지원의 재원은 국가와 지방자치단체의 세금으로 조달된다.

5) 신고의무자 교육

　긴급복지는 도움이 필요한 당사자뿐 아니라 친족, 그 밖의 관계인이 구술 또는 서면 등으로 관할 시장·군수·구청장에게 「긴급복지지원 법」에 따른 지원을 요청하여 이루어질 수 있다. 또한 누구든지 긴급지 원대상자를 발견한 경우에는 관할 시장·군수·구청장에게 신고하여 야 한다. 특히 의료기관 종사자, 유·초·중·고등·대학교 교직원(강 사 포함), 사회복지시설의 종사자, 공무원, 장애인 활동지원기관의 장 및 종사자와 활동지원 인력, 학원의 운영자·강사·직원, 교습소의 교습자·직원, 건강가정지원센터의 장과 종사자, 청소년시설과 청소년 단체의 장과 종사자, 청소년 보호·재활센터의 장과 종사자, 평생교육 기관의 장과 종사자, 그 밖에 긴급지원대상자를 발견할 수 있는 자로서 보건복지부령으로 정하는 자(이장과 통장, 별정우체국의 직원, 동·리의 새마을지도자 및 부녀회장)는 진료·상담 등 직무수행 과정에서 긴급지원대상자가 있음을 알게 된 경우에는 관할 시장·군수·구청장에게 이를 신고하고, 긴급지원대상자가 신속하게 지원을 받을 수 있도록 노력하여야 한다.

관계 중앙행정기관의 장은 신고의무자에 해당하는 사람의 자격취득 또는 보수교육 과정에 긴급지원사업의 신고와 관련된 교육 내용을 포함하도록 하여야 하며, 긴급복지 신고의무자가 소속된 기관·시설 등의 장은 소속 긴급복지 신고의무자에게 신고의무 교육을 실시하고, 그 결과를 관계 중앙행정기관의 장에게 제출하여야 한다.

5. 지방자치단체의 긴급복지지원

지방자치단체의 자체 긴급복지지원제도는 국가가 정한 지원기준에 해당되지 않아 위기를 겪고 있는 가정까지 지원하는 제도이다. 위기가구가 긴급복지를 신청하면 소득, 재산, 금융재산 등 세 가지 기준에 부합되는지 평가해야 하는데, 수도권과 광역시는 재산기준 등이 현실에 맞지 않는 경우가 많다. 작은 집이라도 소유하면 재산기준에 맞지 않고, 민간 보험에 가입하면 금융재산기준에 넘친다. 이에 지방자치단체는 국가 기준보다 관대한 기준을 만들어 지원하기도 한다. 국가의 긴급복지의 지원기간은 단기간인데, 지방자치단체는 위기가 종료되지 않는 가구의 사정을 고려하여 보호기간을 늘려 주기도 한다.

1) 서울형 긴급복지

서울형 긴급복지는 「서울시 저소득 주민의 생활안정지원에 관한 조례」에 근거하여 국가의 긴급복지 및 제도적 지원을 받지 못하는 저소득 위기가구를 지원한다. 소득기준은 기준 중위소득의 100%(국가 75%) 이하, 재산기준은 4억 900만 원(국가 2억 4,100만 원) 이하, 금융재산은 1,000만 원(국가 600만 원, 주거지원 800만 원) 이하이다. 위기상황은 국가가 규정한 긴급복지 위기상황을 적용하되 동·구 사례회의를 통해 기준 초과자도 특별지원을 받을 수 있다.

지원내용은 위기가구에 필요한 맞춤형 물품 및 현금(지원항목 간 중복 지원 가능)을 지원한다. 생계비는 1인 가구 765,400원, 2인 가구 1,258,400원, 3인 가구는 1,608,100원, 4인 가구는 1,951,200원이고, 1회에 한해 추가 지원할 수 있다. 주거비는 가구원 수 구분 없이 최대 100만 원까지 1회이고, 의료비는 최대 100만 원까지 1회 추가지원이 가능하다. 사회복지시설 이용비는 돌봄SOS센터 돌봄서비스 이용(최대 152만 원), 일시재가(연 최대 60일), 단기시설(연 최대 14일), 이동지원(연 최대 36시간), 주거편의(연 최대 8시간), 식사지원(연 최대 30식) 등이다. 교육비, 연료비, 해산비, 장제비 지원은 국가가 정한 액수와 같다.

* 서울특별시 https://www.seoul.go.kr

2) 경기도형 긴급복지

경기도형 긴급복지는 '무한돌봄 사업'으로 불린다. 긴급지원대상자 선정 시 소득, 재산기준은 국가의 기준보다 조금 높다. 소득은 기준 중위소득의 100% 이하이고, 재산기준은 특례시지역 3억 7,500만 원, 시지역 3억 1,000만 원, 군지역 1억 9,400만 원 이하이다.

긴급복지의 주급여는 생계지원, 의료지원, 주거지원, 사례관리지원이고, 부가급여는 교육지원, 연료비, 냉방비, 구직활동비, 해산비, 장제비, 전기요금 등이다. 국가의 긴급복지에 없는 사례관리지원이 추가된 것이 특징이다. 생계지원은 2025년에 1인 가구 월 765,400원, 2인 가구 1,258,400원, 3인 가구 1,608,100원, 5인 가구 1,951,200원 등이다. 의료지원은 간병비 포함 30만 원 이상 의료비는 지원 가능하고, 항암치료비 지원대상자는 소액의료비 지원 제한 없으며 100만 원까지이다. 간병비는 300만 원 범위 내에서 1회 지원하고, 의료지원 300만 원 범위 내에서 지원할 수 있다. 주거지원은 경매 및 화재, 월세 체납으로 강제퇴거 등에 매월 일정액을 지원받고 500만 원 한도이다. 사례관리지원은 업무담당자(사례관리사) 등의 현장 확인 결과 위기에 처하여 지원이 필요하다고 판단된 가정이 대상이다. 시장·군수는 주급여 이외에 추가로 지원할 수 있다. 연료비 월 150,000원, 해산비 100만 원, 장제비 100만 원, 전기요금 50만 원 범위 내에서 지원한다. 그 밖에 심의위원회의 심의를 거쳐 시장·군수가 결정한 항목을 지원할 수 있다.

* 경기도 무한돌봄센터 https://www.gg.go.kr/gg_care

6. 긴급복지지원의 활용과 과제

긴급복지지원제도는 위기상황에 처한 시민이 생계지원, 의료지원, 주거지원, 교육지원 등을 통해 위기를 극복할 수 있는 복지제도이다.

2006년부터 시행되어 복지제도로 정착되고 있지만 다음 몇 가지가 보완되어야 한다.

첫째, 긴급복지제도를 널리 알려 위기가구가 지원을 받지 못하는 일이 생기지 않도록 해야 한다. 법률은 "국가 및 지방자치단체는 위기상황에 처한 사람을 찾아내어 최대한 신속하게 필요한 지원을 하도록 노력하여야 하며, 긴급지원의 지원대상 및 소득 또는 재산기준, 지원 종류·내용·절차와 그 밖에 필요한 사항 등 긴급지원사업에 관하여 적극적으로 안내하여야 한다."라고 규정하고 있다. 하지만 다수 국민은 어떤 상황에서 긴급지원대상자가 될 수 있는지를 잘 몰라 신청조차 하지 않는다. 정부가 전체 국민을 대상으로 긴급복지 등 복지제도를 더 널리 홍보해야 한다.

둘째, 긴급복지제도는 당사자와 가족뿐만 아니라 다양한 관계인이 신청할 수 있으므로 신고의무자 교육을 실효성 있게 해야 한다. 법률은 사회복지사업의 종사자, 보건의료 종사자, 교직원 등을 신고의무자로 규정하고, 이들에게 긴급지원대상자 신고의무에 관한 법령, 긴급지원대상자 발견 시 신고방법, 긴급지원대상자 보호 절차 등을 교육하도록 하고 있다. 하지만 현재 교육은 긴급복지의 개요만 알려 주고 실질적인 사례 교육이 미흡하다. 신고의무자는 많고 교육은 필수이기에 온라인 교육이 형식적으로 이루어지는데 대면 교육의 기회를 크게 늘려야 한다.

셋째, 긴급지원대상자의 신속한 발굴을 위해 복지공무원의 직권조사를 폭넓게 인정해야 한다. 긴급지원대상자로 선정될 가능성이 높은 시민은 상대적으로 복지정보가 어둡고 자신의 권리를 주장하기 어려운 경우가 많기에 공무원의 직권조사를 확대해야 한다. 현행 법률은 '금융정보 등의 제공동의서' 제출이 없어도 지원할 수 있는 경우로 의식불명인 경우, 정신적 장애 등으로 의사를 결정할 능력이 미약한 경우, 보호가 필요한 아동인 경우, 그 밖에 이에 준하는 경우로서 보건복지부장관이 정하는 사유에 해당하는 경우로 한정되어 있다. 위기에 처한 사람의 생명을 보호하는 것이 개인정보를 보호하는 것보다 중요할 수 있기에 복지공무원이 직권으로 개입할 수 있는 사유를 보다 폭넓게 규정해야 한다.

넷째, 긴급복지를 계기로 지속 가능한 복지로 연결해야 한다. 위기가구는 단기간의 긴급복지지원만으로 자립하기는 쉽지 않다. 긴급복지를 받은 사람은 한 달 혹은 1회 단위로 지원받고, 연장되어도 6개월 혹은 1년 이내만 받을 수 있다. 「헌법」상 규정된 인간다운 생활을 할 권리를 누릴 수 있도록 제도를 개정하고, 위기를 극복할 때까지 지원해야 한다.

다섯째, 긴급지원대상자의 선정기준을 국민 생활양식의 변화에 맞추어 높여야 한다. 긴급지원대상자는 소득, 재산, 금융재산기준의 세 가지 모두를 만족시킬 때 선정될 수 있다. 기초생활보장제도에서 소득평가액은 근로소득의 경우 30%를 공제하여 산정되는데, 긴급복지는 전액 산정된다는 점에서 불합리하다. 위기상황에서 벗어나려고 할 때 주거용 재산 등은 생계비에 큰 보탬이 되지 않는데도 일정액 이상이면 긴급복지를 전혀 받을 수 없는 것도 불합리하다. 시·군·구 지역사회보장협의체가 지원을 결정할 수 있도록 여지를 두지만, 그 기준을 높여 더 많은 가구가 도움을 받을 수 있어야 한다.

여섯째, 시·군·구는 위기가구에게 단순한 현금지원을 넘어 위기에서 벗어날 때까지 사례관리를 해야 한다. 위기가구는 소득자가 적고 소득액이 낮기에 지속 가능한 자립은 어렵다. 단기간 현금지원만으로 자립하기 어렵기에 국민기초생활보장제도, 대학생 국가장학금, 공공

임대주택 등 다양한 공적 복지를 활용하여 자립할 때까지 보다 지속적
으로 지원해야 한다. 위기가구에 대한 사례관리와 일정기간 동안의 사
후지도를 제도화해야 한다.

단원 정리

긴급복지지원제도는 생계곤란 등의 위기상황에 처하여 도움이 필요한
사람을 신속하게 지원함으로써 이들이 위기상황에서 벗어나 건강하고 인
간다운 생활을 하게 함을 목적으로 한 사회복지이다. 긴급복지를 받을 수
있는 위기사유는 주된 소득자의 사망·실직·구금시설 수용 등의 사유로
소득 상실, 부(副)소득자의 휴업·폐업과 실직, 가구 구성원의 중한 질병
또는 부상, 가구 구성원에 의한 방임·학대·성폭력 피해, 화재 등으로
인한 거주지에서의 생활 곤란, 기초생활보장 수급자 탈락, 단전·단수·
건강보험료가 체납된 경우 등이다.

긴급지원대상자가 되려면 원칙적으로 긴급한 사유, 소득요건, 재산요
건을 모두 갖추어야 한다. 소득요건은 가구원의 총소득이 기준 중위소
득의 75% 이하여야 한다. 재산요건은 집, 전세금, 토지 등 재산의 평가액
이 대도시는 2억 4,100만 원, 중소도시는 1억 5,200만 원, 농어촌은 1억
3,000만 원 이하이고, 그중 은행통장 등에 있는 금융재산이 600만 원 이하
(주거지원은 800만 원 이하)인 가구만 지원을 받을 수 있다.

긴급복지지원의 종류는 금전 또는 현물 등의 직접 지원, 민간기관·단
체와의 연계 등의 지원이 있다. 금전 또는 현물 등의 직접 지원은 생계지
원, 의료지원, 주거지원, 사회복지시설의 이용 지원, 교육지원, 그 밖의 지
원(연료비 등)이 있다.

위기상황으로 생계유지가 곤란한 사람은 국번 없이 129 보건복지상담센터에 전화로 신청하거나, 거주지 시·군·구청이나 읍·면·동 행정복지센터를 방문하여 신청하거나, 복지로 홈페이지에서 온라인 신청할 수 있다. 신고를 접수하면 시·군·구 담당 공무원은 48시간 이내에 현장을 확인하고 신속하게 지원을 결정해야 한다. 시·군·구청은 지원대상자의 소득과 재산 등을 조사하여 지원의 적정성을 심사하여 적정하면 계속 지원 여부를 결정하고, 적정하지 않으면 지원 중단한다. 긴급복지의 재원은 국가와 지방자치단체의 세금으로 조달된다.

긴급복지는 도움이 필요한 당사자뿐 아니라 친족, 그 밖의 관계인이 구술 또는 서면 등으로 관할 시장·군수·구청장에게 지원을 요청할 수 있다. 누구든지 긴급지원대상자를 발견한 경우에는 관할 시장·군수·구청장에게 신고하여야 한다. 특히 공무원, 학교교직원, 사회복지시설의 종사자와 같이 직무수행 중에 대상자를 만날 가능성이 높은 사람은 반드시 신고하고, 신속하게 지원을 받을 수 있도록 함께 노력해야 할 의무가 있다.

긴급복지제도는 복지제도로 정착되고 있지만, 다음 몇 가지가 보완되어야 한다. 긴급복지제도를 널리 알려 위기가구가 지원을 받지 못하는 일이 생기지 않도록 하고, 신고의무자 교육을 실효성 있게 하여야 한다. 긴급지원대상자의 신속한 발굴을 위해 복지공무원의 직권조사를 폭넓게 인정해야 한다. 긴급복지를 계기로 지속 가능한 복지로 연결해야 한다. 긴급지원대상자의 선정기준을 국민 생활양식의 변화에 맞추어 높이고, 시·군·구는 위기가구에게 단순한 현금지원을 넘어 위기에서 벗어날 때까지 사례관리를 해야 한다.

📖 **용어 정리**

- **긴급복지지원제도**: 긴급복지지원제도는 생계곤란 등의 위기상황에 처하여 도움이 필요한 사람을 신속하게 지원함으로써 이들이 위기상황에서 벗어나 건강하고 인간다운 생활을 하게 함을 목적으로 한 사회복지제도이다.

- **긴급복지의 위기사유**: 긴급지원대상자가 되는 흔한 위기사유는 주된 소득자의 사망 · 실직 · 구금시설 수용 등의 사유로 소득 상실, 부(副)소득자의 휴업 · 폐업과 실직, 가구 구성원의 중한 질병 또는 부상, 가구 구성원에 의한 방임 · 학대 · 성폭력 피해, 화재 등으로 인한 거주지에서의 생활 곤란, 기초생활보장 수급자 탈락, 단전 · 단수 · 건강보험료가 체납된 경우 등이다.

- **긴급지원대상자 선정기준**: 긴급지원대상자가 되려면 원칙적으로 긴급한 사유, 소득요건, 재산요건을 모두 갖추어야 한다. 소득요건은 가구원의 총소득이 기준 중위소득의 75% 이하이어야 한다. 재산요건은 집, 전세금, 토지 등 재산의 평가액이 2025년에 대도시는 2억 4,100만 원, 중소도시는 1억 5,200만 원, 농어촌은 1억 3,000만 원 이하이고, 금융재산이 600만 원(주거지원은 800만 원) 이하인 가구만 지원을 받을 수 있다.

- **생계지원**: 생계지원은 식료품비 · 의복비 등 생계유지에 필요한 비용 또는 현물 지원이다. 긴급복지의 지원내용은 필요한 최소한의 금액이다. 2025년 생계지원은 식료품비, 의복비 등 1개월 생계유지비로 1인 가구 765,400원, 2인 가구 1,258,400원, 3인 가구 1,608,100원, 4인 가구 1,951,200원 등이고, 6회까지 받을 수 있다.

- **의료지원**: 의료지원은 각종 검사 및 치료 등 의료서비스이다. 의료지원은 본인부담금과 비급여 항목을 포함하여 300만 원 이내이고, 필요한 경우에는 2회까지 지원받을 수 있다. 의료지원을 받기 위해서는 병원에 진료비를 지불하기 전에 신청해야 한다.

- **주거지원**: 주거지원은 임시거소 제공 또는 이에 해당하는 비용 지원이다. 주거지원은 국가 · 지방자치단체 소유 임시거소 제공 또는 타인 소유의 임시거소 제공, 제공자에게 거소사용 비용 지원이다. 주거지원 금액은 지역(대도시, 중소도시, 농어촌)과 가구원 수(1~2인 가구, 3~4인 가구, 5~6인 가구)로 나누어 지급되고, 12회까지 지원받을 수 있다.

- **교육지원**: 교육지원은 초 · 중 · 고등학생의 수업료, 입학금, 학교운영지원비 및 학용품비 등 필요한 비용 지원이다. 2024년 지원금액은 1인당 초등학생 127,900원, 중학생 180,000원, 고등학생 214,000원과 소정의 수업료 · 입학금이다. 지원은 2회가 원칙이지만 필요한 경우 4회까지 연장할 수 있다.

- **그 밖의 긴급복지지원**: 긴급지원대상자는 10월부터 3월까지 동절기에는 연료비를 월 150,000원씩 지원받을 수 있다. 자녀를 출산한 경우에는 해산비로 70만 원(쌍둥이 140만 원), 장례를 치른 경우에는 장제비 80만 원, 전기요금이 체납된 경우 50만 원을 각각 1회씩 받을 수 있다. 전기요금의 지원에는 소전류 제한기 부설과 재공급 수수료가 포함된다.

- **긴급복지신청**: 긴급복지지원은 국가와 지방자치단체가 관리운영한다. 갑작스런 위기상황에 처한 저소득 위기가구라면 시 · 군 · 구청이나 보건복지상담센터(국번 없이 129)로 전화하여 긴급복지를 신청하면 지원받을 수 있다. 당사자나 가족이 신청하기 어려운 경우에는 친인척이나 이웃, 복지시설 · 기관 · 단체의 장이나 사회복지사 등도 신청할 수 있다.

- **긴급지원심의위원회**: 긴급지원연장 결정, 긴급지원의 적정성 심사, 긴급지원의 중단 또는 지원비용의 환수 결정, 그 밖에 긴급지원심의위원회의 위원장이 회의에 부치는 사항을 심의 · 의결하기 위하여 시 · 군 · 구에 긴급지원심의위원회를 둔다. 시 · 군 · 구에 생활보장위원회가 있는 경우 그 위원회는 조례로 정하는 바에 따라 긴급지원심의위원회의 기능을 대신할 수 있다.

제11장

사회수당

1. 사회수당의 정의와 종류

　사회보장은 공공부조와 사회보험이 대표적이었지만, 많은 국가가 두 방식만으로 부족하여 현금급여인 사회수당을 발전시켰다. 사회수당은 세금으로 다수 국민에게 무기여로 제공하는 복지제도이다. 사회수당은 보험료를 낼 때 지급하는 사회보험과 달리 세금으로 제공하고, 대상자를 가난한 사람에게 한정하는 공공부조와 달리 보편적 지급을 지향한다. 사회수당은 나라마다 다르지만 아동수당, 가족수당, 기초연금, 장애인연금 등 지원이 필요한 인구집단에게 지급된다. 한국의 대표적인 사회수당은 아동수당, 기초연금, 장애인연금 등이다.

2. 아동이 받는 수당

1) 아동수당

아동수당은 아동에게 수당을 지급하여 아동 양육에 따른 경제적 부담을 경감하고 건강한 성장 환경을 조성함으로써 아동의 기본적 권리와 복지를 증진함을 목적으로 한 사회복지제도이다. 아동수당은 OECD 회원국 중 미국, 터키, 멕시코를 제외한 모든 국가가 아동의 권리와 복지 증진 그리고 부모의 양육 부담을 줄이기 위해 시행한다. 프랑스는 1932년에 아동수당을 도입하였고, 영국은 1945년, 일본은 1972년부터 시행하였는데, 한국은 2018년 9월부터 시행하였다.

문재인 대통령은 대선공약으로 '만 5세 이하 모든 아동에게 월 10만 원의 아동수당 지급'을 약속하였지만, 야당과 협의하여 2018년에 「아동수당법」을 제정하고 그해 9월부터 상위 10%를 제외한 아동에게 월 10만 원(일부 소득이 높은 가구는 조금씩 차감하여 월 2만 원)까지 지급하였다. 하지만 상위 10%를 골라내는 행정비용이 많이 들고 실익이 크지 않다는 이유로 보편적 지급으로 개정하였다.

대한민국 국적을 가진 8세 미만(0~95개월) 모든 아동은 월 10만 원씩 아동수당을 받을 수 있다. 「난민법」상 난민 인정을 받은 아동도 신청할 수 있다. 아동수당은 정부가 세금으로 조달하고 관리운영한다.

보호자나 대리인이 '복지로' 홈페이지나 모바일 '복지로' 앱으로 아동수당을 신청하거나, 주소지 읍·면·동 행정복지센터에 방문하여 신청할 수도 있다. 신청한 날이 속하는 달을 기준으로 지급되므로 그달 수당을 받으려면 월말까지 신청하면 된다. 한편, 출생신고 기간 등을 감안하여 출생 후 60일 이내에 아동수당을 신청한 경우에 출생일이 포함된 달까지 소급하여 받을 수 있다. 온라인 신청은 아동의 보호자가 부모인 경우에만 가능하며, 그 외의 경우(위탁부모 등)에는 행정복지센터에 방문 신청해야 한다. 온라인 신청에서 신청인과 가구원 서명은 공인인증서로 가능하며, 접수일과 상관없이 신청을 완료한 날을 신청일로 본다.

아동수당을 신청할 때 필수제출(확인) 서류는 아동수당신청서이다. 가정양육수당 등 기타 복지사업과 함께 아동수당을 신청하는 경우에는 사회보장급여신청서와 금융정보 등의 제공동의서가 필요하다. 신청자는 주민등록증, 자동차운전면허증 등으로 신분을 확인받을 수 있고, 부모가 아닌 사람이 대리인으로 신청할 때에는 아동수당 관련 위임장과 아동의 보호자와 대리인 신분증이 필요하다.

또한 2022년에 태어난 아동은 영아수당을 받았고, 2023년 이후에 태어난 만 2세 미만 아동의 부모(보호자)는 부모급여를 받는다.

* 아동수당 http://www.ihappy.or.kr

2) 가정양육수당

모든 아동이 어린이집, 유치원(특수학교를 포함), 종일제 아이돌봄서비스 등을 이용하지 않고 가정에서 양육되는 경우에 초등학교 취학 전(만 86개월 미만)까지 신청하면 가정양육수당을 받을 수 있다. 「주민등록법」 제6조 제1항 3호에 따라 주민등록번호를 발급받거나, 동법 제19조 제4항에 따라 재외국민으로 등록·관리되는 자 중 재외국민 출국자는 제외된다.

가정양육수당 금액은 생후 12개월 미만은 20만 원, 12~24개월 미만은 15만 원, 24~86개월 미만은 10만 원이다. 농어촌거주 아동은 생후 12개월 미만은 20만 원으로 같고, 12~24개월 미만은 175,000원, 24~36개월 미만은 156,000원, 36~48개월 미만은 129,000원으로 조금 많고, 48~86개월 미만은 10만 원이다. 장애아동은 거주지역에 상관없이 생후 36개월 미만은 20만 원이고, 36~86개월 미만은 10만 원이다.

3. 노인이 받는 수당-기초연금

기초연금은 노인에게 연금을 지급하여 안정적인 소득기반을 제공함으로써 노인의 생활안정을 지원하고 복지를 증진함을 목적으로 한 사회복지제도이다. 기초연금은 65세 이상 중 소득 하위 70%가 매월 일정한 액수의 연금을 받는 제도이다.

기초연금은 당사자의 기여 없이 국민 세금으로 소득 하위 70%에 속하는 노인이 받을 수 있다. 기초연금 수급자는 노인의 소득분포, 임금 상승률, 지가(땅값), 신규 소득연계분 등을 종합적으로 반영한 선정기준액에 의해 결정된다.

2024년에 노인 단독가구는 월 소득인정액이 213만 원 이하, 부부는 3,408,000원 이하면 기초연금을 받을 수 있다. 단독가구는 자녀 등 가족과 함께 사는 경우에도 '배우자가 없는 노인'을 말한다. 소득인정액은 소득평가액에 재산의 월 소득환산액을 합친 금액이다. 소득평가액은 근로소득 중 일정액을 공제하고, 나머지 금액의 70%만 환산한 금액에 사업소득, 재산소득, 공적 이전소득, 무료 임차소득 등 기타소득을 모두 합친 금액이다. 근로소득은 110만 원을 공제하고 나머지도 30%

를 공제받으므로 단독가구는 근로소득이 414만 원, 맞벌이가구는 706만 원인 경우도 큰 재산이 없으면 기초연금을 받을 수 있다. 소득이 별로 없어도 재산이 많으면 기초연금을 받지 못하는데, 재산을 소득으로 환산하는 방식이 복잡하기에 재산이 10억 원 이상이 아니라면 일단 신청하기 바란다.

기초연금은 65세 생일이 있는 달부터 복지로 홈페이지에서 온라인으로 혹은 읍·면·동 행정복지센터를 방문하여 신청하면 된다. 거동이 불편한 사람은 국민연금공단 콜센터(1355)로 전화하면 '찾아뵙는 서비스'를 받을 수 있다. 생일이 속하는 달 1개월 전부터 신청을 받아주고, 지나간 것을 소급해 주지는 않는다. 본인이나 배우자가 공무원연금, 군인연금, 사립학교교직원연금 등 공적 연금을 받으면 기초연금을 받을 수 없고, 국민연금을 받더라도 큰 액수가 아니라면 함께 받을 수 있다.

어떤 노인이 기초연금을 받을 수 있는지 여부와 그 액수는 선정기준액, 기준연금액, 소득인정액 산정 세부기준에 의해 결정된다. 이 기준은 매년 연말에 행정예고를 거쳐 새해 첫날부터 적용되고, 4월에 물가상승률을 고려하여 기준연금액이 재조정된다. 소득인정액이 선정기준액에 해당되는 노인이 복지로 홈페이지 혹은 읍·면·동 행정복지센터에 기초연금을 신청하면 받을 수 있다. 기준연금액은 소득인정액의 비율에 맞춰서 소득인정액이 낮으면 전액을 다 받고, 소득인정액이 일정액을 넘더라도 선정기준액에 미치지 못하면 최소 2만 원까지 받을 수 있다. 기초연금의 소득인정액을 산정할 때 해당 가구의 소득과 재산만 보고 자녀의 것을 보지 않는다.

기초연금액은 2024년에 소득 하위 70%는 334,810원(부부가구는 535,680원)까지 받을 수 있고, 소득인정액이 많으면 조금씩 차감되어 최저 2만 원까지 받는다. 기초연금은 정부가 세금으로 조달하고 관리운영한다.

소득인정액이 수급 기준에 맞지 않은 사람도 향후 5년간 자료를 보관하여 기준이 바뀌어 수급대상이 되면 연락을 받을 수도 있다. 기초연금의 수급기준은 매년 상향되는 경향이 있기에 수급자가 되지 않더라도 다음에 될 가능성 있기에 신청하는 것이 좋다. 노인부부로 기초연금을 받지 못한 사람은 배우자가 사망한 직후에 신청하면 받을 수도 있다. 특히 배우자의 이름으로 재산이 등기된 사람은 그 재산을 자녀가 함께 상속받기에 자신의 지분만큼만 월 소득환산액으로 산정되어 수급자가 될 가능성이 매우 높다. 소득인정액은 '복지로'에서 모의계산을 할 수 있지만, 공무원연금, 군인연금, 사립학교교직원연금 등을 타는 노인이 아니라면 일단 기초연금을 신청하기 바란다. 신청한다고 모두 받는 것은 아니지만, 신청한 노인만 기초연금을 받을 수 있기 때문이다.

* 복지로 온라인 신청 http://online.bokjiro.go.kr

4. 장애인이 받는 수당

1) 장애인연금

장애인연금은 중증장애인의 근로능력 상실 또는 현저한 감소로 인하여 줄어드는 소득과 장애로 인한 추가 비용을 보전하기 위해 매월 일정액의 연금을 지급하는 사회보장제도이다. 장애인연금은 「장애인연금법」에 의해 보장되며, 물가상승률 등을 반영한 금액을 받을 수 있다. 장애인연금은 무기여식 공적부조로 기여식 사회보험인 국민연금과 최종 사회안전망인 국민기초생활보장제도의 사이에 있다.

장애인연금은 본인과 배우자의 경제적 수준을 평가하여 중증장애인을 가족과 국가가 함께 부양한다는 의미를 갖는다. 장애인연금의 수급 여부, 급여액 결정과 수급중지 등에 관한 사항은 법률로 규정되어 권리적인 성격이 강하다. 만 18세 이상의 중증 등록장애인(1급, 2급, 3급 중복장애인이고, 4급 장애가 두 가지 이상 있어서 3급으로 등급 상향이 이뤄진 자는 제외)으로 소득 하위 70%인 사람이 신청하면 매달 장애인연금을 받을 수 있다. 2024년에 소득인정액이 배우자가 없는 중증장애인의 경우 월 130만 원, 배우자가 있는 중증장애인의 경우 월 208만 원 이하일 때이다.

장애인연금은 기초급여와 부가급여로 구성된다. 기초급여는 근로능력의 상실 또는 현저한 감소로 인하여 줄어드는 소득을 보전해 주기 위하여 지급하는 급여로 소득보장 성격의 연금이다. 부가급여는 장애로 인하여 추가로 드는 비용의 전부 또는 일부를 보전해 주기 위하여 지급하는 급여로 추가 지출비용 보전 성격의 연금이다.

장애인연금의 액수는 기초생활보장 수급자와 차상위계층, 그 이상의 소득자로 나뉘고, 연령에 따라서 차이가 있다. 부부가 모두 장애인이거나 소득인정액이 높아지면 차감된다. 2024년 장애인연금은 18~64세의 경우에 생계·의료·주거·교육급여 수급자와 차상위계층은 월 334,810원(부부 2인 수급 시 각각 267,840원)까지이고, 차상위 초과에서 소득 하위 70%까지는 334,810원(부부 2인 수급 시 각각 267,840원)까지이다. 연금액은 보건복지부장관이 그 전년도 기초급여액에 대통령령으로 정하는 바에 따라 전국소비자물가변동률을 반영하여 매년 고시하므로 인상되는 경향이 있다.

    65세 이상 노인은 동일한 성격의 급여인 기초연금으로 전환하고 기초급여는 지급하지 않는데, 만 65세가 되는 달부터 기초연금을 별도로 신청할 수 있다. 단독가구와 부부(2인)가구의 생활비 차이를 감안, 부부가 모두 기초급여를 받는 경우에는 각각의 기초급여액에 20%를 감액한다. 생계 · 의료 · 주거 · 교육급여 수급자와 차상위계층 경우에는 약간의 소득인정액 차이로 기초급여를 받는 자와 못 받는 자의 소득역진 최소화를 위해 기초급여액의 일부를 단계별로 감액한다(최하 1인 2만 원, 2인 4만 원). 초과분 감액 대상자는 (소득인정액+기초급여액)≥선정기준액, 부부 2인 수급자의 경우 초과분 감액 대상자는 (소득인정액+부부감액한 기초급여)≥선정기준액이다. 선정기준액과 가구 소득인정액의 차액에 따라 2만 원 단위로 절상하여 지급한다.

표 11-1 장애인연금 급여현황(2024년)

자격		급여(기초급여+부가급여)					
				기초급여			
장애인연금 대상자 (기초급여)	부가급여 대상자	연령	단독		부부의 경우	초과분 감액 여부	부가급여
				1인 수급	2인 모두 수급 (1인당)		
장애인 연금	기초(일반재가, 생계/의료)	18~64	334,810원	267,840원	×	9만 원
		65 이상	–	–	–	424,810원
장애인 연금	기초(보장시설) (보장시설수급자 급여특례)	18~64	334,810원	267,840원	×	–
		65 이상	–	–	–	9만 원
장애인 연금	차상위(주거/교육, 차상위계층급여특례)	18~64	334,810원	267,840원	○	8만 원
		65 이상	–	–	–	8만 원
장애인 연금	차상위 초과	18~64	334,810원	267,840원	○	3만 원
		65 이상	–	–	–	5만 원

장애인연금을 받길 희망하는 중증장애인은 복지로 홈페이지나 읍·면·동 행정복지센터에 신청해야 한다. 본인이 신청할 경우 신청자의 신분증과 본인명의의 통장사본이 필요하며, 대리인이 신청하려면 대리인의 신분증과 중증장애인의 신분증 및 위임장이 필요하다. 시·군·구는 신청자의 소득과 재산을 중심으로 자산조사를 하고, 국민연금공단은 「장애인복지법」에 따라 장애정도를 심사하며, 시·군·구가 자격 여부를 확정지어 수급자로 결정하면 수급자 통장으로 매달 20일에 연금을 지급한다.

* 보건복지부 장애인연금 http://www.bokjiro.go.kr/pension

* 국민연금공단 https://www.nps.or.kr

2) 장애수당

장애수당은 장애인연금처럼 만 18세 이상의 등록장애인에게 매월 지급한다는 점에서 같지만, 근거법령과 대상자 그리고 지급금액에서 차이가 있다. 장애인연금은 「장애인연금법」 제4조에 근거하는데, 장애수당은 「장애인복지법」 제49조에 근거하여 지급된다. 장애수당은 만 18세 이상 중증장애인이 아닌 자를 대상으로 월 6만 원[보장시설 수급자(생계·의료수급자)의 경우 월 3만 원]을 지급한다. 장애인연금과 장애수당은 한 사람이 동시에 받을 수 없는 구조이다.

지급금액이 크게 다른 이유는 장애인연금은 장애의 정도가 심한 장애인이 근로능력이 현저히 감소한 것에 따라 소득을 보전하고 장애로 인한 추가비용을 보전해 주기 위한 취지인데, 장애수당은 장애로 인한 추가비용 보전만을 목적으로 하기 때문이다. 생계·의료·주거·교육급여 수급자와 차상위계층(가구 소득인정액이 기준 중위소득의 50%

이하, 소득인정액 산정 시 부양의무자의 부양비를 포함하지 않음)이 복지로 홈페이지나 읍·면·동 행정복지센터에 장애수당을 신청하면 받을 수 있다.

3) 장애아동수당

장애아동수당은 만 18세 미만(초·중·고등학생은 20세 이하)의 등록 장애인이어야 하며, 중증, 경증 모두 신청이 가능하다. 수급자격은 생계·의료·주거·교육급여 수급자이거나 차상위계층(가구 소득인정액이 기준 중위소득의 50% 이하이고, 소득의 범위에서 사적 이전소득, 보장기관 확인소득, 부양의무자의 부양비를 포함하지 않음)에 속해야 한다.

급여액은 월 최저 3만 원에서 최대 22만 원까지 받는다. 중증장애인의 경우 생계·의료급여 수급자는 22만 원, 주거·교육급여 수급자는 17만 원, 보장기관에서 사는 생계·의료급여 수급자는 9만 원을 받는다. 경증장애인일 경우 생계·의료급여 수급자는 11만 원, 주거·교육급여 수급자와 차상위계층은 11만 원, 보장기관에서 사는 생계·의료급여 수급자는 3만 원을 받는다. 신청방법은 장애수당과 동일하다.

한편, 등록장애인은 다양한 감면제도가 있으니 활용할 수 있다. TV 수신료 전액 면제, 통신요금 30~50% 감면, 교통비, 문화활동비, 과태료 등의 감면이 있다. 등록장애인만 감면을 받을 수 있으므로 읍·면·동 행정복지센터에 장애인등록을 하여 장애인카드를 발급받고 이를 증빙해야 한다.

5. 사회수당의 활용과 과제

사회수당은 공공부조나 사회보험에 비교하여 늦게 도입되었지만, 당사자에게는 널리 알려진 복지제도이다. 아동수당은 만 8세 미만 모든 아동에게 지급되고, 기초연금은 65세 이상 노인 중 소득 하위 70%에게 지급되며, 장애인연금은 18세 이상 등록된 중증장애인으로 소득 하위 70%에게 지급된다. 세 가지 사회수당 이외에도 가정양육수당, 장애수당, 장애아동수당 등이 있기에 당사자와 가족이 활용하도록 지원하고 불합리한 제도를 개선해야 한다.

첫째, 모든 사회수당은 신청해야 받을 수 있다는 것을 널리 알려야 한다. 사회수당은 복지로 홈페이지나 휴대폰 복지로 앱에서 신청하는 것이 읍·면·동 행정복지센터를 방문하여 신청하는 것보다 손쉽다. 모든 국민이 복지로에 회원 가입을 할 때 공인인증서를 확인받고, 복지급여 신청 시 금융정보 등의 제공동의서에 일괄 동의하도록 하여 복지급여를 신청할 때마다 동의서를 내는 절차를 없애야 한다. 아동수당은 아동을 가진 부모, 기초연금은 65세 이상 노인, 장애인연금은 장애인과 가족에게 널리 알려 휴대폰으로 쉽게 서비스를 신청하고, 관련 서비스를 일괄하여 받을 수 있도록 해야 한다.

둘째, 수급자의 선정 여부를 결정짓는 소득인정액을 산정하는 방식이 다양하다는 것을 알려 주고 그 기준을 표준화시켜야 한다. 아동수당은 가구 소득인정액에 상관없이 지급되지만, 기초연금은 소득 하위 70%, 장애인연금도 소득 하위 70%에게 지급되기에 소득인정액 산정방식을 널리 알려야 한다. 그런데 소득인정액은 기초생활보장제도, 기초연금, 장애인연금 등 제도마다 계산 방식이 다르다. 기초연금의 경우 소득인정액은 근로소득의 110만 원을 공제하고, 나머지 소득의 70%만을 소득평가액으로 계산하여 실제 소득보다 낮다는 것을 널리 홍보해야 한다. 또한 정부는 복지급여 수급자를 선정할 때마다 달리 사용하는 선정기준을 표준화시켜 혼란을 줄여야 한다.

셋째, 사회수당의 수급자를 선정할 때 부양의무자 기준이 없다는 것을 널리 알려야 한다. 사회수당은 국민기초생활보장 생계·의료급여 수급자를 선정할 때 사용하는 부양의무자 기준이 없다. 그런데도 국민은 복지급여의 수급자를 선정할 때 부양의무자의 소득과 재산까지 본다는 선입견을 가지고 있다. 사회수당의 수급자 선정은 부양의무자 기준이 없다는 것을 널리 알려 해당되는 사람이 신청하도록 분위기를 조성해야 한다.

넷째, 아동수당의 대상자를 매년 한 살씩 상향시켜 18세 미만 모든 아동으로 확대시켜야 한다. 아동수당은 첫 도입 시에 6세 미만 아동에서 8세 미만 아동으로 확대시켰지만 영유아에 한정되어 있다. 많은 나라가 아동수당을 16세 미만 혹은 18세 미만에게 지급하므로 우리나라도 매년 1세씩 연장하여 지급해야 한다. 한국은 지구촌에서 가장 출산율이 낮고, 출산아동 수가 사망하는 사람 수보다 적어 인구감소 추세이다. 아동수당의 지급 연령을 점차 늘리고, 연령에 따른 지급액을 차등화시켜 양육비에 실질적으로 보탬이 되어야 한다.

다섯째, 가정양육수당의 액수를 '보육료와 유아학비 지원'과 형평성을 맞추어야 한다. 가정양육수당은 취학 전 영유아(만 86개월 미만)가 어린이집이나 유치원을 다니지 않을 때 받는 것으로 보육비와 유아학비의 지원과 대칭된다. 가정양육수당의 액수는 연령별 보육료와 균형이 맞아서 가정 양육과 시설 보육에 대한 차별이 없어져야 한다. 초저출산 사회에서 아이를 낳고 키우는 문화를 정착시키기 위해서도 꼭 필요하다.

여섯째, 이른바 '줬다 뺏는 기초연금'을 「헌법」과 「기초연금법」에 맞게 고쳐야 한다. 「기초연금법」은 기초생활보장 수급자에게 기초연금을 지급하도록 하지만, 「국민기초생활 보장법 시행령」으로 기초연금을 이전소득으로 간주하여 소득인정액에 포함시키고 있다. 이 때문에 기초생활보장 수급자가 기초연금 334,810원을 받으면 그다음 달에 생계급여에서 그만큼 덜 받고, 기초연금의 액수가 증액되어도 기초생활보장 수급자는 생계에 도움이 되지 않아 불만만 커진다. 이 문제를 피해가기 위해 장애인 연금은 기초급여와 부가급여로 구성되었는데, 65세 이상 노인은 '기초급여'가 전혀 없고 '부가급여'만 424,810원으로 구성되어 있다. '줬다 뺏는 기초연금'을 「기초연금법」에 맞게 개정하면 장애인연금의 기형적인 구조도 바꿀 수 있다.

일곱째, 장애수당과 장애아동수당의 액수가 적정한지를 검토하여 장애로 인한 추가적인 지원에 맞게 상향시켜야 한다. 장애인에 대한 수당은 등록장애인 중 중증과 경증, 18세 이상 여부, 소득수준 등을 고려하여, 18세 이상 중증장애인 중 소득 하위 70%는 장애인연금, 18세 이상 경증장애인 중 가구 소득인정액이 기준 중위소득의 50% 이하는 장애수당, 18세 미만 장애아동 중 가구 소득인정액이 기준 중위소득 50% 이하는 장애아동수당을 받는다. 장애인연금, 장애수당, 장애아동수당의 액수가 법의 취지에 비춰 볼 때 적정한지에 대한 성찰이 필요하다. 세 가지 수당은 장애인의 소득보장을 지향하면서 장애로 인한 추가적인 지출을 지원하려는 취지에 미흡하다. 이 제도가 도입된 시기에 비교하여 국민의 생활양식과 수준이 바뀐 것을 고려하여 수당의 액수를 상향시켜야 한다.

💡 **단원 정리** ....

　사회보장은 공공부조와 사회보험이 대표적이었지만, 많은 국가가 두 방식만으로 부족하여 현금급여인 사회수당을 발전시켰다. 사회수당은 세금으로 다수 국민에게 무기여로 제공하는 복지제도이다. 한국의 대표적인 사회수당은 아동수당, 기초연금, 장애인연금 등이다.

　아동수당은 아동에게 수당을 지급하여 아동 양육에 따른 경제적 부담을 경감하고 건강한 성장 환경을 조성함으로써 아동의 기본적 권리와 복지를 증진함을 목적으로 한 사회복지제도이다. 2018년 「아동수당법」을 제정하고 그해 9월부터 상위 10%를 제외한 6세 미만 아동에게 월 10만 원(최소 2만 원)까지 지급하였지만, 행정비용의 과다로 보편적 지급으로 바꾸었다. 현재 만 8세 미만(0~95개월) 모든 아동이 신청하면 월 10만 원씩 아동수당을 받는다.

　어린이집, 유치원, 종일제 아이돌봄서비스 등을 이용하지 않고 가정에서 양육되는 영유아로서 초등학교 취학 전(만 86개월 미만)까지 아동은 가정양육수당을 받을 수 있다. 금액은 생후 12개월 미만은 20만 원, 12~24개월 미만은 15만 원, 24~86개월 미만은 10만 원이다. 농어촌거주자와 장애인은 연령에 따라 조금 더 받는다.

　기초연금은 65세 이상 노인 중 소득 하위 70%에게 연금을 지급하여 안정적인 소득기반을 제공함으로써 노인의 생활안정을 지원하고 복지를 증진함을 목적으로 한 사회복지제도이다. 2024년에 소득 하위 70%는 334,810원(부부가구는 535,680원)까지 받을 수 있다. 가구 소득인정액이 많으면 조금씩 차감되어 2만 원까지 받는다.

　장애인연금은 중증장애인의 근로능력 상실 또는 현저한 감소로 인하여 줄어드는 소득과 장애로 인한 추가 비용을 보전하기 위해 매월 일정액의 연금을 지급하는 사회보장제도이다. 장애인연금은 「장애인연금법」에 의해 보장되며, 만 18세 이상의 중증 등록장애인(1급, 2급, 3급 중복장애인)으로 소득 하위 70%인 사람이 신청하면 받을 수 있다. 생계 · 의료 · 주거 · 교육급여 수급자와 차상위계층은 334,810원(부부 2인 수급 시 각각 267,840원)까지이고, 차상위 초과에서 소득 하위 70%까지는 334,810원(부부 2인 수급 시 각각 267,840원)까지이다. 부부가 모두 기초급여를 받는 경우에는 20%를 감액한다.

　장애수당은 「장애인복지법」에 근거하여 만 18세 이상 중증장애인이 아닌 자 중 생계 · 의료 · 주거 · 교육급여 수급자와 차상위계층(가구 소득인정액이 기준 중위소득의 50% 이하)이 신청하여 월 6만 원[보장시설 수급자(생계 · 의료수급자)의 경우 월 3만 원]을 받을 수 있다. 장애인연금과 장애수당은 한 사람이 동시에 받을 수는 없다. 장애아동수당은 만 18세 미만(초 · 중 · 고등학생은 20세 이하)의 등록장애인이어야 신청이 가능하다. 생계 · 의료 · 주거 · 교육급여 수급자와 차상위계층에 속한 장애아동은 월 최저 3만 원에서 최대 22만 원까지 받을 수 있다.

　사회복지사 등은 당사자와 가족이 사회수당을 적극 활용하도록 지원하고 불합리한 제도를 개선해야 한다. 모든 사회수당은 신청해야 받을 수 있고, 수급자 선정 시 소득인정액을 산정하는 방식이 다양하며, 부양의무자 기준이 없다는 것을 널리 알려야 한다. 아동수당의 대상자를 매년 한 살씩 상향시켜 18세 미만 모든 아동으로 확대시키고, 가정양육수당의 액수를 '보육료와 유아학비 지원'과 형평성을 맞추어야 한다. 이른바 '줬다 뺏는 기초연금'을 「헌법」과 「기초연금법」에 맞게 고치고, 장애인이 받는 수당 액수를 장애로 인한 추가적인 지원에 맞게 상향시켜야 한다.

- **사회수당**: 사회수당은 세금으로 다수 국민에게 무기여로 제공하는 복지제도이다. 사회수당은 보험료를 낼 때 지급하는 사회보험과 달리 세금으로 제공하고, 대상자를 가난한 사람에게 한정하는 공공부조와 달리 보편적 지급을 지향한다. 우리나라의 대표적인 사회수당은 아동수당, 기초연금, 장애인연금 등이다.

- **아동수당**: 아동수당은 아동에게 수당을 지급하여 아동 양육에 따른 경제적 부담을 경감하고 건강한 성장 환경을 조성함으로써 아동의 기본적 권리와 복지를 증진함을 목적으로 한 사회복지제도이다. 대한민국 국적을 가진 0세부터 만 8세 미만(0~95개월) 모든 아동이 월 10만 원씩 받는다. 「난민법」상 난민 인정을 받은 아동도 신청할 수 있다.

- **사회수당의 신청**: 아동수당, 기초연금, 장애인연금 등의 신청은 당사자(아동수당은 부모)가 복지로 홈페이지나 휴대폰 복지로 앱으로, 당사자 혹은 대리인이 주민등록이 등록된 읍·면·동 행정복지센터를 방문하여 신청할 수 있다. 온라인 신청에서 신청인과 가구원 서명은 공인인증서로 가능하며, 접수일과 상관없이 신청을 완료한 날을 신청일로 본다.

- **가정양육수당**: 어린이집, 유치원(특수학교를 포함), 종일제 아이돌봄서비스 등을 이용하지 않고 가정에서 양육되는 영유아로서 초등학교 취학 전(만 86개월 미만)까지 아동이 신청하면 가정양육수당을 받을 수 있다. 가정양육수당 금액은 생후 12개월 미만은 20만 원, 12~24개월 미만은 15만 원, 24~86개월 미만은 10만 원이다. 농어촌거주자와 장애인은 연령에 따라 조금 더 받는다.

- **기초연금**: 기초연금은 노인에게 연금을 지급하여 안정적인 소득기반을 제공함으로써 노인의 생활안정을 지원하고 복지를 증진함을 목적으로 한 사회복지제도이다. 기초연금은 65세 이상 노인 중 소득 하위 70%가 매월 연금을 받는 제도이다. 2024년에 소득 하위 70%는 334,810원(부부가구는 535,680원)

까지 받을 수 있다. 가구 소득인정액이 많으면 조금씩 차감되어 최저 2만 원까지 받는다.

- **장애인연금**: 장애인연금은 중증장애인의 근로능력 상실 또는 현저한 감소로 인하여 줄어드는 소득과 장애로 인한 추가 비용을 보전하기 위해 매월 일정액의 연금을 지급하는 사회보장제도이다. 만 18세 이상의 중증 등록장애인(1급, 2급, 3급 중복장애인)으로 소득 하위 70%인 사람이 신청하면 매달 장애인연금을 받을 수 있다. 장애인연금은 생계 · 의료 · 주거 · 교육급여 수급자와 차상위계층은 334,810원까지이고, 차상위 초과에서 소득 하위 70%까지는 334,810원까지이다. 부부가 모두 기초급여를 받는 경우에는 각각의 기초급여액에 20%를 감액하고, 선정기준액과 소득인정액의 차액에 따라 2만 원 단위로 차감하여 지급한다.

- **장애수당**: 장애수당은 「장애인복지법」 제49조에 근거하여 만 18세 이상 중증장애인이 아닌 자 중 생계 · 의료 · 주거 · 교육급여 수급자와 차상위계층(가구 소득인정액이 기준 중위소득의 50% 이하)에게 월 6만 원[보장시설 수급자(생계 · 의료수급자)의 경우 월 3만 원]을 지급한다. 장애인연금과 장애수당은 한 사람이 동시에 받을 수는 없다.

- **장애아동수당**: 장애아동수당은 만 18세 미만(초 · 중 · 고등학생은 20세 이하)의 등록장애인이 신청할 수 있다. 생계 · 의료 · 주거 · 교육급여 수급자와 차상위계층(가구 소득인정액이 기준 중위소득의 50% 이하)은 월 최저 3만 원에서 최대 22만 원까지 받는다.

제12장

사회보장과 사회복지사의 역할

　기존 사회보장론 책은 사회보험과 공공부조 등을 소개하는 데 역점을 두고, 제도의 관리운영에서 사회복지사의 역할을 소홀히 다루었다. 초기 집필자들은 경제학, 경영학, 법학 등을 전공한 학자가 많아 사회보장제도를 알리는 데 집중하였다. 사회복지사가 사회보장론을 공부하는 이유는 관리운영기관에서 직원으로 일하거나 사회복지를 실천할 때 사회보장을 활용하기 위해서이다.

　이 장은 사회보험 관리운영기관의 직원, 사회복지전담 공무원, 사회복지시설 직원으로서 사회복지사의 역할을 다룬다. 사회복지에 관한 전문지식과 실천기술을 가진 사회복지사는 주로 사회복지프로그램의 개발과 운영, 시설 이용자의 생활지도, 사회복지를 필요로 하는 사람에 대한 상담업무를 맡는다. 사회복지사는 어느 기관에서 일하든지 복지급여의 제공자, 상담자, 교육자, 옹호자, 프로그램 개발자 등 다양한 역할을 수행한다. 따라서 사회복지사는 사회보장을 체계적으로 이해하고 시민이 복지욕구를 충족하거나 문제 해결을 위해 사회보장을 활용하도록 안내하고 상담하며 제공하는 역할을 수행해야 한다.

1. 사회보험 관리운영기관 직원

사회보험은 국민연금, 건강보험, 노인장기요양보험, 고용보험, 산업
재해보상보험 등 5대 보험이 있다. 국민연금은 국민연금공단, 건강보
험과 노인장기요양보험은 국민건강보험공단이 관리운영하고 보건복
지부가 지도감독하며, 고용보험과 산업재해보상보험은 고용노동부와
근로복지공단이 관리운영하고 고용노동부가 지도감독한다.

한편, 공무원연금은 공무원연금공단이 관리운영하고 인사혁신처가
지도감독하고, 군인연금은 국방부 군인연금과가 관리운영하고 국방
부가 지도감독하며, 사립학교교직원연금은 사립학교교직원연금공단
이 관리운영하고 교육부가 지도감독하며, 별정우체국직원연금은 별
정우체국연금관리단이 관리운영하고 과학기술정보통신부가 지도감
독한다.

표 12-1 사회보험제도와 관리운영기관

분류	사회보험제도	관리운영기관	감독기관
연금보험	국민연금	국민연금공단	보건복지부
	공무원연금	공무원연금공단	인사혁신처
	군인연금	국방부 군인연금과	국방부
	사립학교교직원연금	사립학교교직원연금공단	교육부
	별정우체국직원연금	별정우체국연금관리단	과학기술정보통신부
건강보험	건강보험	국민건강보험공단	보건복지부
요양보험	노인장기요양보험	국민건강보험공단	보건복지부
고용보험	고용보험	고용노동부	고용노동부
산재보험	산업재해보상보험	근로복지공단	고용노동부

사회보험 관리운영기관은 법에 의해 설립되고, 업무수행에 필요한 조직과 인력 그리고 예산을 갖추고 있다. 국민연금공단은 창립 30주년을 맞이하여 경영방침을 '국민이 주인인 연금다운 연금'으로 세웠다. 이를 위해 국민연금공단은 "국민이 주인인 연금, 연금다운 연금, 지속가능한 연금을 만들고, 사회적 가치의 실현, 지역에 기반하여 세계를 지향하겠다."라고 밝혔다.

* 국민연금공단 https://www.nps.or.kr/jsppage/intro/nps/ceo/ceo_01_03.jsp

국민건강보험공단은 미션, 비전, 전략목표 등을 담은 전략체계도를 공표하였다. 건강보험공단은 '국민보건과 사회보장 증진으로 국민의 삶의 질 향상'을 미션으로, '평생건강, 국민행복, 글로벌 건강보장 리더'를 비전으로 제시하였다. 전략목표는 건강보험 하나로 의료비를 해결하는 건강보장체계, 건강수명 향상을 위한 전 국민 맞춤형 건강관리, 노후 삶의 질 향상을 위한 품격 높은 장기요양보험, 보험자 역량강화로 글로벌 표준이 되는 제도, 자율과 혁신으로 생동감과 자긍심이 넘치는 공단이다.

* 국민건강보험공단 https://www.nhis.or.kr/menu/retriveMenuSet.xx?menuId=G1240

고용노동부는 본부조직으로 고용정책실을 두고 지방에 고용노동청(지청)과 근로복지공단이 있다. 고용보험에 관한 연구지원을 위해 한국노동연구원에 고용보험연구센터(현재는 노동보험연구센터)가 1995년부터 설치되어 활동하고 있다.

* 고용노동부 https://www.ei.go.kr

근로복지공단은 「산업재해보상보험법」에 따른 산업재해보상보험

사업, 「고용보험 및 산업재해보상보험의 보험료징수 등에 관한 법률」에 따른 보험 적용·징수업무, 「근로복지기본법」에 따른 복지사업, 「고용정책기본법」에 따른 실업대책사업, 「임금채권보장법」에 따른 임금채권보장사업, 「고용보험법」에 따른 창업촉진지원사업, 「진폐의 예방과 진폐근로자의 보호 등에 관한 법률」에 따른 진폐업무, 업무상 재해를 입은 노동자의 요양과 재활 및 산업보건사업 등을 행함으로써 산업재해노동자의 보건향상과 노동자의 복지증진에 기여한다.

* 근로복지공단 https://www.kcomwel.or.kr

사회보험 관리운영기관은 보험 적용대상자 선정과 관리, 보험급여의 신청 접수와 제공, 보험료의 징수와 관리, 인력과 시설의 관리 등을 수행한다. 고용노동부가 직접 하는 고용보험의 업무는 공무원이 수행하고, 나머지는 관련 공단 직원이 담당한다. 사회보험의 적용대상, 보험급여, 보험료 등에 대한 사항은 각 운영기관에서 확인할 수 있다. 건강보험공단이 5대 사회보험의 보험료를 통합 징수하기에 다른 기관들은 보험급여의 신청 접수와 제공에 집중하고 있다. 운영기관의 직원은 각 사회보험의 급여내용, 수급조건 등이 다양하기에 이를 학습하고, 업무처리능력을 키워야 할 것이다.

사회보험 관리운영기관에서 일하고자 하는 사회복지사 등은 관련 법령을 공부하고, 주요 업무를 파악하여 입사를 준비해야 한다. '2020년 상반기 국민건강보험공단 신규직원 채용' 공고를 보면 공단에 취업하는 방법을 알 수 있다.

* 국민건강보험공단 https://www.nhis.or.kr/menu/retriveMenuSet.xx?menuId=D7200

채용인원 408명 중 일반전형이 393명이고 장애전형이 15명이다. 정부의 블라인드 채용 가이드라인에 따라 성별, 학력, 나이 등의 제한이 없다. 채용절차는 일반전형은 서류전형 → 필기시험(인성검사 포함) → 면접시험 → 증빙등록심사 → 최종합격(수습임용)이고, 장애전형은 필기시험 대신에 인성검사(온라인)를 실시하고 다른 절차는 같다. 원서접수는 접수기간 중 24시간 인터넷 접수이다.

　일반전형의 채용 직급과 인원은 행정직 6급갑 일반 195명, 요양직 6급갑 일반 175명, 본부(원주)에서 일할 전산직 6급갑 전산 14명, 전국에서 일할 기술직 6급갑 기계 2명과 산업안전 7명이다. 각 직급별 자격요건을 보면 행정직은 공단 소속기관 중 한 곳에서 2년 이상 근무한 경력자, 공단 청년인턴으로 계약하여 합산한 근무 기간이 4개월 이상인 자, 공인영어어학성적 보유자 중 한 가지 이상을 갖춘 자이다. 요양직은 접수마감일 기준 간호사, 물리치료사, 작업치료사, 사회복지사(2급 이상) 면허증(자격증) 소지자이다. 전산직과 기술직도 관련 자격증 소지자이다.

　건강보험공단에서 일하고 싶은 사회복지사는 행정직 6급갑이나 요양직 6급갑으로 지원할 수 있다. 행정직은 공인영어어학성적을 취득하고, 공단 청년인턴으로 4개월 이상 근무하면 합격 가능성이 높아진다. 과거에는 학력과 어학성적이 중요한 변수였는데, 현재는 어학성적과 인턴 경력이 중요하다. 요양직은 사회복지사 자격증을 취득해야 한다.

2. 사회복지전담 공무원

　사회복지전담 공무원은 주로 보건복지부, 시·도청, 시·군·구청, 읍·면·동 행정복지센터에서 일한다. 그 밖에도 사회복지사인 공무원은 시 · 도교육청, 시 · 군 · 구교육지원청, 초 · 중 · 고등학교, 보건소와 국공립병원, 보호관찰소, 교정기관, 군대 등에서 일한다.

「국민기초생활 보장법」 제19조에 따르면 사회복지전담 공무원은 보장기관에서 일한다. "이 법에 따른 급여는 수급권자 또는 수급자의 거주지를 관할하는 시 · 도지사와 시장 · 군수 · 구청장(교육급여인 경우에는 특별시 · 광역시 · 특별자치시 · 도 · 특별자치도의 교육감을 말한다)이 실시한다."라고 규정하기 때문이다. 또한 "보장기관은 수급권자 · 수급자 · 차상위계층에 대한 조사와 수급자 결정 및 급여의 실시 등 이 법에 따른 보장업무를 수행하게 하기 위하여 「사회복지사업법」 제14조에 따른 사회복지전담 공무원을 배치하여야 한다."라고 되어 있다. 복지공무원은 주로 읍 · 면 · 동 행정복지센터와 시 · 군 · 구청에서 수급자 결정과 급여의 제공을 담당하고, 필요한 경우에는 수급자를 각각 국가나 해당 지방자치단체가 경영하는 보장시설에 입소하게 하거나 다른 보장시설에 위탁하여 급여를 실시할 수 있다. 복지공무원은 국민기초생활보장 수급자의 선정과 복지급여의 제공, 긴급복지지원 대상자의 선정과 복지지원, 아동수당과 기초연금 등 사회수당의 수급자 선정과 제공, 사회복지법인 등이 운영하는 사회복지시설의 지원과 지도감독 등을 담당한다.

사회복지전담 공무원을 포함하여 사회복지사인 공무원에 대한 인기는 높다. 급여는 대기업 정규직보다는 조금 낮지만 직업의 안정성이 높기 때문이다. 공무원은 호봉과 승급이 체계적이고, 각종 수당이 많아 복지수준이 좋다. 주 5일 근무제가 정착되었고, 출산전후휴가와 육아휴직을 사용하는 데 장애가 별로 없어 장기 근속자가 많다.

사회복지사가 공무원이 되려면 행정고시(5급) 사회직, 행정직 7급, 사회복지직 9급, 보호직 9급 등에 합격하면 된다. 1987년에 사회복지

전담 공무원이 도입될 때에는 별정직 7급으로 임용되었지만, 이후 별
정직 8급으로 바뀌고 현재는 일반직인 사회복지직 9급으로 임용되고
있다.

사회복지직 9급의 시험과목은 당초 국어, 한국사, 영어, 사회복지학
개론, 행정법총론이었다. 그런데 이명박 대통령 시절에 고등학교 졸업
자에게도 공무원 시험의 응시 기회를 주자는 취지로 사회, 과학, 수학
을 포함시키고 시험 과목을 선택으로 풀었다. 이 때문에 사회복지학을
체계적으로 학습하지 않는 사회복지전담 공무원, 행정법을 모르는 공
무원이 양산되었다. 이에 인사혁신처는 시험과목에서 사회, 과학, 수
학 등을 폐지하고, 국어, 한국사, 영어, 사회복지학개론, 행정법총론을
필수로 개편하였다.

한편, 사회복지직은 사회복지사 자격증만 있으면 응시할 수 있기에
실무능력이 부족하다는 평가를 받기도 하였다. 이에 서울특별시는 사
회복지전담 공무원의 일부를 사회복지실천 경력이 3년 이상인 사회복
지사로 채용하여 호평을 받았다. 민간영역에서 일한 경험을 가진 복지
공무원은 업무수행과 소통 능력이 좋아 민관협력을 잘 수행하였다. 다
른 시·도도 서울시의 사례를 활용할 것을 제안한다.

3. 사회복지시설 직원

기초생활보장 수급자와 긴급복지지원 대상자에게 복지급여를 제공
하는 것은 읍·면·동 행정복지센터와 시·군·구청 사회복지전담
공무원이 담당하지만, 정부는 사회복지법인 등이 운영하는 '다른 보장
시설에 위탁하여 급여를 실시'하기도 한다.

「사회복지사업법」 제2조에 따르면 '사회복지법인'이란 사회복지사업을 할 목적으로 설립된 법인이고, '사회복지시설'이란 사회복지사업을 할 목적으로 설치된 시설을 말한다. '사회복지사업'이란 「국민기초생활 보장법」 등 사회복지 관련 법률에 따른 보호·선도 또는 복지에 관한 사업과 사회복지상담, 직업지원, 무료 숙박, 지역사회복지, 의료복지, 재가복지, 사회복지관 운영, 정신질환자 및 한센병력자의 사회복귀에 관한 사업 등 각종 복지사업과 이와 관련된 자원봉사활동 및 복지시설의 운영 또는 지원을 목적으로 하는 사업을 말한다. 사회복지시설 직원의 역할은 이용자의 보호·선도 또는 복지에 관한 사업, 사회복지상담, 복지시설의 운영 또는 지원 등을 모두 포괄한다. 민간 분야 사회복지사가 「사회복지사업법」과 관련 법령에 의한 사업을 수행하지만, 보완해야 할 점이 있다.

첫째, 사회서비스의 이용자가 전 국민으로 확장되었지만 보호자가 없거나 있어도 보호할 능력이 없는 '보호가 필요한 국민'에 한정하는 관행을 극복해야 한다. 기초생활보장제도에서 생계급여와 의료급여 수급자를 선정하는 소득인정액 산정 방식이 다르고, 주거급여와 교육급여는 부양의무자 기준이 폐지되었지만 민간분야에서 일하는 다수 사회복지사가 소득인정액을 산정하는 방법을 정확히 모른다. 사회복지사는 '복지로'에서 소득인정액을 모의계산하고 복지급여를 신청하도록 안내하는 역할을 적극 수행해야 한다.

둘째, 복지급여 수급자 혹은 복지대상자의 선정기준이 복잡하여 다수 국민이 수급권자인지 여부를 알지 못하기에 시민 복지교육이 절실하다. 8세 미만 모든 아동이 받는 아동수당도 부모나 보호자가 신청할 때 받고, 소득인정액 기준 하위 70%인 노인이 받는 기초연금도 신청할 때 받을 수 있다. 시민이 시·군·구나 읍·면·동에 신청하면 받을 수 있는 복지급여가 360가지이기에 이를 생애주기별로 알리는 시민 복지교육을 실시해야 한다.

셋째, 사회복지시설은 고아원, 양로원, 재활원과 같이 보호자가 없거나 있어도 보호받을 수 없는 시민이 시설에 입소하는 방식으로 출발하였다. 현재는 집에서 주로 낮 시간에 시설에 가서 서비스를 받거나 제공 인력이 집으로 찾아와서 서비스를 주는 경우가 많다. 그럼에도 불구하고 사회복지시설과 인력이 서비스 양식을 좌우하고, 수급자 혹은 이용자의 욕구에 따른 서비스는 부족한 편이다. 이용자의 인권에 기반한 서비스 제공 방식에 대한 성찰이 필요하다.

넷째, 민간 사회복지시설의 사회복지사 등의 처우는 「사회복지사 등의 처우 및 지위 향상을 위한 법률」에 따라 사회복지전담 공무원의 수준에 맞추어야 한다. 국가와 지방자치단체의 공무원이 해야 할 일을 사회복지시설 직원이 하는 경우가 많은데, 낮은 처우를 받는 것은 부당하다. 보건복지부가 매년 '사회복지종사자 인건비 가이드라인'을 공표하는데, 이를 일부 시설에만 적용하고 공동생활가정 등에 별도 기준을 적용하는 것은 차별이다. 정부는 법령 위반과 차별을 시정하고 서비스 질 관리를 위해 민간 인력에 대한 임금과 근로조건을 개선해야 한다.

4. 사회보장에서 사회복지사의 과제

한국의 사회보장은 꾸준히 발전되었지만 모든 국민이 「헌법」상 규정된 '인간다운 생활을 할 권리'를 누릴 수 있는 수준에 이르지 못하였다. 사회보장에서 사회복지사의 적극적 역할을 고려할 때 다음 몇 가지를 제안한다.

첫째, 사회복지전담 공무원은 모든 국민을 위한 공공복지에 역점을 두기 바란다. 복지공무원은 「헌법」 제34조에 맞게 직무를 수행해야 한다. 이 조항은 "① 모든 국민은 인간다운 생활을 할 권리를 가진다. ② 국가는 사회보장·사회복지의 증진에 노력할 의무를 진다." 등의 내용을 담고 있다. 그런데 복지공무원의 직무는 "⑤ 신체장애자 및 질병·노령, 기타의 사유로 생활능력이 없는 국민은 법률이 정하는 바에 의하여 국가의 보호를 받는다."에 편중되어 있다. 정부는 '생활능력이 없는 국민'을 포함하여 '모든 국민이 인간다운 생활을 할 권리'를 누리도록 복지행정의 패러다임을 바꾸어야 한다.

둘째, 사회복지전담 공무원, 사회보험 관리운영기관의 직원, 사회복지시설의 직원은 다른 분야에서 일하는 직원의 역할을 알고, 상호 협력해야 한다. 모든 국민이 인간다운 생활을 할 권리를 누리려면 공무원, 사회보험 관리운영기관의 직원, 사회복지시설의 직원이 상호 협력해야 하는데, 각자 자신의 일에만 집중하는 경향이 있다. 예컨대, 아동양육시설에서 산 18세 청년은 안정된 일자리가 없어도 만기 퇴소해야 했다. 만약 이 청년이 대학교에 입학하여 전문 직업역량을 키우고, 한국토지주택공사로부터 전세자금대출을 받거나 행복주택 등에 입주하면, 자립기반을 닦을 수 있다. 아동양육시설(민간 사회복지사)이 시·군·구와 협력하여 기초생활보장 수급자로 보호하고(공무원), 안정된 직장에 취업할 수 있도록 협력하면(사회보험 관리운영기관의 직원) 자립능력을 키울 수 있다. 각 분야에서 일하는 사회복지사들이 자신의 직무와 유관 업무를 파악하고 서로 협력할 수 있는 방안을 체계적으로 모색해야 한다.

셋째, 사회서비스의 공공성을 위해 시·도 사회서비스원이 정착되어야 한다. 공공부조는 사회복지전담 공무원이 담당하고, 사회보험도 국민건강보험공단 등 공공기관이 맡지만, 사회복지시설은 개인도 신고에 의해 시설운영을 할 수 있다. 이 때문에 사회복지사업을 비영리사업이란 틀로 영리를 추구하는 경우가 적지 않다. 사회서비스의 공공성을 확보하고 공적 운영 비율을 높이기 위해 시설의 국공립화, 기존 국공립시설을 시·도 사회서비스원이 운영하려고 한다. 사회서비스원의 설립과 운영이 공공성의 확대와 시설의 투명한 운영에 기여하길 기대한다.

넷째, 코로나19 사태 이후 비대면 서비스를 보다 광범위하게 개발해야 한다. 사회보장의 신청과 접수, 상담, 교육, 급여 제공, 평가 등 제반 업무에서 비대면 서비스를 획기적으로 늘려야 한다. 예컨대, 거동이 불편한 만성질환자가 매달 병의원을 찾아가서 처방을 받아 약물을 복용하던 방식을 단골 병의원 의사와 영상 통화로 약을 처방받고 약국이 약을 택배로 보내 주는 방식으로 바꿀 수 있다. 비대면으로 할 수 있는 다양한 방법을 찾아 또 하나의 표준을 만들어야 한다.

다섯째, 복지급여를 신청하는 방식을 개별신청 방식에서 포괄신청으로 바꾸고 직권주의를 적극 활용해야 한다. 8세 미만 모든 아동에게 제공하는 아동수당조차 부모가 신청해야 받는데, 출생신고를 할 때 아동수당, 가정양육수당 등을 일괄신청하는 방식으로 바꾸어야 한다. 기초연금도 65세 이상 노인이 신청하면 주는 방식이 아니라, 지방정부가 수급요건을 갖춘 노인에게 연금을 제공하는 방식으로 바꾸어야 한다.

단원 정리

　기존 사회보장론 책은 사회보험과 공공부조 등 제도를 소개하는 데 역점을 두고, 제도의 관리운영에서 사회복지사의 역할을 소홀히 다루었다. 이 장은 사회보험 관리운영기관의 직원, 사회복지전담 공무원, 사회복지시설 직원으로서 사회복지사의 역할을 다루었다. 사회복지사는 사회보장을 체계적으로 이해하고 시민이 복지욕구를 충족하거나 문제 해결을 위해 사회보장을 활용하도록 안내하고 상담하며 제공하는 역할을 수행해야 한다.

　사회보험 관리운영기관은 보험 적용대상자 선정과 관리, 보험급여의 신청 접수와 제공, 보험료의 징수와 관리, 인력과 시설의 관리 등을 수행한다. 고용노동부가 직접 하는 고용보험의 업무는 공무원이 수행하고, 나머지는 관련 공단 직원이 담당한다. 건강보험공단이 5대 사회보험의 보험료를 통합 징수하기에 다른 운영기관은 보험급여의 신청 접수와 제공에 집중하고 있다.

　사회복지전담 공무원은 주로 보건복지부, 시·도청, 시·군·구청, 읍·면·동 행정복지센터 등에서 일한다. 그 밖에도 사회복지사인 공무원은 시·도교육청, 시·군·구교육지원청, 초·중·고등학교, 보건소와 국공립병원, 보호관찰소, 교정기관, 군대 등에서 일한다. 복지공무원은 주로 읍·면·동 행정복지센터와 시·군·구청에서 수급자 결정과 급여의 제공을 담당하고, 필요한 경우에는 수급자를 각각 국가나 해당 지방자치단체가 경영하는 보장시설에 입소하게 하거나 다른 보장시설에 위탁하여 급여를 실시할 수 있다. 복지공무원은 국민기초생활보장 수급자의 선정과 복지급여의 제공, 긴급복지지원 대상자의 선정과 복지지원, 아동수당과 기초연금 등 사회수당 수급자의 선정과 수당 제공, 사회복지법인 등이 운영하는 사회복지시설의 지원과 지도감독을 담당한다.

사회서비스는 주로 사회복지법인과 사회복지시설에서 맡고 있다. 사회복지사업이란 「국민기초생활 보장법」 등 사회복지 관련 법률에 따른 보호·선도 또는 복지에 관한 사업과 사회복지상담, 직업지원, 무료 숙박, 지역사회복지, 의료복지, 재가복지, 사회복지관 운영, 정신질환자 및 한센병력자의 사회복귀에 관한 사업 등 각종 복지사업과 이와 관련된 자원봉사활동 및 복지시설의 운영 또는 지원을 목적으로 하는 사업을 말한다.

한국의 사회보장은 꾸준히 발전되었지만, 모든 국민이 「헌법」상 규정된 '인간다운 생활을 할 권리'를 누릴 수 있도록 사회복지사의 적극적 역할을 기대한다. 사회복지전담 공무원은 모든 국민을 위한 공공복지에 역점을 두기 바란다. 복지공무원, 사회보험 관리운영기관의 직원, 사회복지시설의 직원은 상호 협력해야 한다. 사회서비스의 공공성을 위해 시·도 사회서비스원이 정착되어야 한다. 비대면 서비스를 보다 광범위하게 개발해야 한다. 복지급여를 신청하는 방식을 개별신청에서 포괄신청으로 바꾸고 직권주의를 적극 활용해야 한다.

A-Z 용어 정리

● **사회복지사의 역할**: 사회복지에 관한 전문지식과 기술을 가진 사회복지사는 사회복지프로그램의 개발과 운영, 시설거주자와 이용자의 생활지도, 사회복지를 필요로 하는 사람에 대한 상담업무를 맡는다. 사회복지사는 어느 기관에서 일하든지 복지급여의 제공자, 상담자, 교육자, 옹호자, 프로그램 개발자 등 다양한 역할을 수행한다. 사회복지사는 사회보장을 체계적으로 이해하고 시민이 복지욕구를 충족하거나 문제 해결을 위해 사회보장을 활용하도록 안내하고 상담하며 제공하는 역할을 수행해야 한다.

- **사회보험 관리운영기관**: 국민연금은 국민연금공단, 건강보험과 노인장기요양보험은 국민건강보험공단, 고용보험은 고용노동부와 근로복지공단, 산업재해보상보험은 근로복지공단이 관리운영한다. 또한 공무원연금은 공무원연금공단, 군인연금은 국방부 군인연금과, 사립학교교직원연금은 사립학교교직원연금공단, 별정우체국직원연금은 별정우체국연금관리단이 관리운영한다.

- **국민연금공단의 경영방침**: 국민연금공단은 창립 30주년을 맞이하여 경영방침을 '국민이 주인인 연금다운 연금'으로 세웠다. 이를 위해 국민연금공단은 국민이 주인인 연금, 연금다운 연금, 지속 가능한 연금을 만들고, 사회적 가치의 실현, 지역에 기반하여 세계를 지향하고 있다.

- **국민건강보험공단의 전략체계**: 국민건강보험공단은 '국민보건과 사회보장 증진으로 국민의 삶의 질 향상'을 미션으로, '평생건강, 국민행복, 글로벌 건강보장 리더'를 비전으로 제시하였다. 전략목표는 건강보험 하나로 의료비를 해결하는 건강보장체계, 건강수명 향상을 위한 전 국민 맞춤형 건강관리, 노후 삶의 질 향상을 위한 품격 높은 장기요양보험, 보험자 역량강화로 글로벌 표준이 되는 제도, 자율과 혁신으로 생동감과 자긍심이 넘치는 공단이다.

- **고용보험의 관리운영**: 고용보험을 관리운영하는 고용노동부는 본부조직으로 고용정책실을 두고 지방에 고용노동청(지청)과 근로복지공단이 있다. 고용보험에 관한 연구지원을 위해 한국노동연구원에 고용보험연구센터(현재는 노동보험연구센터)가 1995년부터 설치되어 활동하고 있다.

- **근로복지공단**: 근로복지공단은 산업재해보상보험사업, 고용보험 및 산업재해보상보험의 보험료 적용 · 징수업무, 노동자복지사업, 실업대책사업, 임금채권보장사업, 창업촉진지원사업, 진폐업무, 산업재해노동자의 보건향상과 노동자의 복지증진에 기여한다.

- **사회보험 관리운영기관의 역할**: 사회보험 관리운영기관의 역할은 보험 적용 대상자 선정과 관리, 보험급여의 신청 접수와 제공, 보험료의 징수와 관리, 인력과 시설의 관리 등을 수행한다. 고용노동부가 직접 하는 고용보험의 업무

는 공무원이 수행하고, 나머지는 관련 공단 직원이 담당한다. 건강보험공단이 5대 사회보험의 보험료를 통합 징수하기에 다른 운영기관들은 보험급여의 신청 접수와 제공에 집중한다.

- **보장기관**: 「국민기초생활 보장법」에 따르면 사회복지전담 공무원은 보장기관에서 일한다. "이 법에 따른 급여는 수급권자 또는 수급자의 거주지를 관할하는 시 · 도지사와 시장 · 군수 · 구청장(교육급여인 경우에는 특별시 · 광역시 · 특별자치시 · 도 · 특별자치도의 교육감을 말한다)이 실시한다."라고 규정하기 때문이다. "보장기관은 수급권자 · 수급자 · 차상위계층에 대한 조사와 수급자 결정 및 급여의 실시 등 이 법에 따른 보장업무를 수행하게 하기 위하여 「사회복지사업법」 제14조에 따른 사회복지전담 공무원을 배치하여야 한다."

- **사회복지전담 공무원**: 사회복지전담 공무원은 주로 읍 · 면 · 동 행정복지센터와 시 · 군 · 구청에서 수급자 결정과 급여의 제공을 담당하고, 필요한 경우에는 수급자를 각각 국가나 해당 지방자치단체가 경영하는 보장시설에 입소하게 하거나 다른 보장시설에 위탁하여 급여를 실시할 수 있다. 복지공무원은 국민기초생활보장 수급자의 선정과 복지급여의 제공, 긴급복지지원 대상자의 선정과 복지지원, 아동수당과 기초연금 등 사회수당 수급자의 선정과 수당 제공, 사회복지법인 등이 운영하는 사회복지시설의 지원과 지도감독을 담당한다.

- **사회복지사업**: 「사회복지사업법」 제2조에 따르면 '사회복지사업'이란 「국민기초생활 보장법」 등 사회복지 관련 법률에 따른 보호 · 선도 또는 복지에 관한 사업과 사회복지상담, 직업지원, 무료 숙박, 지역사회복지, 의료복지, 재가복지, 사회복지관 운영, 정신질환자 및 한센병력자의 사회복귀에 관한 사업 등 각종 복지사업과 이와 관련된 자원봉사활동 및 복지시설의 운영 또는 지원을 목적으로 하는 사업을 말한다.

제**13**장

사회보장의 전망과 과제

저출산 · 고령화 사회의 도래로 새로운 사회적 위험이 커지고, 세계화 · 개방화 · 정보화와 함께 고용 없는 성장, 다문화가족의 증가, 제4차 산업혁명이 일어나는 경제 · 사회 변화 속에서 사회보장의 전망과 과제를 탐색한다.

1. 사회보장기본계획의 개요

사회보장에 관한 대표적인 계획은 사회보장기본계획이다. 「사회보장기본법」 제16조에 따르면 "보건복지부장관은 관계 중앙행정기관의 장과 협의하여 사회보장 증진을 위하여 사회보장에 관한 기본계획을 5년마다 수립하여야 한다." 이 계획에는 국내외 사회보장환경의 변화와 전망, 사회보장의 기본목표 및 중장기 추진방향, 주요 추진과제 및 추진방법, 필요한 재원의 규모와 조달방안, 사회보장 관련 기금 운용방안, 사회보장 전달체계, 그 밖에 사회보장정책의 추진에 필요한 사항 등이 포함되어야 한다.

제1차 사회보장기본계획(2014~2018년)은 '더 나은 내일, 국민 모두
가 행복한 사회'를 비전으로, 제2차 사회보장기본계획(2019~2023년)
은 '국민 모두가 함께 잘사는 포용사회'를 비전으로 내세웠다. 정부 사
회정책 슬로건인 '포용국가'를 포함하고, 기존 제도의 사각지대를 해소
하여 보장성을 높이겠다는 뜻을 담았다. 제2차 사회보장계획은 어떤
내용이고 그 과제는 무엇인지를 논의하고, 제3차 사회보장기본계획
(2024~2028년)의 주요 내용을 소개한다.

1) 제1차 사회보장기본계획의 평가

보건복지부는 제1차 사회보장기본계획을 평가하고 발전방안을 모
색하였다. 2013년에 「사회보장기본법」이 전면 개정되어 수립된 1차
기본계획은 맞춤형 사회안전망 구축과 일을 통한 자립지원에 초점을
두었다.

이 계획은 '더 나은 내일, 국민 모두가 행복한 사회'를 비전으로 공공
부조, 사회보험 및 문화·환경 등 사회보장 영역을 총망라한 최초 계
획으로 평가받았다. 당시 10개 부처가 211개 사회보장 사업에 316조
원을 배정하기로 하였다. 국가와 지방자치단체가 나름대로 노력하였
지만 국민의 체감도는 높지 않았다.

이 계획은 예산 투입으로 달성할 수 있는 "투입지표는 대체로 개선
효과가 뚜렷하였지만, 그로 인해 국민의 삶이 얼마나 나아졌는지를 볼
수 있는 결과지표는 목표치에 미치지 못하였다."라고 평가받았다. 청
년, 신혼부부 등을 위한 공공주택인 행복주택은 당초 목표치가 14만 호
이었지만 성과는 15만 6천 호이었다. 실적을 위해 작은 집을 많이 지었
다는 비판도 있었지만 행복주택은 대표적인 성과이다. 영유아 보육료

지원대상은 2018년까지 139만 명을 목표로 하였지만 1년 앞당겨 145만 명으로 초과 달성하였다. 이처럼 예산을 투입하면 성과를 거둘 수 있는 분야는 상당한 실적을 거두었다.

하지만 예산의 투입이 곧 성과로 이어지기 어려운 분야도 있었다. 2014년 청년 실업률 7.4%에서 2018년 6%로 줄이겠다는 계획은 9.5%로 악화되었다. 일자리 창출을 위한 예산을 투자해도 산업구조가 바뀌고 기계화로 고용을 줄이면서 청년 실업률은 높아졌다. 국민 의료비를 줄이기 위해 국민건강보험의 보장성을 강화시켰지만, 가계직접부담 비율은 2014년 35.2%에서 2015년 36.8%로 높아졌다. 고령화로 병의원을 찾는 횟수가 늘고 의료비가 증가되어 본인부담비율이 낮아지지 않았다. 평생학습에 대한 사회적 관심이 높아졌지만, 평생학습 참여율은 2014년 35.6%에서 2017년 35.8%로 거의 변화가 없었다. 이러한 지표는 시민의 생활양식이 변화될 때 달성될 수 있기 때문이다.

최근 10년간 한국은 OECD의 평균(5.3%)보다 2배 이상(11.0%) 빠른 속도로 사회복지 지출을 늘렸지만, 국내총생산(Gross Domestic Product: GDP) 대비 사회복지 지출 규모는 OECD 평균(19.0%)의 절반 수준(10.2%)이다. 사회복지 지출을 지속적으로 늘렸지만, 출발점이 다르기에 한국의 복지수준은 OECD 평균에 미치지 못하였다. 건강보험, 국민연금 등 5대 사회보험의 연륜이 쌓이고, 국민기초생활보장제도에서 부양의무자 기준을 개선하는 등 복지제도가 성숙되면 점차 나아질 것이다.

2) 제2차 사회보장기본계획

제2차 기본계획은 복지 체감도를 높이고 정책의 성패를 확인할 수 있도록 정책영역별 목표를 명확하게 담았다. 1차 계획에서 목표치 없이 나열된 200여 개 과제를 절반 이상 줄이고, 2차 계획은 핵심과제 90개로 정하였다. 이 계획은 중장기 목표부터 4대 핵심분야(고용·교육, 소득, 건강·의료, 사회서비스)까지 정책영역별로 성과 목표를 구체화하였다. '국민 모두가 함께 잘사는 포용사회'란 비전을 실현하기 위해, 포용적 사회보장체계 구축, 사회보장제도의 연계·조정 강화, 지역사회 중심 서비스 이용체계 구축, 포용과 혁신의 상호보완체계 구축이란 추진 원칙 및 전략으로 국민 삶의 질 향상을 중장기 목표로 제시한다. 기본계획을 실현하면 2017년 38개 OECD 회원국 중 28위였던 '삶의 만족도 지수' 순위를 2023년 20위, 2040년 10위까지 향상시키기로 중장기(2040년) 목표를 설정하였다.

　4대 핵심 분야별 목표 및 중장기 방향은 저임금 노동자 비중 축소, 상대빈곤율 완화, 건강수명 연장, GDP 대비 사회서비스 투자 비율 확대 등 목표치를 명시하였다. 저임금 노동자 비중은 노동형태 다양화, 노동이동 증가에 대응하는 일자리 안전망 확충, 평생학습체계 구축 및 인적자원 역량 제고를 통해 2017년 22.3%에서 2040년 15.0%로 낮춘다. 상대빈곤율은 공공부조 역할 강화 및 청년층·장년층 등 근로연령층의 소득보장 확대, 초고령사회에 대응하여 1인 1연금 및 다층노후소득보장 체계 확충을 통해 2017년 17.4%에서 2040년 11.3%로 낮춘다. 건강수명은 건강보험 보장성 강화로 의료비 부담 경감, 의료이용체계의 효율화로 건강보장의 지속 가능성 제고를 통해 2016년 73세에서 2040년 78세로 높인다. GDP 대비 사회서비스 투자 비율은 생애주기별·대상별 다양한 사회서비스 확충, 지역사회에서 주거·돌봄·의료 등 통합 서비스를 제공하는 지역사회 통합돌봄 완성 및 질 높은 사회서비스 인력 양성을 통해 2015년 5.7%에서 2040년 10.7%로 높인다.

이를 위해 2023년까지 핵심 추진과제는 고용·교육, 소득, 건강, 사회서비스 분야별로 다음과 같다. 고용·교육과제는 인적자원의 역량 제고 및 차별 없는 출발선 제공, 일자리안전망 확충 및 적극적 노동시장 정책 강화, 노동시장 격차 완화 및 일·생활균형 달성이다. 소득과제는 취약계층의 인간다운 삶을 위한 공공부조제도의 역할 강화, 근로연령층 소득보장 확대, 노후소득보장체계 확충이다. 건강과제는 건강보험 보장성 강화 및 건강보장의 지속 가능성 제고, 필수의료 보장, 예방적 건강관리체계 구축이다. 사회서비스과제는 생애주기별·대상별 사회서비스 확충, 지역사회 중심 서비스 보장체계 구축, 공급체계의 공공성 강화 및 신뢰성 제고이다. 이러한 계획을 효과적으로 추진하기 위한 기반은 사회투자 확대, 사회보장 이용체계의 연계 강화, 차세대 사회보장 정보시스템 구축 및 정책 분석의 과학화이다. 2차 계획에 5년간 투자될 예산은 332조 1,000억 원으로 추계된다.

핵심분야는 영역별로 제도평가를 실시하고 기본계획에 대해선 2~3년 주기로 보완·환류 조치키로 하였다. 한번 세운 계획을 5년간 쭉 이어가기보다는 중간평가를 거쳐 수정·보완하려는 것이다. 또한 '맞춤형 고용·복지'를 핵심가치로 내건 채 추진원칙·전략이나 중장기 목표, 정책지표 등이 없이 연차별 시행계획 수립·평가를 해 왔던 1차 계획 때보다 정책 평가 부문이 한층 강화되었다. 예산 투입을 넘어 성과로 평가받겠다는 것은 계획의 실행 가능성을 높여 줄 것이다.

2차 기본계획이 구현되기 위해서는 매년 실행계획으로 이어지고, 시·도와 시·군·구 지역사회보장계획에 반영되어야 한다. 지방자치단체는 4년마다 지역사회보장계획을 수립하고 매년 실행계획을 세워 실천한다. 2018년에 시·군·구가 지역사회보장계획을 세울 때 전국적으로 통일된 지표에 근거하고, 지역 특수성을 반영한 지표를 추가하였다.

2차 계획이 목표를 달성하기 위해서는 소득보장과 적극적 노동시장 정책, 사회서비스를 중심으로 GDP 대비 사회복지 지출 규모를 2018년 11.1%에서 OECD 평균치인 19.0%까지 중장기적으로 확대할 필요가 있다. 적정한 예산을 투자하지 않고 성과를 거두기는 어렵기 때문이다. 단기간에 예산을 늘리기 어려운 정부는 2019년에 수립할 '국가미래비전 2040'에 예산 증액을 위한 로드맵을 담기로 하였다.

2차 계획이 비전으로 삼는 '국민 모두가 함께 잘사는 포용사회'를 열기 위해 국가, 지방자치단체, 국민건강보험공단 등 공적기구, 사회복지법인 등 민간이 혼연일체가 되어야 한다. 참여정부 시기에 많은 복지사업이 지방 이양되어 국가가 계획을 세워도 지방정부가 예산 부족을 이유로 실행하지 않으면 달성되기 어렵다. 재정자립도가 높은 수도권과 인구가 줄고 산업이 쇠퇴하는 지역 간의 복지격차가 커지고, 같은 시·도 내에서도 재정자립도가 다른 시·군·구 간 격차는 좁혀지기 어렵다.

일부 복지는 사각지대가 생기지만 일부는 서로 다른 부서가 중복적으로 사업을 수행한다. 예컨대, 전체 인구의 2%에 불과한 다문화가족을 위한 센터는 전국 모든 시·군·구에 있지만 전체 인구를 다루는 건강가정지원센터는 없는 지역이 많다. 2차 계획이 보다 잘 구현되기 위해서는 국가와 지방정부, 부처 간 사업에서 중복을 줄이고 누락을 최소화하여 모든 국민이 「헌법」상 규정된 '인간다운 생활을 할 권리'를 누리도록 해야 한다.

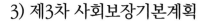

3) 제3차 사회보장기본계획

　제3차 기본계획의 비전은 '약자부터 촘촘하게, 지속 가능한 복지국가'이다. 제3차 기본계획의 목적은 '국민 삶의 질 향상, 사회통합 증진'이고, 핵심목표는 누구도 소외되지 않는 약자복지, 누구나 누리는 양질의 사회서비스, 다음 세대와 상생하는 사회보장이며, 전략은 약자부터 두터운 복지, 전생애 사회서비스 고도화, 사회보장체계 혁신이다. 주요 내용은 다음과 같다.

　첫째, 정부는 누구도 소외되지 않도록 약자부터 두터운 복지로 꼼꼼히 챙긴다. 위기에 놓인 취약계층, 아동·청소년, 노인·장애인을 보호한다. 취약계층의 주요 생활비 지출 부담을 낮추고 노령층의 빈곤을 완화할 수 있도록 지원한다. 또한 장애인의 소득활동과 맞춤형 돌봄서비스가 보장될 수 있도록 더욱 강화한다.

　기초생활보장 생계급여 수급자의 선정기준을 기준 중위소득의 32% 이하에서 35% 이하로 상향하고, 재산기준을 완화하며, 의료급여 수급자 선정 시 부양의무자 기준을 완화하고, 주거급여 수급자 선정기준을 중위소득의 47% 이하에서 50% 이하로 상향시키며, 교육급여의 보장수준을 강화한다. 한부모·청소년부모 양육비 지원, 재난적 의료비, 희귀질환 의료비 지원, 국가장학금, 학자금 대출 지원, 에너지 바우처 대상 및 단가 확대, 농식품 바우처 지원 확대, 학생맞춤통합지원·위기청소년 맞춤형 지원, 기초연금 확대, 노인일자리 지속 창출, 장애인 활동지원 확대, 발달장애인 1:1 돌봄 지원 등을 더욱 발전시킨다.

　또한 사회환경 변화에 따라 쉽게 고립될 수 있는 새로운 취약계층이 필요로 하는 복지정책 수요를 파악하고 발굴하여 그에 맞는 지원을 할 수 있도록 할 계획이다. 위기에 놓인 청년들을 위해 사회안전망을 구

축하고, 사회 고립으로 인해 생기는 필요 복지정책들을 발굴하고 지원
한다. 또한 소외된 약자의 권익을 보호하고 지원할 수 있는 정책들을
더욱 강화한다. 다양한 환경요인으로 빠르게 변화하고 그에 따라 사회
적 위험요소도 같이 변화하는데, 이에 대응하는 정책들을 강화할 계획
이다.

둘째, 정부는 누구나 누릴 수 있도록 모든 연령의 사회서비스를 양
질로 만들 계획이다. 국민이 필요로 하는 사회서비스를 실현하기 위
해, 맞춤형 돌봄서비스를 확충하고 건강과 의료서비스가 보장될 수 있
도록 한다. 우리 국민의 안전한 일상이 지속될 수 있도록 하고, 일상
에 필요한 교육과 생활서비스를 누릴 수 있게끔 한다. 아동부터 노년
까지, 전 연령층 돌봄서비스를 지원한다. 그중 아동을 위해 어린이집
0세 반 · 시간제 보육 확대, 아이돌봄서비스 · 늘봄학교 확대, 청장년을
위해 가족돌봄청년 · 중장년 일상돌봄서비스, 노인을 위해 장기요양수
급자 재가급여 확대, 통합재가 · 재택의료센터 시범사업, 간병을 위해
간호간병 통합서비스 확대, 요양병원 간병서비스 모델 개발을 한다.

건강 · 의료보장 등을 위해 필수의료 보장(책임기관 역할 강화, 공공
정책수가 도입, 소아응급인프라 확충), 건강 · 정신건강 서비스 확충, 비
대면진료 제도화, 아동보호 강화(보호출산제, 학대 발굴 · 예방), 교제폭
력 · 스토킹 등 범죄 피해자 맞춤 지원, 응급안전안심서비스 확대, 교
육격차 해소(디지털 튜터 등 기초학력 밀착지원), 평생교육바우처 대상
자 지속 확대, 저상버스 및 특별교통수단, BF, 통합문화 이용 확대를
실시한다. 복지정책을 받는 이용자 중심의 전달체계를 만든다. 사회
서비스가 국민의 피부에 닿을 수 있게끔 협력체계를 활성화하고, 지역
별로 보이는 복지의 격차 · 불균형을 줄일 예정이다.

셋째, 정부는 다음 세대와 상생할 수 있도록 사회보장체계가 지속

가능하게끔 혁신한다. 사회보험이 지속 가능할 수 있도록 개혁한다. 국민연금제도를 개혁하고, 고용보험 또한 합리적으로 운영될 수 있도록 추진한다. 건강보험과 장기요양보험의 운용체제도 새롭게 혁신하여 보다 개선된 사회보험제도를 서비스한다. 사회보장제도가 유기적으로 관리될 수 있도록 통합관리체계를 구축하여 복지정책과 제도가 제대로 된 역할을 하고 있는지, 사각지대는 없는지 등 더욱 면밀히 자주 들여다볼 수 있도록 관리를 강화한다. 중앙과 지방의 역할분담 또한 제대로 수행할 수 있도록 협력점을 만들어간다.

　스마트 시대에 늦춰지지 않는 복지국가로 도약하기 위해 기술이 기반이 되는 서비스와 행정체계를 도입하여 국민이 직접 체감할 수 있도록 복지서비스를 개발하고 확산시킨다. 이에 따라 개발한 서비스가 활성화될 수 있게끔 인프라를 구축하고, 사회보장 행정체계 또한 빈틈이 없도록 만들 계획이다.

2. 한국 사회보장의 전망과 과제

　사회보장의 핵심은 소득보장과 건강보장이고, 이는 주로 사회보험과 공공부조, 사회서비스와 사회수당으로 구현되고 있다. 한국 사회보장의 전망과 과제는 국민연금, 건강보험 등 5대 사회보험, 국민기초생활보장제도 등 공공부조, 기초연금 등 사회수당, 생애주기별 인구집단을 주된 대상으로 한 사회서비스에서 모색될 수 있다. 사회보장기본계획이 잘 구현되면 사회보장의 전망은 밝겠지만, 현시점에서 필자는 다음과 같이 제시한다.

　첫째, 지속 가능한 소득보장 대책을 어떻게 강구할 것인가? 한국은 지구촌에서 가장 빠르게 초저출산 · 초고령화를 경험하고 있다. 2020년에 태어나는 아동 수가 사망자 수보다 적기에 총인구가 감소한다. 중장기적으로 생산연령 인구가 줄고, 노년부양비가 크게 늘기에 적게 내고 많이 받는 국민연금 등 공적 연금제도가 위기이다. 더 많은 보험료를 내거나 더 적은 급여만을 받아야 하는데, 적은 연금으로 노후 소득보장을 할 수 없기에 보험료율을 높여야 한다. 60세에 도달하면 그치는 국민연금의 보험료 납입을 노령연금을 탈 때까지 연장하고, 평균수명이 늘어나면 노령연금의 개시도 늦추어야 한다. 노후 소득보장은 국민연금만한 것이 없기에 18세 이상 모든 국민이 하루라도 빨리 연금에 가입할 수 있도록 '생애 첫 국민연금 가입비를 국가가 지불'하는 제도를 도입해야 한다.

둘째, 건강수명을 늘리고 건강보장제도를 어떻게 잘 구축할 것인가? 초고령화와 함께 노인 수진율이 높아져 매년 건강보험 보험료의 증가액이 물가상승률을 능가한다. 보험료율을 그대로 두어도 소득이 늘어나면 보험료 수입이 늘어나는데, 매년 보험료율을 인상하면 사업비가 훨씬 늘어난다. 보험료율을 고정시키면서 건강보장을 할 수 있도록 전달체계를 개편하여 의료의 오남용을 줄이는 정책을 강도 높게 시행해야 한다. 감기 등 가벼운 질병으로 상급종합병원에 가는 것을 규제하고, 응급상황이 아닐 때 일차 의료기관의 진료 의뢰서 없이 상급종합병원의 진료를 억제해야 한다. 의료 오남용이 심한 의료급여를 개선하여 진료일수를 초과한 환자는 1차적으로 경고하고 2차적으로 본인부담금을 높여 오남용을 억제하는 제도 개선이 필요하다.

셋째, 모든 국민이 생산적인 활동에 참여하고 고용위기를 어떻게 극복할 것인가? 산업과 노동시장이 바뀌면서 정규직은 점차 줄고 비정규직이 늘며, 플랫폼 노동자와 같은 새로운 고용 형태가 늘어나면서 고용보험에 가입하지 않는 사람이 늘고 있다. 이에 정부는 생산연령층에 있고 일할 의사가 있는 모든 사람이 고용보험에 가입할 수 있는 기초를 닦기로 하였다. 기존 두루누리 지원사업의 적용범위를 확대시키고, 자영업자의 임의가입을 적극 지원해야 한다.

넷째, 노인이나 노인성 질환으로 자립하기 어려운 상황에서 어떻게 살 것인가? 노인장기요양보험을 지속적으로 발전시켜 적용대상을 늘리고, 시설급여에서 밥값을 수가로 처리하는 등 보험급여의 범위를 넓혀야 한다. 주거 조건을 개선하여 모든 노인이 자신이 살던 집에서 더 오랫동안 살고, 보호가 필요하면 공공실버주택 등에서 살 수 있도록 주거복지를 확충해야 한다. 공공실버주택은 공동주택의 저층부에는 실버복지관을 설치하고 상층부에는 고령자 맞춤형 주택을 건설하여 주거와 복지서비스를 함께 제공한다. 기초생활보장 수급자, 국가유공자나 독거노인 등이 우선 입주하는데 원하는 모든 사람이 입주할 수 있을 때까지 지속적으로 공급량을 늘려야 한다.

다섯째, 경제적으로 어려운 사람들이 인간다운 생활을 어떻게 할 것인가? 부담능력이 있는 국민은 주로 사회보험으로 대책을 세우지만, 부담능력이 낮은 사람은 공공부조에 의존할 수밖에 없다. 중장기적으로 부양의무자 기준을 폐지하고, 단기적으로 부양비 산출 방식을 완화시켜야 한다. 최근 정부는 부양비를 기혼·미혼과 남·녀 차별 없이 10%로 낮추었는데, 이를 5%로 낮추면 부양의무자 기준을 완화시킬 수도 있다.

여섯째, 자신이 살던 지역에서 오래 살 수 있도록 지역사회 통합돌봄체계를 어떻게 구축할 것인가? 지역사회 돌봄은 돌봄이 필요한 시민이 가급적 자신의 집에서 살 수 있도록 돌봄체계를 구축하는 것이다. 사회복지시설의 이용 요일과 시간대별로 활용도를 높이고, 사회적 돌봄이 필요한 노인(치매 노인), 장애인, 아동 등이 살던 집과 지역에서 자립적인 삶을 영위할 수 있도록 지역사회 돌봄을 실시해야 한다. 기존 공공임대아파트와 노인·장애인 거주자가 많은 지역에 인접한 요양(재활)병원, 장애인거주시설, 정신의료기관·정신요양시설 등이 다양한 사회복지시설과 연계하여 지역사회 돌봄을 실시해야 한다. 돌봄이 필요한 노인, 정신질환자, 장애인은 자신이 사는 집에서 간호·간병, 요양, 일상생활지원 등을 받아서 생활할 수 있는 기간을 최대한 늘려 삶의 질을 유지시켜야 한다.

일곱째, 사회보장 분야에서 양질의 서비스를 어떻게 담보할 수 있을 것인가? 사회보장을 구현할 때 주된 인력은 사회복지직 공무원, 사회보험 공단에 소속된 직원, 사회복지법인·사회복지시설 등에 소속된 사회복지사 등이다. 특히 사회서비스는 사람이 직접 제공하는 서비스가 많기에 인력의 전문성이 중요하다. 정부는 시·도에 사회서비스원을 설립하여 기존 민간에 위탁 운영을 맡겼던 국공립 복지시설을 통합 관리하려고 한다. 이를 통해 복지서비스의 질 향상과 관련 종사자들의 일자리 안정성 확보, 신규 일자리 창출 등의 효과를 도모한다는 계획이다. 정부는 보육부터 노인 장기요양, 장애인 활동지원까지 직접 맡아 돌봄서비스의 질을 한 단계 높인다는 구상인데 시급성과 서비스 체감도가 높은 분야부터 선도적으로 추진해야 한다. 민간분야에서 일하는 사회복지사 등도 전문성을 키우고 역량을 개발할 수 있도록 근로조건을 꾸준히 개선해야 한다.

여덟째, 소요예산을 어떻게 적정하게 감당할 것인가? 사회보장을 지속하기 위한 핵심은 수입과 지출의 균형을 유지하고, 부담자와 수익자가 조화를 이루는 것이다. 국민연금은 보험료를 적게 낸 사람이 상대적으로 많이 받지만 많이 낸 사람도 기여한 것보다 연금을 더 타게 설계되어 있다. 재정은 당사자와 사용자의 보험료, 국가의 분담금, 국민의 세금 등으로 조성되기에 매년 증가되는 급여액을 감당할 수 있는 범위에서 재원조달 방식을 찾아야 한다. 급여의 적정한 수준을 유지하고, 오남용을 규제하며, 과소 급여에 대한 대안을 찾아야 한다.

아홉째, 온라인 서비스, 찾아가는 서비스를 어떻게 높일 것인가? 코로나19 팬데믹 이후 비대면 서비스가 늘어나고 있다. 시민이 시·군·구나 읍·면·동에 신청하면 받을 수 있는 복지급여가 360가지인데 대부분 본인이나 가족이 행정복지센터에 신청하려면 절차가 복잡하고 관련 서류가 지나치게 많다. 시민의 소득·재산 관련 정보는 국가가 확보한 경우가 많기에 복지로 홈페이지나 휴대폰으로 복지로 앱을 내려받아 복지급여를 신청할 수 있도록 바꾸어야 한다. 각종 복지급여의 선정기준을 표준화시켜 한번 신청하면 관련 급여를 묶음으로 안내하여 손쉽게 신청할 수 있도록 해야 한다. 정부는 모든 국민에게 매년 1회 이상 바뀐 주요 복지제도를 안내하는 온·오프라인 교육을 제도화시켜야 한다. 특히 사회복지사, 보육교사, 요양보호사, 교사, 의사, 간호사 등 직무상 복지수급자를 만날 가능성이 높은 사람을 신고의무자로 지정하고, 이들은 1년에 1회 이상 의무 교육을 받도록 지원해야 한다. 기존 긴급복지 신고의무자 교육을 조금 더 보완하면 시민이 꼭 알아야 할 '복지상식'을 온·오프라인으로 제공할 수 있다.

3. 세계 사회보장의 전망과 과제

사회보장은 주로 개별 국가 차원에서 이루어지기에 세계적인 사회보장의 전망과 과제를 간략히 정리하기는 어렵다. 유럽 등 서구 선진국, 미국, 일본 등 한국에 영향을 주고받는 나라의 상황도 각기 다르기에 한 관점에서 보기는 어렵다. 이러한 제한점을 전제하면서 필자는 몇 가지 전망과 과제를 제기하고자 한다.

첫째, 코로나19와 같은 감염병이 전 세계를 강타하기에 생명을 보호하기 위해 의료의 공공성을 확보해야 한다. 감염병은 지구촌에서 일어나지만 적응능력은 나라마다 달랐다. 미국은 의료가 상업화되어 가난한 사람들은 감염병에 더 많이 노출되어 사망하였다. 공공의료가 비교적 잘 갖추어진 유럽의 경우에도 일시에 많은 환자가 발생하여 고령자 사망률이 증가하였다. 한국은 전염병의 방역과 환자 관리에서 우수한 평가를 받았는데, 공중보건의를 환자 발생이 많은 지역에 집중 배치하고, 건강보험과 국고로 치료해 환자의 부담을 줄인 덕분이다. 의료의 공공성을 확보하기 위해 국공립병원을 증설하고, 감염병 전문병원과 연구기관을 증설하는 것이 과제이다. 국가와 지방자치단체 그리고 건강보험공단 등이 공공병원 등을 증설해야 한다.

둘째, 저출산이 광범위하게 일어나기에 아이를 낳고 키우기 좋은 사회를 만들어야 한다. 지속 가능한 사회보장은 적정한 인구가 출생하고 성장하며 생존하다 사망하는 흐름을 유지해야 한다. 유럽과 미국 등은 출생 아동 수가 사망자 수보다 줄어들어 인구 감축기에 들고, 아시아와 아프리카 많은 나라는 출생 아동 수가 훨씬 많다. 인구가 감소하는 지역은 아이를 낳고 키우기 좋은 사회를 만들기 위해 노력해야 한다. 유연근무제 등으로 노동시간을 단축시켜 자녀 양육과 노동을 조화시키는 문화를 조성하는 것이 매우 중요한 과제이다.

셋째, 평균수명이 증가하고 고령화가 빠르게 진행되기에 지속 가능한 연금을 유지·발전시켜야 한다. 많은 나라는 연금을 도입할 때 적게 걷고 많이 주는 구조로 시작하였다가 점차 적정한 부담과 급여를 조화시키고 있다. 평균수명이 빠르게 증가하고 고령화도 진행되어 노년부양비가 늘고 있기에 지속 가능한 연금을 위해 보험료율을 높이고, 최초 수급 연령을 늦추어야 한다.

넷째, 비정규직이 늘어나고 플랫폼 노동자 등 불완전한 고용이 늘기에 고용정책을 수정해야 한다. 고용보험은 다수 노동자가 사업장에 소속되어 사용자의 지도감독 속에서 일하는 구조에서 만들어졌지만, 플랫폼 노동자 등은 자영업자와 유사하다. 매달 받는 급여에서 보험료를 떼는 방식이 아닌 사업수익에서 보험료를 내는 방식으로 바꾸어야 할 것이다. 노동능력이 있고 노동할 의사 있는 모든 성인이 고용보험의 체계에 들어올 수 있도록 제도를 개선해야 한다.

다섯째, 지속적인 양성평등에도 불구하고 성차별이 상존하기에 사회보장에서 성차별을 줄이는 방안을 강구해야 한다. 사회보험은 주로 남성 노동자가 우위에 있을 때 만들어졌는데 점차 여성이 취업하면서 대상자의 범위가 가구에서 개인 단위로 바뀌고 있다. 성별 임금격차는 사회보험의 급여에서 성차별로 이어지고, 여성의 빈곤은 복지수급자의 여성화로 이어진다. 성차별을 줄이고 양성의 평등을 지향해야 궁극적으로 사회보장에서 성차별을 줄일 수 있다.

여섯째, 위험의 외주화가 지구촌 차원에서 이루어지는데 산업재해를 줄이기 위한 공동의 노력을 해야 한다. 위험한 산업을 저개발국가로 보내 위험을 외국으로 보내고, 국내에서 위험한 일자리는 외국인노동자로 써서 위험을 외주화시키고 있다. 위험한 산업과 불안전한 노동은 인종과 피부색과 무관하게 모든 인간에게 영향을 주기에 산업안전보건과 안전관리에 집중해야 한다.

일곱째, 미등록 외국인, 이주민 등 기존 사회보장체계에 들어오기 어려운 인구집단에 대한 대책을 강구해야 한다. 사회보험과 공공부조는 국적을 가진 사람을 중심으로 제공되기에 이주민, 미등록 외국인, 난민 등은 사회보장체계에 들어오기 어렵거나 있더라도 급여내용이 빈약하다. 외국인도 사회보험의 가입자가 될 수 있도록 국가 간 협정을 늘리고, 외국인의 사회보험 가입도 비자 유형별로 좀 더 확대시켜야 한다.

여덟째, 지식정보화사회에서 평생교육을 통해 노동생산성을 높이기 위해 지속적인 노력을 해야 한다. 기술이 빠르게 바뀌어서 한 사람이 평생 동안 같은 직업을 갖기 어렵기에 직무능력을 키울 수 있는 교육훈련의 기회를 늘려야 한다. 사양산업에서 근무하는 사람은 새로운 일자리로 전직할 수 있도록 전직교육을 확대해야 한다. 제4차 산업혁명 시대에 적응능력을 키울 수 있는 계기를 다양하게 주어서 평생 동안 몇 가지 직업에서 능력을 발휘할 수 있도록 해야 한다.

아홉째, 선진국은 공적개발원조를 통해 저개발국의 역량을 개발하고 국제개발협력을 통해 국제복지의 전기를 마련해야 한다. 선진국은 공적원조를 통해 저개발국의 아동·청소년·여성 교육에 더 집중하고, 이들이 새로운 산업 인력으로 성장하도록 지원해야 한다. 한국은 보건의료, 지식정보, 사회복지, 농업개발, 문화예술 등 비교 우위에 있는 분야를 중심으로 국제개발협력 사업을 실시하고, 수원국과 협력할 수 있는 계기를 마련해야 한다. 한국의 건강보험, 노인장기요양보험, 사회서비스, 원격교육 등을 저개발국가에 보급하고, 관리운영을 지원하는 것도 한 방법이다.

단원 정리

저출산 · 고령화 사회의 도래로 새로운 사회적 위험이 커지고, 세계화 · 개방화 · 정보화와 함께 고용 없는 성장, 다문화가족의 증가, 제4차 산업혁명이 일어나는 경제 · 사회 변화 속에서 사회보장의 전망과 과제를 탐색한다.

사회보장에 관한 한국의 대표적인 계획은 사회보장기본계획이다. 2013년에 「사회보장기본법」이 전면 개정되어 수립된 제1차 기본계획은 맞춤형 사회안전망 구축과 일을 통한 자립 지원에 초점을 두었다. 이 계획은 '더 나은 내일, 국민 모두가 행복한 사회'를 비전으로 공공부조, 사회보험 및 문화 · 환경 등 사회보장 영역을 총망라한 최초 계획으로 평가받았다. 당시 10개 부처가 211개 사회보장 사업에 316조 원을 배정하기로 하였다. 정부가 노력하였지만 국민의 체감도는 높지 않았다고 평가받았다.

최근 10년간 한국은 OECD의 평균(5.3%)보다 2배 이상(11.0%) 빠른 속도로 사회복지 지출을 늘렸지만, GDP 대비 사회복지 지출 규모는 OECD 평균(19.0%)의 절반 수준(10.2%)이다. 사회복지 지출을 지속적으로 늘렸지만, 출발점이 다르기에 한국의 복지수준은 OECD 평균에 미치지 못하였다.

제2차 기본계획은 복지 체감도를 높이고 정책의 성패를 확인할 수 있도록 정책영역별 목표를 명확하게 담았다. 중장기 목표부터 4대 핵심분야(고용 · 교육, 소득, 건강 · 의료, 사회서비스)까지 정책영역별로 성과 목표를 구체화하였다. '국민 모두가 함께 잘사는 포용사회'란 비전을 실현하기 위해, 포용적 사회보장체계 구축, 사회보장제도의 연계 · 조정 강화, 지역사회 중심 서비스 이용체계 구축, 포용과 혁신의 상호보완체계 구축이란 추진 원칙 및 전략으로 국민 삶의 질 향상을 중장기 목표로 제시한다. 기본계획을 실현하면 2017년 38개 OECD 회원국 중 28위였던 '삶의 만족도 지수' 순위를 2023년 20위, 2040년 10위까지 향상시키기로 중장기(2040년) 목표를 설정하였다.

제3차 기본계획은 '약자부터 촘촘하게, 지속 가능한 복지국가'를 비전을 제시하였다. 이 계획의 목적은 '국민 삶의 질 향상, 사회통합 증진'이고, 핵심목표는 누구도 소외되지 않는 약자복지, 누구나 누리는 양질의 사회서비스, 다음 세대와 상생하는 사회보장이며, 전략은 약자부터 두터운 복지, 전 생애 사회서비스 고도화, 사회보장체계 혁신이다.

사회보장기본계획이 잘 구현되면 대한민국 사회보장의 전망은 밝겠지만, 현시점에서 필자는 다음과 같이 제시한다. 지속 가능한 소득보장, 건강 수명을 늘리는 건강보장, 고용위기를 극복할 대책을 강구해야 한다. 노인이나 노인성 질환으로 자립하기 어려운 상황에서 자립 생활, 경제적으로 어려운 사람들의 인간다운 생활, 자신이 살던 지역에서 오래 살 수 있도록 지역사회 통합돌봄체계를 구축해야 한다. 사회보장 분야에서 양질의 서비스 제공, 소요예산의 적정한 분담, 온라인 서비스와 찾아가는 서비스 등을 통해 서비스 접근성을 높여야 한다.

사회보장은 주로 개별 국가 차원에서 이루어지기에 세계적인 사회보장의 전망과 과제를 간략히 정리하기는 어렵지만, 필자는 다음과 같이 제기한다. 코로나19와 같은 감염병 사태에서 의료의 공공성 확보, 아이를 낳고 키우기 좋은 사회 만들기, 고령화가 빠르게 진행되기에 지속 가능한 연금을 유지 · 발전시켜야 한다. 플랫폼 노동자 등 불완전한 고용이 늘기에 고용정책의 수정, 성차별의 감축 방안, 위험의 외주화를 막기 위한 노력을 해야 한다. 이주민 등 기존 사회보장체계에 들어오기 어려운 인구집단에 대한 대책, 지식정보화사회에 맞는 평생교육, 공적개발원조를 통해 저개발국의 역량을 개발해야 한다.

용어 정리

- **사회보장기본계획**: 「사회보장기본법」에 따르면 "보건복지부장관은 관계 중앙행정기관의 장과 협의하여 사회보장 증진을 위하여 사회보장에 관한 기본계획을 5년마다 수립하여야 한다." 기본계획에는 국내외 사회보장환경의 변화와 전망, 사회보장의 기본목표 및 중장기 추진방향, 주요 추진과제 및 추진방법, 필요한 재원의 규모와 조달방안, 사회보장 관련 기금 운용방안, 사회보장 전달체계, 그 밖에 사회보장정책의 추진에 필요한 사항 등이 포함되어야 한다.

- **제1차 사회보장기본계획**: 제1차 사회보장기본계획은 '더 나은 내일, 국민 모두가 행복한 사회'를 비전으로 공공부조, 사회보험 및 문화·환경 등 사회보장 영역을 총망라한 최초 계획으로 평가받았다. 당시 10개 부처가 211개 사회보장 사업에 316조 원을 배정하기로 하였다. 정부가 나름대로 노력하였지만 국민의 체감도는 높지 않았다고 평가받았다.

- **GDP 대비 사회복지 지출**: 최근 10년간 한국은 OECD의 평균(5.3%)보다 2배 이상(11.0%) 빠른 속도로 사회복지 지출을 늘렸지만, GDP 대비 사회복지 지출 규모는 OECD 평균(19.0%)의 절반 수준(10.2%)이다. 출발점이 다르기에 한국의 복지수준은 OECD 평균에 미치지 못하였다. 5대 사회보험의 연륜이 쌓이고, 국민기초생활보장제도에서 부양의무자 기준을 개선하는 등 복지제도가 성숙되면 점차 나아질 것이다.

- **제2차 사회보장기본계획**: 제2차 사회보장기본계획은 '국민 모두가 함께 잘 사는 포용사회'라는 비전을 실현하기 위해, 포용적 사회보장체계 구축, 사회보장제도의 연계·조정 강화, 지역사회 중심 서비스 이용체계 구축, 포용과 혁신의 상호보완체계 구축이라는 추진 원칙 및 전략으로 국민 삶의 질 향상을 중장기 목표로 제시한다. 중장기 목표부터 4대 핵심분야(고용·교육, 소득, 건강·의료, 사회서비스)까지 정책영역별로 성과 목표를 구체화하였다. 이를 실현하면 2017년 38개 OECD 회원국 중 28위였던 '삶의 만족도 지수'

순위를 2023년 20위, 2040년 10위까지 향상시키기로 한 중장기(2040년) 목표를 달성할 것이다.

- **제3차 사회보장기본계획**: 제3차 사회보장기본계획은 '약자부터 촘촘하게, 지속 가능한 복지국가'를 비전을 제시하였다. 이 계획의 목적은 '국민 삶의 질 향상, 사회통합 증진'이고, 핵심목표는 누구도 소외되지 않는 약자복지, 누구나 누리는 양질의 사회서비스, 다음 세대와 상생하는 사회보장이며, 전략은 약자부터 두터운 복지, 전 생애 사회서비스 고도화, 사회보장체계 혁신이다.

🔖 참고문헌

강주성(2015). 대한민국 병원 사용설명서(개정판). 행복한책읽기.

구인회, 손병돈, 안상훈(2010). 사회복지정책론. 나남.

김영모 편(2001). 현대사회보장론(개정판). 한국복지정책연구소출판부.

김조설(2017). 한국 복지정책 형성의 역사. 인간과복지.

김희성, 이재법(2020). 모든 국민이 상식으로 알아야 할 국민기초생활보장제도 2020년. 복지공동체.

박광준(2013). 한국사회복지역사론. 양서원.

박광준(2018). 조선왕조의 빈곤정책. 문사철.

박병현, 윤성호(2017). 사회보장론. 정민사.

보건복지부(2020a). 2020년 국민기초생활보장사업안내.

보건복지부(2020b). 2020년 노인보건복지사업 안내.

보건복지부(2020c). 2020년 희망복지지원단 업무안내.

신정완(2014). 복지국가의 철학. 인간과복지.

양재진(2020). 복지의 원리. 한겨레출판.

원석조(2002). 사회보장론. 양서원.

윤홍식(2019). 한국 복지국가의 기원과 궤적(전3권). 사회평론아카데미.

이용교(2004). 알아야 챙기는 산재보험. 인간과복지.

이용교(2017). 디지털 사회복지개론(제4판). 인간과복지.

이용교(2020a). 건강보험상식. 미발행.

이용교(2020b). 국민연금상식. 드림미디어.

이용교(2020c). 대한민국 복지상식. 드림미디어.

이용교(2020d). 알아야 챙기는 복지상식(제2판). 인간과복지.

이용교(2020e). 활기찬 노년생활. 학지사.

이용교(2021a). 코로나19 시대 복지상식. 드림미디어.

이용교(2021b). 알아야 챙기는 건강보험상식. 인간과복지.

이용교(2021c). 알아야 챙기는 주거복지상식. 인간과복지.

이용교(2022). 더불어 사는 복지상식. 드림미디어.

이용교(2023a). 나와 가족을 위한 복지상식. 광주: 드림미디어.

이용교(2023b). 복지사각지대 예방과 발굴. 인간과복지.

이용교(2024). 초고령사회에서 복지상식. 드림미디어.

이인재, 류진석, 권문일, 김진구(2002). 사회보장론(개정판). 나남출판.

이창곤(2014). 복지국가를 만든 사람들. 인간과복지.

조원탁, 김동원, 김형수, 박상하, 안진, 엄기욱, 오근식, 이용교, 이형하, 장현
    (2012). 사회보장론(제3판). 학지사.

채구묵(2017). 사회보장론(제4판). 양서원.

Hudson, J., Kuhner, S., & Lowe, S. (2010). 복지국가를 향한 짧은 안내서(*Short
    guide to social policy*). 김보영 역. 나눔의집.

ILO(1942). Approaches to social security: An international survey. ILO.

ILO(1984). *Introduction to social security*. ILO.

Social Security Administration(2001). *Social security throughout the
    world-2000*. U.S.A.

Beveridge, W. H. (2023). 사회보험과 관련 서비스-베버리지 보고서(Social
    insurance and allied services). 김환준 역. 양서원.

🔦 참고 영화

● 소득보장
이보다 더 좋을 순 없다(James L. Brooks, 1997)
밤에 우리 영혼은(Ritesh Batra, 2017)
브루클린의 멋진 주말(Richard Loncraine, 2014)
어바웃 슈미트(Alexander Payne, 2002)

● 의료보장
패치 아담스(Tom Shadyac, 1998)
존 큐(Nick Cassavetes, 2002)
식코(Michael Moore, 2007)
시티 오브 조이(Roland Joffe, 1992)

● 노인장기요양
프라이드 그린 토마토(Jon Avnet, 1992)
그대를 사랑합니다(추창민, 2010)
장수상회(강제규, 2014)
엄마의 공책(김성호, 2017)
스틸 앨리스(Richard Glatzer & Wash Westmoreland, 2014)
아무르(Michael Haneke, 2012)
엔딩 노트(砂田麻美, 2011)

● 고용과 실업
아름다운 청년 전태일(박광수, 1995)

나, 다니엘 블레이크(Ken Loach, 2016)
노스 컨츄리(Niki Caro, 2005)
굿모닝 에브리원(Roger Michell, 2010)
로제타(Jean-Pierre Dardenne & Luc Dardenne, 1999)
인턴(Nancy Meyers, 2015)
풀 몬티(Peter Cattaneo, 1997)
카트(부지영, 2014)
송곳(드라마, 김석윤 연출, 2015)

● 산업재해
또 하나의 약속(김태윤, 2013)
히말라야(이석훈, 2015)
화씨 9/11(Michael Moore, 2004)

● 빈곤과 기초생활보장
기생충(봉준호, 2019)
분노의 포도(John Ford, 1940)
상계동 올림픽(김동원, 1988)

● 사회수당
아이 엠 샘(Jessie Nelson, 2001)
창문넘어 도망친 100세 노인(Felix Herngren, 2013)
어둠 속의 댄서(Lars Von Trier, 2000)

● 사회보장과 사회복지사의 역할
아름다운 세상을 위하여(Mimi Leder, 2000)
비밀과 거짓말(Mike Leigh, 1996)
다음 침공은 어디?(Michael Moore, 2015)
서서평, 천천히 평온하게(홍주연·홍현정, 2017)

참고 웹 사이트

건강보험심사평가원 http://www.hira.or.kr

경기도 무한돌봄센터 https://www.gg.go.kr/gg_care

고용24 http://www.work24.go.kr

고용노동부 http://www.moel.go.kr

공무원연금공단 https://www.geps.or.kr

광주고용복지플러스센터 http://www.work.go.kr/gwangju

광주드림 http://www.gjdream.com

국립중앙의료원 https://www.nmc.or.kr

국민건강보험 일산병원 https://www.nhimc.or.kr

국민건강보험공단 http://www.nhic.or.kr

국민건강보험공단 노인장기요양보험 http://www.longtermcare.or.kr

국민연금공단 https://www.nps.or.kr

군인연금 https://www.mps.mil.kr

근로복지공단 http://www.kcomwel.or.kr

노동건강연대 http://laborhealth.or.kr

두루누리 http://www.insurancesupport.or.kr

법제처 http://www.moleg.go.kr

베버리지 보고서 http://www.fordham.edu/halsall/mod/1942beveridge.html

별정우체국연금관리단 https://www.popa.or.kr

보건복지부 http://www.mohw.go.kr

보건복지부 보건복지상담센터 http://www.129.go.kr

보건복지부 장애인연금 http://www.bokjiro.go.kr/pension

복지로 http://www.bokjiro.go.kr

복지로 온라인 신청 http://online.bokjiro.go.kr

빈곤사회연대 http://antipoverty.kr

사립학교교직원연금공단 http://www.ktpf.or.kr

사회보장위원회 http://www.ssc.go.kr

산재의료관리원 http://www.wamco.or.kr

서울특별시 https://www.seoul.go.kr

시민과 함께 꿈꾸는 복지공동체 http://cafe.daum.net/ewelfare

아동수당 http://www.ihappy.or.kr

여성가족부 http://www.mogef.go.kr

온라인경력개발센터-꿈날개 http://www.dream.go.kr

온라인청년센터 https://www.youthcenter.go.kr

이용교의 복지평론 http://blog.daum.net/lyg29

임신육아종합포털 http://www.childcare.go.kr

참여연대 http://www.peoplepower21.org

한겨레 경제사회연구원 https://lab.hani.co.kr

한국노인복지중앙회 http://www.elder.or.kr

한국노인장기요양기관협회 http://hnh.or.kr

한국보건복지인재원 https://www.kohi.or.kr

한국보건사회연구원 https://www.kihasa.re.kr

한국사회보장정보원 http://www.ssis.or.kr

한국사회복지사협회 http://www.welfare.net

한국사회복지협의회 https://www.bokji.net

한국산업안전공단 http://www.kisco.or.kr

한국장학재단 https://kosaf.incruit.com

IFSW(국제사회복지사연맹) https://www.ifsw.org

ILO(국제노동기구) http://www.ilo.org

UN(국제연합) https://www.un.org

UNESCO(유네스코) https://en.unesco.org

USA(미국 사회보장청) https://www.usa.gov

WHO(세계보건기구) https://www.who.int

wish 공유복지 플랫폼 http://wish.welfare.seoul.kr

💡 찾아보기

인명

내용

저자 소개

이용교(Lee Yong Gyo)

중앙대학교와 동 대학원에서 사회복지학을 전공하여 문학박사를 취득하였다. 한국복지정책연구소와 한국청소년정책연구원에서 연구위원으로 일하였으며, 현재 광주대학교 사회복지학부 교수로 재직하면서 한국복지교육원을 운영하고, 복지평론가로 활동하고 있다.

한국청소년복지학회 회장, 국제사회복지학회 회장, 글로벌청소년학회 회장, 한국지역사회학회 회장, 광주광역시사회복지사협회 회장, 한국사회복지교육협의회 이사, 한국사회복지역사학회 회장을 역임하였다.

주요 저서로는 『한국청소년복지의 현실과 대안』(은평천사원출판부, 1993), 『한국청소년정책론』(인간과복지, 1995), 『재미있는 자원봉사 길라잡이』(공저, 서울미디어, 1996), 『청소년인권 보고서』(공저, 한국청소년개발원, 1996), 『복지는 생활이다』(인간과복지, 2001), 『디지털 복지시대』(인간과복지, 2004), 『산티아고 가족여행』(공저, 인간과복지, 2012), 『한국 사회복지론』(한국학술정보, 2012), 『대한민국 복지상식』(드림미디어, 2020), 『알아야 챙기는 복지상식』(제2판, 인간과복지, 2020), 『활기찬 노년생활』(학지사, 2020), 『디지털 청소년 복지』(제4판, 인간과복지, 2021), 『디지털 사회복지학개론』(제5판, 인간과복지, 2021), 『코로나19 시대 복지상식』(드림미디어, 2021), 『알아야 챙기는 건강보험상식』(인간과복지, 2021), 『알아야 챙기는 주거복지상식』(인간과복지, 2021), 『더불어 사는 복지상식』(드림미디어, 2022), 『나와 가족을 위한 복지상식』(드림미디어, 2023), 『복지 사각지대 예방과 발굴』(인간과복지, 2023), 『복지행정의 선구자 김학묵』(코람데오, 2023), 『초고령사회에서 복지상식』(드림미디어, 2024), 『사회복지 역사와 인물』(인간과복지, 2024) 등 60여 권이 있다.

이메일 ewelfare@hanmail.net

카페 http://cafe.daum.net/ewelfare

디지털 사회보장론(2판)
Social Security (2nd ed.)

2020년 9월 25일 1판 1쇄 발행
2025년 2월 10일 2판 1쇄 발행

지은이 • 이용교
펴낸이 • 김진환
펴낸곳 • ㈜**학지사**

04031 서울특별시 마포구 양화로 15길 20 마인드월드빌딩
대표전화 • 02-330-5114   팩스 • 02-324-2345
등록번호 • 제313-2006-000265호

홈페이지 • http://www.hakjisa.co.kr
인스타그램 • https://www.instagram.com/hakjisabook

ISBN 978-89-997-3327-7 93330

정가 20,000원

┃ 출판미디어기업 학지사

간호보건의학출판 **학지사메디컬** www.hakjisamd.co.kr
심리검사연구소 **인싸이트** www.inpsyt.co.kr
학술논문서비스 **뉴논문** www.newnonmun.com
교육연수원 **카운피아** www.counpia.com
대학교재전자책플랫폼 **캠퍼스북** www.campusbook.co.kr